EL FUEGO SECRETO
DE LA MADRE TERESA

Planeta Testimonio

JOSEPH LANGFORD

EL FUEGO SECRETO DE LA MADRE TERESA

LA EXPERIENCIA QUE CAMBIÓ LA VIDA DE LA MADRE TERESA Y QUE PUEDE CAMBIAR LA TUYA

Traducción de Carmen Martínez Gimeno

Obra editada en colaboración con Editorial Planeta - España

Nihil Obstat: reverendo Michael Heintz, Censor
Imprimatur: John M. D'Arcy, obispo de Fort Wayne-South Bend

El *Nihil Obstat* y el *Imprimatur* son declaraciones oficiales de que una publicación no contiene errores doctrinales o morales. Esto no significa que quienes han concedido el *Nihil Obstat* y el *Imprimatur* estén de acuerdo con el contenido y las opiniones presentadas en la publicación.

Tanto en la edición original en inglés como en ésta se ha hecho todo lo posible por encontrar las fuentes originales de las que proceden las citas textuales. En el caso de que se hayan utilizado textos cuyos derechos no estén libres, no duden en ponerse con contacto con la editorial.

Título original: *Mother Teresa's Secret Fire*

Ilustraciones del interior: © Raghu Rai /Magnum Photos / Contacto © Larry Torrell / MAGNUM

© 2008, Joseph Langford. Publicado en 2008
© 2009, Carmen Martínez Gimeno, por la traducción
© 2009, Editorial Planeta, S. A. – Barcelona, España

© 2010, Editorial Planeta Mexicana, S.A. de C.V.
Avenida Presidente Masarik núm. 111, 2o. piso
Colonia Chapultepec Morales
C.P. 11570 México, D.F.

Primera edición impresa en España: septiembre de 2009
ISBN: 978-84-08-08850-9
ISBN: 978-1-59276-309-2, edición original

Primera edición impresa en México: febrero de 2010
ISBN: 978-607-07-0328-7

Impreso en los talleres de Litográfica Ingramex, S.A. de C.V.
Centeno núm. 162, colonia Granjas Esmeralda, México, D.F.
Impreso en México – *Printed in Mexico*

ÍNDICE

He venido a traer fuego sobre la tierra
y ¡cuánto desearía que ya estuviera encendido!

Lucas 12, 49

Para todos aquellos, ricos y pobres,
de espíritu vacío y corazón abatido,
que marcan las horas
de la larga noche interior,
una noche que esta santa de los desvalidos atravesó
y venció
antes que vosotros y por vosotros.

Que estas páginas reflejen
la luz que la alcanzó
un día de septiembre,
arrojándola, en nombre del amor,
a las oscuras moradas y corazones de los pobres.

Que su luz apacible y guiadora,
nacida del corazón del Todopoderoso,
sea vuestra:
una luz que no huye de la oscuridad,
sino que siempre va hacia ella.

PREFACIO

El libro que tienes en tus manos es fruto de un encuentro que tuvo lugar hace años, tal como vas a leer, a través de la meditación suscitada por una fotografía que aparecía en la portada de un libro de bolsillo. La Providencia quiso que con este suceso de apariencia insignificante el padre Joseph Langford se fuera introduciendo de forma paulatina en la vida y obra de Madre Teresa, hasta el punto de acabar fundando con ella los Padres Misioneros de la Caridad, algo por lo que personalmente les estoy muy agradecido. A lo largo de los años, el padre Langford ha rezado, reflexionado y escrito sobre el carisma —la espiritualidad y la misión— dado a Madre Teresa para su familia religiosa, esforzándose por descubrir y articular su profundidad e implicaciones, labor que no hizo la misma Madre Teresa. Se puede afirmar que este libro es una síntesis de su obra, en la que se establecen los cimientos para que otros continúen y sigan construyendo, pues, como descubrimos por medio de sus cartas privadas contenidas en *Ven, sé Mi luz*,* el carisma de Madre Teresa, al igual que su santidad, contiene una profundidad insospechada que todavía no se ha apreciado de lleno.

* Madre Teresa de Calcuta, *Ven, sé Mi luz*, edición y comentarios de P. Brian Kolodiejchuk, M. C., Planeta, Barcelona, 2008.

Con su estilo característico y su don de la elocuencia, el padre Joseph ahonda en las cuestiones sobre Madre Teresa que conformaron su propio camino espiritual desde ese primer encuentro con ella, y por su mediación con Dios, hace treinta y seis años. En *El fuego secreto* no sólo presenta sus reflexiones acerca de lo que hizo que Madre Teresa llegara a ser quien fue y de cómo también nosotros podemos convertirnos en quienes estamos llamados a ser, sino que, asimismo, proporciona meditaciones que han sido una fuente de gracia para muchas personas a lo largo del tiempo.

En los últimos años de su vida, Madre Teresa exhortaba a aquellos con quienes se encontraba, ya fueran personas particulares o grupos, a aceptar el reto de esforzarse para alcanzar la santidad: «Yo quiero, con la gracia de Dios, ser santa, y lo seré.» Ojalá estas páginas enriquezcan ese esfuerzo y os alienten en vuestro camino.

P. Brian Kolodiejchuk, M. C.
Postulador de la Causa de Canonización
de la Beata Teresa de Calcuta
Director del Centro Madre Teresa
Editor de *Ven, sé Mi luz*

Primera parte

FUEGO EN LA NOCHE

...y la luz brilla en las tinieblas,
y las tinieblas no la vencieron.

Juan 1, 5

Capítulo 1

¿POR QUÉ MADRE TERESA?

En el mundo de hoy, Madre Teresa se ha
convertido en un símbolo del amor de Dios.
Por su mediación, Dios ha recordado
al mundo su intenso amor —su sed—
por la humanidad y su deseo de ser
a su vez amado.[1]

P. Brian Kolodiejchuk, M. C.

Parecía que siempre había estado allí, en el horizonte de
nuestra conciencia, formando parte del modo como de-
bían ser las cosas. Madre Teresa ocupaba las portadas
de nuestras revistas y estaba en lo profundo de nuestros
pensamientos, conmoviendo corazones y enmendando
vidas, poniendo el mundo del revés sin pretenderlo. La
observábamos desde todas las partes del globo, pues su
labor de amor arrastraba a ricos y pobres, creyentes y
escépticos, al cobijo de Dios.

Seguimos el desarrollo de su vida ampliamente ex-
puesto en los periódicos. Su nombre se había convertido
en sinónimo de compasión y bondad, enalteciendo nues-

tras existencias cotidianas, de las conversaciones de café a los sermones dominicales. Su imagen añadía una nota de bondad a los informativos de la noche, entrando no sólo en los hogares de Calcuta, sino en los de todo el mundo. Sin esfuerzo, casi sin que nos diéramos cuenta, se había abierto paso hasta nuestros corazones. Observábamos cómo los pobres del mundo se colgaban del sari de Madre Teresa y los gobernantes de las naciones la colmaban de elogios, y en lo más hondo de nosotros lo entendíamos. Vimos en gente de todo el mundo, y nosotros mismos lo experimentamos, la gran atracción que causaba esa humilde y pequeña figura junto con su amplia y resplandeciente obra.

Se había convertido en un icono viviente, un símbolo de cosas mejores y más nobles, un recordatorio de cómo podíamos ser nosotros y nuestro mundo. A través del humilde portal de su labor por los pobres, la inmensa bondad de Dios se derramaba sobre todos nosotros. Se había convertido en un reflejo de la gloria de Dios en miniatura, como el resplandor henchido de sol que irradia de un trozo diminuto de cristal.

Dios la había enviado para suavizar el abrupto paisaje del sufrimiento humano, y Madre Teresa llevaría a cabo esta misión «siendo su luz» e irradiando su amor, iluminando la oscuridad que desciende sobre quienes soportan penurias implacables.

El día que anunciaron que Madre Teresa de Calcuta había ganado el Premio Nobel de la Paz, yo acababa de llegar al campus de la Southern Illinois University, de la que era capellán. A los pocos minutos de la noticia, recibí una llamada de las Hermanas de Madre Teresa en Saint Louis, a las que había conocido durante mi capellanía. Me preguntaron si podía ir a atender las preguntas de los reporteros de prensa y televisión que se estaban congregando a las puertas de su convento. Los comentarios de dichos reporteros revelaban que no sólo comprendían, sino que estaban fascinados por la elección de Madre Teresa. Parecían verdaderamente intrigados por el hecho de que la ganadora no fuera presidente, científico o político. Por vez primera, el Premio Nobel lo había obtenido una religiosa diminuta y humilde que trabajaba oscuramente en un país del Tercer Mundo. Este trastrocamiento del orden usual había encantado al mundo y picado su curiosidad.

Pero cuando pasaron los días, mientras la prensa mundial alababa la decisión del comité del Nobel, los religiosos profesionales que yo conocía seguían preguntándose: «Pero ¿por qué Madre Teresa? ¿No hay otros que hacen lo mismo que ella, que sirven a los pobres con la misma entrega? ¿Por qué ella causa tanta conmoción?» Una pregunta excelente, pensé, e importante, además.

Este interrogante me trajo a la memoria un episodio de la vida de san Francisco de Asís. Según el relato del siglo XIII, cierto peregrino había atravesado las colinas de Umbría con la esperanza de encontrarse con el joven Francisco. Tras semanas de búsqueda, finalmente se encontró con un hombre de apariencia muy ordinaria. Perplejo y desilusionado, el joven buscador miró intensamente a Francisco y observó: «¿Por qué está el mundo entero corriendo detrás de ti?»

En efecto, casi mil años después, podríamos plantear la misma pregunta: ¿por qué estaba el mundo entero corriendo detrás de Madre Teresa? ¿Cómo explicamos el fenómeno de una anciana monja albanesa que gana un

Premio Nobel sin ninguna habilidad especial ni talentos extraordinarios? ¿Cómo justificamos su inmensa repercusión, aparentemente universal? ¿Cómo explicar el poder de una atracción que no hizo sino crecer durante toda su vida y continúa creciendo hoy?

Para responder al porqué de la fuerza de atracción de Madre Teresa y comprender su importancia en nuestro mundo posmoderno, es preciso examinarla a ella y a nosotros mismos con mayor profundidad. Debemos preguntarnos ¿qué había en ella que nos atraía de ese modo y qué hay en nosotros que responde con tanta naturalidad? ¿Qué fibras ocultas del alma estaba tocando? ¿Qué estaba tocando *Dios* en nosotros por su mediación?

Comprender qué tocaba Madre Teresa en nosotros resulta significativo porque apunta hacia y constituye nuestro terreno común con ella. Lo que despertaba en nosotros descubre un territorio interior, un terreno íntimo y sagrado que compartimos con ella, colocado dentro de nosotros por Aquel que nos creó para sí.

¿Es la misma divinidad que reclamaba un lugar tan ilimitado en su corazón la que se halla también bajo la superficie de nuestras almas? Si es así, ¿por qué no lo advertimos o le prestamos atención como ella? Tal vez porque, en general, no habitamos más que la superficie de nuestro ser. Y, de este modo, a veces puede sorprendernos la fuerza de nuestra respuesta ante cosas más profundas, ante incursiones repentinas de lo divino, ante inesperados toques de gracia.

Para muchos de nosotros, descubrir a Madre Teresa, observarla o escucharla hablar se convirtió justamente en una incursión de lo divino. Se convirtió en portal y guía hacia las abandonadas regiones de nuestro espíritu y hacia el encuentro con el Dios que allí nos espera.

¿Cómo explicarse el fenómeno de Madre Teresa, el impacto y la atracción que ejercía incluso entre los agnósticos y los que no pertenecen a una Iglesia? ¿Cuál era su secreto? ¿Qué la hizo ser quien era? ¿Qué la formaba e inspiraba? ¿Qué fuego interior oculto la motivaba y la acicateaba, en las condiciones más miserables, a convertirse en la santa que era?

Y en nuestro caso, ¿podemos convertirnos para los demás en una fuente de la misma bondad que vimos en ella? ¿Puede su fuego interior producir en nosotros una luz y calor semejantes?

El objetivo de este libro es responder a estas preguntas.

Gracias a Dios, Madre Teresa ha dejado pistas claras y abundantes, pistas que nos permiten no sólo comprender, sino también compartir el secreto de su bondad, el secreto de su transformación de una sencilla maestra de escuela, a ganadora del Nobel, a santa. Para quienes desearían imitarla, su vida y enseñanzas están repletas, como veremos en estas páginas, de señales que indican el camino para hallar su misma felicidad, su misma realización y su misma unión con el Todopoderoso.

La riqueza del ejemplo y de las enseñanzas de Madre Teresa excede con creces lo que un solo volumen puede contener (los documentos utilizados en su causa de santidad comprenden más de treinta volúmenes). Libros futuros explorarán otros temas de su enseñanza, pero el alcance de éste se limita a lo que Madre Teresa consideraba el núcleo de su mensaje.

El texto se divide en tres partes. La primera parte, «Fuego en la noche», relata el fuego interior que cambió la vida de Madre Teresa. La segunda parte, «Iluminación», presenta el derroche de luz emitido por este fuego interior, una luz que iluminó para ella el rostro de Dios, y a través de ella para muchos más. La parte final, «Transformación», muestra cómo el «fuego devorador» de su interior (Hebreos 12, 29) cambió a una joven e insegura hermana Teresa en Madre Teresa y cómo puede transformarnos también a nosotros.

Capítulo 2

UNA VIDA BAÑADA EN LUZ

> Por la entrañable misericordia de nuestro
> Dios, nos visitará el sol que nace de lo alto,
> para iluminar a los que viven en tiniebla
> y en sombra de muerte.
>
> Lucas 1, 78-79

Tras el fallecimiento de Madre Teresa en 1997, el mundo que había llegado a admirarla estaba ávido de detalles sobre su notable vida. En los años siguientes apareció una multitud de libros y artículos que daban cuenta de cada uno de los aspectos de su vida personal, desde sus logros públicos hasta el misterio privado de su oscuridad interior. Pero a pesar de lo mucho que se la celebró en su vida y tras su muerte, después de todos estos años, el mensaje central de Madre Teresa y el único gran secreto de su alma permanece desconocido casi por completo.

Qué había en lo más profundo de ella, qué la motivaba y daba energía, sigue siendo un misterio incluso para sus admiradores más ardientes. Pero no era su deseo que este secreto permaneciera desconocido para siempre. La respuesta a su misterio está ahí, como una hebra de oro, entretejida en las enseñanzas que dejó a su familia religiosa, en particular en los meses previos a su muerte. Esparcida en sus cartas y conferencias espirituales, todavía nos aguarda la riqueza plena de su alma.

Repaso de una vida extraordinaria

Antes de explorar los secretos de esta santa y ganadora del Premio Nobel, retrocedamos un momento para revisar lo más destacado de su vida extraordinaria con objeto de refrescar la memoria de quienes hayan olvidado los rasgos generales de su existencia y en consideración a una nueva generación que no ha conocido a Madre Teresa más allá del nombre y la fama.

Madre Teresa inició la vida como Gonxha Agnes Bojaxhiu, la menor de los tres hijos de una familia albanesa, el 26 de agosto de 1910 en Skopje (en la actual Macedonia). En la escuela primaria mostró un vivo interés por las misiones en el extranjero y a los doce años la futura misionera ya había decidido dedicar su vida a ayudar a los demás. Más tarde, a los dieciocho años, inspirada por los informes que enviaban a su casa misioneros jesuitas desde Bengala Occidental, solicitó su ingreso en la comunidad de las Hermanas de Loreto, de quienes había sabido que hacían labor misionera en la India y, específicamente, en Bengala Occidental.

Dejó su hogar y entró en el convento, y tras completar su primera etapa de formación con las Hermanas de Loreto en Rathfarnham (Irlanda), adoptó el nombre religioso de Teresa (por su santa patrona, Teresa de Lisieux). Poco después la joven hermana Teresa dejó Irlanda y zarpó hacia Calcuta, adonde llegó en enero de 1929. Fue asignada al convento de Loreto en Entally, situado en el noreste de Calcuta, donde comenzó a enseñar geografía en su escuela media para niñas. Su amor por su nueva misión y los bengalíes la impulsaron a dominar la lengua, llegando a alcanzar tal perfección que se ganó el sobrenombre de «Teresa bengalí».

A medida que fueron pasando los años, su deseo de ayudar a los más pobres la impulsó a aventurarse en los barrios pobres que se extendían al otro lado del muro del convento. Con la ayuda de sus alumnas, trató de brindar a los indigentes el pequeño socorro y consuelo que estaba a su alcance. Su vida continuó de este modo, feliz y productiva en todos los aspectos, dividida entre la enseñanza en las aulas, la orientación a sus alumnas y la ayuda a los pobres, hasta 1946, la víspera de la independencia de la India.

«Ven, sé Mi luz»[1]

El 10 de septiembre de 1946, siguiendo su costumbre anual, Madre Teresa salió de Calcuta para pasar ocho días de retiro espiritual, un retiro que en apariencia era como cualquier otro. En la estación de Howrah tomó el tren que se dirigía desde la húmeda Calcuta y las amplias llanuras del delta del Ganges hacia el norte, a los bosques verdeantes y las noches frescas de las colinas del Himalaya. De nuevo aquel año la hermana Teresa había dejado atrás su trabajo y a sus alumnas para dedicarse a la oración y la reflexión en la estación montañosa de Darjeeling, donde las Hermanas de Loreto tenían su casa de retiro, para rezar por lo que había ocurrido durante el semestre pasado y preparándose para el nuevo año escolar que se avecinaba.

Durante el camino, Madre Teresa tuvo una experiencia extraordinaria de Dios (explorada más de lleno en los capítulos siguientes). Con su humildad característica, se referiría a esta experiencia que cambió su vida simple y llanamente como «una llamada dentro de una llamada»,[2] una llamada para dejar Loreto y marcharse a los barrios miserables. Tiempo después revelaría algo más de lo que aconteció en su alma ese día de septiembre y de la extraordinaria comunicación interior que se produjo durante el año y medio siguiente, en la que Jesús le encargaría «portarlo» y «ser su luz» en la oscuridad de los barrios pobres de Calcuta.

Una vez que hubo regresado a Calcuta tras su retiro, consultó con su director espiritual jesuita, y compartió con él las notas que había tomado durante sus días de oración. Éste le aconsejó que se pusiera en comunicación directa con el arzobispo de Calcuta y le pidiera permiso para dejar la orden y trabajar sola, sin ayuda, pero sin impedimentos, en las calles de Calcuta.[3]

Después de largos meses de deliberación y discusión, en los que hubo un profuso cruce de cartas, se le otorgó el permiso de repente. Una vez que fue libre, Madre Teresa viajó a la cercana Patna para tomar un curso de primeros auxilios y enfermería básica. En diciembre de 1948 regresó a Calcuta, vestida por primera vez con el humilde sari de algodón blanco que se convertiría en su emblema. Sola y contando apenas con cinco rupias (algo menos de un euro), buscó la hospitalidad de las Hermanitas de los Pobres, desde cuyo convento empezó a acudir diariamente a los barrios marginales.

Primero regresó a Moti Jhil, la vasta barriada que estaba acostumbrada a ver al otro lado del muro de su convento. Como tenía formación de maestra, empezó abriendo una escuela para los hijos de los pobres en la que utilizaba el suelo como pizarra y un árbol como techo y refugio. Como recompensa por la asistencia, daba barras de jabón, pues los andrajos y las condiciones poco higiénicas de sus alumnos eran invitaciones a la enfermedad y la muerte temprana.

En febrero de 1949, un católico bengalí llamado Michael Gomes le prestó una habitación en su casa de Creek Lane. Se trasladó a ella con una maletita y dispuso un espacio para dormir y trabajar, empleando una caja de embalaje como silla y otra como escritorio. Cuando se divulgó la noticia de su labor en solitario en beneficio de los pobres, personas que la habían conocido en Loreto comenzaron a colaborar en su nueva misión.

El 19 de marzo de ese año, una de las antiguas alumnas de Madre Teresa, Subhashini Das (quien más adelante adoptó el nombre religioso de Agnes, en honor a la santa de bautismo de Madre Teresa), fue a la casa de Creek Lane y pidió unirse a ella. Unas semanas después, otra ex alumna, Magdalena Gomes (la hermana Gertrude) también se les unió. En Pascua ya había tres mujeres vestidas igual, con saris blancos ribeteados en azul, que iban juntas cada mañana a prestar servicio en Moti Jhil. Cuando el grupo había aumentado a doce y ya no cabían en su habitación prestada, Madre Teresa recibió la invitación de ocupar un piso entero en la casa de los Gomes.

La escuela del barrio pobre acabó trasladándose de debajo del árbol a un edificio alquilado. Pero Madre Teresa y sus futuras Hermanas se habían encontrado con un nuevo reto. Mientras caminaban cada día a Moti Jhil, se cruzaban con cantidades impensadas de moribundos que exhalaban su último aliento solos, sin dinero ni techo, en los callejones de Calcuta:

Las nuevas Misioneras de la Caridad de Madre Teresa tenían que pasar ante los cuerpos de los indigentes que agonizaban en los caminos y callejuelas de la ciudad. Alquilaron una habitación con suelo de tierra en Moti Jhil donde podían lavar, alimentar y cuidar a unos pocos hombres y mujeres agonizantes hasta que se recuperaban o morían.

Los padres de la ciudad de Calcuta, abrumados por la inmensa necesidad humana y la carencia de recursos, agradecieron la labor de estas jóvenes mujeres indias y les ofrecieron un edificio. Era un albergue para peregrinos al santuario de Kali, diosa hindú de la destrucción y la purificación, compuesto por dos grandes salas abiertas a un patio interior.

Las ambulancias de la ciudad empezaron a llevar hombres y mujeres indigentes al albergue. Debido a su proximidad al templo de Kali y a los *ghats* («crematorios»), se le llamó Kalighat, nombre aplicado a esa parte de Calcuta.

A mediados de la década de 1950, las Hermanas con sus saris blancos bordeados en azul ya eran parte característica de esa gran ciudad en expansión descontrolada. Desfilaban por la mañana, de dos en dos, para alimentar a las familias sin techo, en su mayoría refugiados, a una docena de escuelas de los barrios pobres, a la Casa para los Moribundos y a las clínicas infantiles en los barrios más miserables.

En la Casa para los Moribundos, Madre Teresa y sus Hermanas se inclinaban sobre hombres y mujeres cadavéricos para alimentarlos lenta y cariñosamente. Yacían unos al lado de los otros, sobre un muro elevado, en pabellones separados, con un pasillo en el centro de la habitación. Madre Teresa iba de un paciente a otro, sentándose a su lado en el muro para darles consuelo humano, cogiéndoles las manos o acariciándoles la cabeza.

«No podemos dejar a un hijo de Dios morir como un animal en las cloacas», declaraba. Cuando le preguntaban cómo podía enfrentarse a esta agonía y servir a esta gente sufriente un día tras otro, respondía: «Para mí, cada uno es Cristo; Cristo en un angustioso disfraz.»[4]

El volumen de trabajo y el número de hermanas fueron en rápido aumento. Madre Teresa fue invitada a abrir nuevas fundaciones en otras partes de la India, y pronto extendió su labor al resto del mundo, comenzando por Venezuela en 1965. En el momento de su muerte, en 1997, sus Misioneras de la Caridad se habían extendido a más de ciento veinte países.

Mientras viajaba para establecer misiones en otras partes del mundo, Madre Teresa descubrió enseguida que Occidente no era menos indigente —aunque su pobreza estaba mejor disfrazada— de lo que había encontrado en el Tercer Mundo:

En el mundo desarrollado, en Europa y en Estados Unidos, las Hermanas tuvieron que ocuparse de un tipo diferente de necesidad. Madre Teresa explicaba: «Me pareció que la pobreza de Occidente era mucho más difícil de erradicar. Cuando recojo a una persona hambrienta de la calle, le doy un plato de arroz, un trozo de pan; así he satisfecho, he saciado esa hambre.»

En Occidente, decía, «no sólo hay hambre de comida. He visto un gran hambre de amor. Ésta es la mayor hambre, ser amado».[5]

A comienzos de la década de 1970, su labor comenzó a ser reconocida y alabada por autoridades religiosas y seculares. Lo más señalado fue la concesión del honor más elevado de la India, la Bharat Ratna («la Joya de la

India»), así como multitud de elogios y títulos honoríficos de gobiernos e instituciones mundiales, coronados por el Premio Nobel de la Paz en 1979.

Madre Teresa prosiguió fundando cinco comunidades religiosas distintas para el cuidado de los pobres. Junto con las Hermanas, fundadas en 1950, inició una rama masculina, los Hermanos Misioneros de la Caridad, en 1966; luego las Hermanas Contemplativas (dedicadas a la oración y la intercesión por los pobres) en 1976; los Hermanos Contemplativos en 1979; y finalmente, como fruto de su vejez, los Padres Misioneros de la Caridad, fundados en 1984 para que se ocuparan del dolor interior y la pobreza espiritual que sufrían los atendidos por sus Hermanas y Hermanos.

En junio de 1983, mientras visitaba a sus Hermanas en Roma, fue hospitalizada por una afección cardíaca crónica sin tratar. Durante la década siguiente, su salud se fue debilitando de forma gradual, pero constante, aunque siempre recobraba las fuerzas y reanudaba su actividad agotadora. Por fin, en marzo de 1997, el deterioro de su estado físico la obligó a renunciar como directora de su orden. Unos meses después, el 5 de septiembre, a las nueve y media de la noche, exhaló su último suspiro: «había regresado a casa con Dios».

Poco después de su fallecimiento, con la aprobación de las autoridades eclesiásticas y la insistencia de los fieles de todo el mundo, Madre Teresa inició su viaje por la senda hacia la santidad, esa etapa última y definitiva desde la que iba a alzar la luz que había portado toda su vida no sólo ya para los pobres, sino para todos nosotros.

La luz interior de Madre Teresa llamó nuestra atención no sólo hacia su labor por los pobres, sino hacia la ciudad que se había convertido en parte de su nombre y en parte de un nuevo vocabulario de compasión. Dirigió los ojos del mundo hacia la herida abierta que era Calcuta en la década de 1950, una extensión de bulliciosos barrios bajos y congestionadas aceras, aparentemente olvidados por Dios y por los hombres. Calcuta iba a ser el telón de fondo escogido por Dios para la obra y el mensaje de Madre Teresa, como símbolo de las heridas de toda la familia humana.

Pero Calcuta era de igual modo un símbolo de las heridas de cada alma humana, de cada uno de los más humildes, de los últimos y los marginados del mundo entero, pisoteados y olvidados en la rápida carrera de la sociedad moderna hacia una vida libre de sufrimiento. Sin embargo, fue precisamente allí donde permaneció Madre Teresa, arraigada y anclada en los mismos lugares del dolor del que huíamos. Donde no había amor, ella lo puso. Donde no había esperanza, sembró semillas de resurrección. Convirtió Calcuta, al menos para aquellos a los que alcanzó a llegar, en una verdadera «Ciudad de la Alegría». Muchos vieron y muchos —desde los mendigos a sus pies hasta el comité del Nobel a medio mundo de distancia— comprendieron. La atracción, el misterio y el fenómeno de Madre Teresa y su misión habían comenzado.

En la noche de Calcuta se elevaba una luz.

Capítulo 3

CALCUTA: TELÓN DE FONDO
PARA UNA EPIFANÍA

El pueblo postrado en tinieblas ha visto una
intensa luz; a los postrados en paraje de sombras
de muerte una luz les ha amanecido.

Mateo 4, 16

Amanece en Calcuta. Incluso a esta hora temprana, la ciudad es ruidosa, concurrida, calurosa.

La humedad impregna el ambiente: de las tiendas de Chowringhee a las casuchas de Moti Jhil, se cuelga como una segunda piel de la ciudad que se despierta. Es el aliento caliente de Kali, la diosa del mal que devora a sus esposos, de quien sugiere la leyenda que la ciudad recibió el nombre.

Los dieciséis millones de habitantes de Calcuta empiezan a desperezarse. Muchos se despiertan para pasar otro día en las aceras, acurrucados bajo cartones y ropa andrajosa. En las calles, el tráfico comienza a avanzar y a aumentar, como un gran océano que desborda sus márgenes. Por los carriles de las arterias principales y las calles secundarias se mezclan los gases del diésel con el sándalo y el olor lejano y dulce de las lumbres para cocinar.

Arriba, graznan ruidosamente los cuervos, colgados de los árboles y de los tejados de las casas, insolentes y ajenos a lo que los rodea. Abajo, en la acera, los hombres se acuclillan sobre el cemento agrietado fumando *bidis (beedies)* y espantando a las moscas mientras leen enfrascados el periódico de la mañana. Calle adelante, cerca de la estación de Sealdah, los vendedores ambulantes exponen sus mercancías en altos montones que invaden la acera, rodeados por un mar en movimiento de sandalias y pies descalzos.

Por los laterales de la carretera corren los que tiran de los *rickshaws*, engullidos por el humo y el tráfico. Bronceados por el sol y demacrados, transportan a sus colegios privados a los hijos vestidos de uniforme de las familias acomodadas, mientras esquivan a viandantes, vendedores ambulantes y tranvías. Enormes autobuses con los laterales de acero recorren traqueteando las carreteras principales. Pasan por las calles abarrotadas a toda velocidad, con viajeros colgados en los laterales y sobresaliendo de las ventanas y las puertas abiertas. En cada parada disminuyen la marcha, vomitan a sus pasajeros y despegan de nuevo, arrojando nubes de humo. Los *rickshaws* con motor zigzaguean entre el tráfico, esquivando y abalanzándose como insectos, evitando a los vehículos que vienen de frente por milímetros y segundos.

Más allá, en la periferia, hombres descalzos empujan sus carros de mano cargados con altos montones en dirección al mercado. Caminan con dificultad en medio de nubes de mosquitos, bocinas incesantes y el embate perenne de los camiones y los raudos autobuses que pasan a su lado.

Allí, a las afueras de la ciudad, comienzan los barrios miserables que constituyen la Calcuta de Madre Teresa, conocidos por sus moradores del suelo, sus niños de la calle, sus escarbadores de la basura y sus enfermedades. Aunque en los últimos años ha mejorado mucho, en los tiempos de Madre Teresa esta zona se había convertido en sinónimo de lo peor de la pobreza humana. Éste sería el dominio de Madre Teresa por el resto de sus días: su lugar de encuentro con Dios en los pobres y nuestro lugar de encuentro con Dios en ella.

Para hacernos una mejor idea de la situación a la que se enfrentó Madre Teresa cuando salió del convento con cinco rupias en el bolsillo, observemos más de cerca una de las más famosas barriadas de Calcuta, la llamada irónicamente «Ciudad de la Alegría», en la que por entonces se encontraba una de las concentraciones más densas de humanidad del planeta: 80 000 habitantes por kilómetro cuadrado:

Era un lugar donde ni siquiera había un árbol por tres mil habitantes, sin una sola flor, mariposa o pájaro, aparte de los buitres y cuervos; era un lugar donde los niños no sabían siquiera lo que era un arbusto, un bosque o un estanque, donde el aire estaba tan cargado de dióxido de carbono y azufre que la contaminación mataba al menos a un miembro de cada familia; un lugar donde hombres y bestias se asaban en un horno durante los ocho meses de verano, hasta que el monzón transformaba sus callejuelas y casuchas en lagos de barro y excremento; un lugar donde la lepra, la tuberculosis, la disentería y todas las enfermedades debidas a la malnutrición, hasta fecha reciente, reducían la esperanza de vida media a una de las más bajas del mundo; un lugar donde ocho mil quinientas vacas y búfalos atados entre montones de estiércol proporcionaban leche infectada de gérmenes. Sin embargo, era, sobre todo, un lugar donde cundía la más extrema pobreza económica. Nueve de cada diez habitantes no tenían ni una rupia al día con la que comprar un cuarto de kilo de arroz [...]. Considerada una vecindad peligrosa con una fama terrible, la guarida de los intocables, los parias y los rechazados sociales, era un mundo aparte, vivía aparte del mundo.[1]

Incluso en medio de una pobreza tan extrema, Madre Teresa descubrió en los pobres de Calcuta una nobleza de carácter, una vitalidad de lazos familiares y riqueza cultural, así como una capacidad de invención e ingenio, que la hicieron sentirse verdaderamente orgullosa. «Los pobres son grandes personas», insistía con viveza. Éstas eran las personas que admiraba profundamente, por las que sentía un afecto imperecedero. Insistía en que el intercambio de doble sentido que ocurría entre ella y los pobres de Calcuta siempre se inclinaba a su favor; que recibía mucho más de lo que daba y era mucho más bendecida de lo que ella bendecía.

Voluntarios

Después de su jornada de trabajo en los barrios miserables, Madre Teresa y sus Hermanas volvían al centro-norte de Calcuta. Allí estaba la casa madre, su sede, desde donde cientos de Hermanas saldrían cada día para proporcionar consuelo y asistencia.

Una vez que su misión comenzó a ser conocida fuera de la India, jóvenes de lugares cercanos y lejanos se ofrecieron para ayudar a su labor en Calcuta. Llegaron de todo el mundo, jóvenes voluntarios en el ejército del amor de Madre Teresa, para entregar una semana, un mes o más tiempo y ayudar a sus Hermanas a prestar servicio a los más pobres de los pobres.

Todas las mañanas podían verse los rostros de estos jóvenes extranjeros avanzando por las aceras abarrotadas, andando por Lower Circular Road de camino a la misa matutina con Madre Teresa y sus Misioneras de la Caridad. Más tarde, después de un desayuno de *chapattis* (pan plano bengalí) y *chai* casero (té especiado), pasaban por el Kalighat —con sus callejuelas estrechas y los frentes de las tiendas adornados con guirnaldas de flores en honor a los dioses— de camino a la Casa para los Moribundos. Allí pasaban los días cambiando vendas, consolando a los enfermos y atendiendo a los agonizantes, junto con las Hermanas y Hermanos de Madre Teresa.

Superadas las peleas iniciales con el calor, la comida y la diferencia cultural, estos jóvenes, en su mayoría del Primer Mundo, solían descubrir que surgía en su interior una nueva dicha y sensación de cumplir un objetivo, una experiencia que a menudo les negaba la vida acomodada que llevaban en su lugar de origen. A medida que los días iban fundiéndose en semanas bajo el despiadado sol de Calcuta, descubrían poco a poco que mientras tocaban a los pobres, el mismo Dios tocaba la pobreza menos accesible, menos fácilmente admitida de sus propias almas. Cambiados desde el interior, regresaban a sus casas con nuevas respuestas y una paz nueva. Pero también llegaban con nuevas preguntas; preguntas sobre la proximidad a Dios que había cambiado sus vidas y que habían experimentado en medio de la suciedad y las privaciones de Calcuta. Preguntas, además, sobre las mujeres sonrientes vestidas con un sari que habían abierto amablemente sus corazones a Dios. ¿Quién era esta Madre Teresa y qué la hacía tan especial? ¿Qué llama interior portaba que había inflamado sus corazones y llevado luz a su oscuridad?

En la oscuridad, luz

Pero antes de investigar su luz, acaso algunos se pregunten: ¿cómo puede haber tal luminosidad en alguien cuyo interior estaba sacudido por la oscuridad?

Mirando hacia atrás, en su vida y en los documentos que han surgido desde su muerte, resulta claro que el mundo interior (y exterior) de Madre Teresa era un lugar en el que el brillo de la luz de Dios y la lobreguez de la oscuridad del hombre se encontraban y fundían, aumentando el brillo de la luz victoriosa de la Madre. Lo que surgía de esa lucha interior era una luz que no disminuía en modo alguno porque Madre Teresa llevara el manto del dolor humano, sino que era una luz mucho más resplandeciente y mucho más asequible. La clase de luz divina que veíamos en ella no era ya el dominio restringido de místicos y sabios, sino una luz enteramente accesible para los más pobres, acercando al resplandor de Dios a todo aquel que comparte la lucha humana común.

En la sabiduría del plan divino, Dios envió a Madre Teresa a las Calcutas de este mundo —grandes y pequeñas, visibles y ocultas— para que precisamente allí, donde nuestro mundo (también nuestro mundo interior) aparecía en su mayor oscuridad, la luz que Él le había otorgado brillara más. Dios envió a Madre Teresa con el fin de ofrecer su consuelo a los pobres, pero mucho más para que *fuera su luz*. La invitó a poner su tienda en los lugares más oscuros, no para construir hospitales o torres de pisos, sino para que iluminara con su luz.

La noche oscura de la Madre no era desviación ni error. En lugar de ser un descuido divino, su viaje a través de la noche tenía un objetivo definido y más hondo en el plan de Dios. Además de llevarla a compartir la lucha oscura de Jesús en la cruz, y la lucha de los más pobres de los pobres del mundo, la oscuridad de Madre Teresa pretendía ser una luz para el resto de nosotros. Su noche era una metáfora para las tinieblas de nuestro «valle de lágrimas», el mapa de un cartógrafo grabado en su alma para dirigirnos a través de nuestra propia oscuridad espiritual a la luz divina. Paradójicamente, su oscuridad se convirtió en el vehículo de una luz mucho mayor, una luz que no podía vencer ni contener, sino sólo amplificar cuando pasaba a través de su alma como a través de un prisma.

Un mensaje dirigido a todos

La energía y el ímpetu para su nueva vida no provinieron sólo de su encuentro en el tren a Darjeeling, sino del *mensaje* que Dios le había comunicado allí, un mensaje en el que le reveló la inmensidad de su amor por nosotros, sobre todo en nuestra debilidad y luchas. A lo largo de toda su vida, Madre Teresa conservaría este mensaje en su corazón e inspiraría en él todo lo que hacía.

Madre Teresa compartió su mensaje con todos los que la escuchaban, desde el presidente de Haití, Jean-Claude *Baby Doc* Duvalier, quien había olvidado a su propio pueblo, que se moría de hambre fuera de su palacio, al hombre arrugado de los barrios bajos de Los Ángeles que había olvidado su propio nombre. Sabía que cuanto mayor era nuestra necesidad, cuanto más grande era nuestra pobreza interior o exterior, incluso cuanto mayores eran nuestros pecados y nuestras flaquezas morales, mucho más grande era el anhelo de Dios por nosotros. Para Madre Teresa, el impulso que llevó al Buen Pastor a dejar las noventa y nueve para ir en busca de una sola oveja perdida ya no era un misterio, pues ella misma lo había experimentado; el mismo ímpetu divino se había adueñado de su vida.

En los meses posteriores a la obtención del Premio Nobel, ofrecí proyectar la película que recogía su obra, *Something Beautiful for God* (Algo hermoso para Dios, después convertida en un libro con el mismo nombre que se tradujo al castellano como *Madre Teresa de Calcuta*)* a cualquier grupo que estuviera interesado. Me invitaron a iglesias, organizaciones cívicas, escuelas y reuniones de todo tipo, y en todos los casos los asistentes acababan llorando, tan conmovidos que hacían cola para ofrecerme donaciones para enviar a Calcuta. Estaba siendo testigo no sólo de la atracción que ejercía Madre Teresa, sino de la perplejidad que causaba, mientras la gente forcejeaba con el raudal recién descubierto de generosidad que brotaba de su interior. Curiosamente, la mayoría del público parecía incapaz de encontrar una respuesta más duradera y profunda que no fueran las lágrimas y un cheque apresurado.

Una vez que hube comprendido que las personas tenían dificultad para extraer el mensaje de Madre Teresa

---

* Documental de Peter Chafer realizado en 1969. Por su parte, el libro *Something Beautiful for God* es obra de Malcolm Muggeridge, Harper & Row Publishers, Nueva York-Londres, 1971; existe edición en castellano, *Madre Teresa de Calcuta*, Ediciones Sígueme, Salamanca, 1979. *(N. de la t.)*

por lo que veían en la pantalla, comencé a dar una charla después de la exhibición de la película para tratar de ayudarlos a encontrar sentido a lo que habían visto y a canalizar los intensos sentimientos que las imágenes habían suscitado en su interior. Les decía lo que Madre Teresa les habría dicho, que no había necesidad de salir fuera del país, ni siquiera de cruzar la ciudad, para imitarla o para hacer algo significativo con sus vidas. Ella habría señalado a los que sufrían en las Calcutas ocultas de su alrededor, en sus propios hogares, familias y barrios, en el hombre ciego de la calle o en el pariente no perdonado, olvidado tras los muros de un asilo. Todo eso eran Calcutas en miniatura, donde Cristo, oculto bajo su «angustioso disfraz», espera nuestras «manos para servir y nuestros corazones para amar». Como recordaba Madre Teresa a todos los públicos a los que se dirigía, lo que hagamos a uno de nuestros hermanos y hermanas más pequeños, se lo haremos *a Él* (cf. Mateo 25, 31-46).

Los extremos de pobreza física de Calcuta y el dolor interno que provocaba en los corazones de los pobres eran en buena medida ajenos a los públicos occidentales. Se necesitaba un nuevo grado de comprensión para que la gente trasladara la caridad heroica de Madre Teresa en la lejana Calcuta a gestos pequeños y en apariencia nada heroicos de bondad y compasión en sus propias vidas y entornos limitados. Se les estaba desafiando a aliviar *el mismo dolor de espíritu* que habían visto en la pantalla, pero oculto esta vez bajo las praderas cuidadas y las fachadas tranquilas de su propio barrio.

Sólo explicando las aplicaciones del mensaje de Madre Teresa a cada vida mis públicos comenzaron a salvar el abismo que se abría entre Calcuta y su casa, entre la pobreza material del Tercer Mundo y la pobreza espiritual que era la suya. A la postre, Dios les estaba pidiendo a ellos, y a nosotros, la misma clase de generosidad vivida por Madre Teresa, sólo que en un emplazamiento diferente y practicada de distinto modo.

Madre Teresa nunca pidió ni esperó de sus oyentes que contribuyeran a su obra mandando un cheque, sino que sugería que «vinieran y vieran» la labor de sus Hermanas y aprendieran a pasar el tiempo con los pobres y los necesitados, a entregar su corazón y no sólo su cartera. Firmar un cheque era fácil de hacer y fácil de terminar. Nos permite practicar la «caridad» mientras mantenemos a raya el impulso interior que nos incita a dar más de nosotros mismos y de nuestro tiempo en lugar de nuestras posesiones. Éste era el reto al que se enfrentaba la gente cuando descubría que el avivamiento de la conciencia y el corazón que despertaba Madre Teresa los aterrorizaba y fascinaba al mismo tiempo.

Madre Teresa señalaría que por muy nobles que fueran nuestras intenciones al entregar dinero, tanto Dios como el prójimo necesitaban más y mejores cosas. Dios no nos había enviado un cheque en nuestra necesidad, sino a su Hijo. Se entregó a sí mismo sin medida, como cualquiera de nosotros puede hacerlo, estemos donde estemos y como lo decidamos. *Nosotros somos los llamados* a ayudar a los que nos rodean, no Madre Teresa ni sus Hermanas, quienes en los rincones lejanos del Tercer Mundo ya han hecho su parte y mucho más. Somos los que ya estamos aquí, viviendo en la misma calle, en el mismo barrio, donde tanto sufrimiento y necesidad ocultos quedan desatendidos. Nosotros somos los enviados por Dios, ungidos y equipados para entregarnos a quienes ha colocado a nuestro alrededor. No necesitamos habilidades o recursos especiales para hacer la obra del amor; necesitamos «sólo empezar», incluso de la manera más insignificante. Madre Teresa sabía que incluso las semillas más pequeñas de la caridad pueden producir una cosecha abundante y duradera si tenemos valor para remangarnos y comenzar. Ella invitaría a su público a dar algún paso concreto, por muy pequeño que fuera, para servir a los de alrededor, para poner el amor de Dios y el suyo en «acción viva».

Por deferencia a la invitación de su amigo el papa Juan Pablo II, Madre Teresa pasó la mayor parte de sus últimos años compartiendo este mensaje con públicos de todo el mundo, de las guarderías a la Asamblea General de la ONU. Juan Pablo le había pedido que proclamara el amor de Dios especialmente en aquellos lugares a los que él no podía ir, lugares arrasados por la guerra y la penuria, cuyas realidades políticas le impedían visitar, como el entonces bloque soviético y la vasta extensión del mundo musulmán.

Si el encuentro y el mensaje de Madre Teresa tenían tal importancia, ¿por qué no hemos oído hablar de ellos o hemos oído tan poco? La razón principal es que ella decidió vivir la gracia de su encuentro primero en su propia existencia, en servicio callado a los más necesitados, antes de compartirlo con sus Hermanas o con el mundo. Debido a su largo silencio, no sólo la importancia de su mensaje, sino su misma existencia, puede constituir una sorpresa incluso para sus admiradores. Éste había sido su gran secreto desde 1946. Ésta era la llama interior que la condujo a través de la noche oscura del alma, igual que la columna de fuego que condujo a Israel por el desierto hace mucho tiempo.

Aparte de la gracia recibida en el encuentro en el tren, nada explica a Madre Teresa de manera adecuada. Nada más puede justificar plenamente la vida que llevó o las cosas extraordinarias que consiguió. Madre Teresa fue más que un simple Albert Schweitzer en femenino. Fue sobre todo una mística, aunque una mística con las mangas enrolladas, cuyo espíritu escaló a las alturas mientras su cuerpo se inclinaba amorosamente sobre los oprimidos y los moribundos. Al explorar los secretos de su hondo misticismo en los capítulos siguientes, los que ya conocen a Madre Teresa, la conocerán mejor, y quienes sólo saben de ella a través de los medios de comunicación, llegarán a conocer su alma.

Su encuentro y su mensaje eran, en el plan divino, más para nosotros que para ella. Aunque este libro trata de la transformación que el encuentro produjo en el alma de Madre Teresa, más que de ninguna otra cosa trata de *Dios* y del *lector*; trata de lo que Madre Teresa aprendió sobre Dios y cómo Él nos ve a cada uno de nosotros, cómo anhela una intimidad con nosotros y la oportunidad de rehacer nuestras vidas, al igual que lo hizo con la de Madre Teresa. Más que acerca del mensaje de Dios a Madre Teresa, este libro trata del mensaje de Dios *por mediación* de ella a ti, que lees estas líneas. Es seguramente su esperanza, desde el lugar que ocupa en el reino de los cielos, que este mensaje, depositado suavemente una vez sobre su alma y vuelto a contar en estas páginas, toque y transforme tu vida igual que hizo con la suya.

CAPÍTULO 4

UN MENSAJE DESCUBIERTO

La experiencia del 10 de septiembre
es [algo] tan íntimo...[1]

MADRE TERESA

Primer encuentro

Nunca podré olvidar el 17 de agosto de 1972; fue el día en que Madre Teresa cambiaría mi vida. Me había levantado esa mañana sin saber nada de ella. Nunca había visto su rostro, nunca había escuchado su nombre.

Yo había llegado hacía poco a Roma para comenzar mis estudios teológicos y, como soy amante de los libros, al poco de bajar del avión me las arreglé para visitar una de las grandes librerías cercanas a la plaza de San Pedro. Mientras echaba un vistazo en la sección inglesa del piso superior, fijé la vista en la portada de un libro particular. Pareció de pronto que mi atención y todo mi ser habían quedado prendados de la imagen que me devolvía la mirada desde el libro. Allí, en la cubierta de ese pequeño volumen de bolsillo, estaba el rostro de Madre Teresa, aunque por entonces yo no tenía idea de quién era. Su semblante se antojaba lleno de vida y cautivador, casi tridimensional. Había bondad en su rostro, afecto en su mirada, algo atrayente que calmaba el alma y que estaba penetrando en lugares recónditos de mi espíritu, lugares rara vez alcanzados. Sentí como si ella estuviera viendo a través de mí, como si me estuviera arrastrando; y descubrí que no podía, que no quería resistirme.

Todavía conmovido por lo que había ocurrido —más como si hubiera tenido un encuentro con una persona viva que el hecho de haberme topado con un libro—, cogí el diminuto volumen, leí el título (*Something Beautiful for God*, de Malcolm Muggeridge), lo pagué y salí de la librería. Me senté en la parada del autobús, inmerso en mis pensamientos, bebiendo en la bondad que irradiaba de su semblante, reflejada en una página tras otra de fotos que recogían su labor en los barrios miserables de Calcuta.

¿Quién era esta mujer? ¿Cómo había logrado en un instante conmover la parte más honda de mi ser? ¿Cómo me había conducido de improviso al final de la búsqueda de toda una vida, cuando yo ni siquiera tenía conciencia de lo que buscaba? ¿Cómo su foto en la portada de un libro me había colocado frente a frente con la divinidad y suscitado en mí una nueva esperanza en lo mejor de la humanidad y de mí mismo? Aunque me costara el resto de mi vida, estaba resuelto a descubrirlo.

Tal fue mi primer encuentro, por intermediación de un libro, con la mujer que ya había cambiado tantas vidas y estaba a punto de cambiar la mía.

Viaje de descubrimiento

Este primer encuentro indirecto me lanzó a una indagación personal: estaba resuelto a descubrir qué era lo que había visto en ella y, además, a enterarme de qué la había hecho ser quien era. ¿Cómo se había convertido en Madre Teresa? Tenía la esperanza de que la bondad que había visto en ella pudiera reproducirse de algún modo en mí y en otros. Razoné que si se comprendía su secreto, los que la admiraban en todo el mundo tendrían más posibilidades de imitarla. Pero para comenzar mi búsqueda necesitaba dirección, necesitaba un punto de partida.

Comencé por acercarme a las Hermanas y Hermanos de los Misioneros de la Caridad que se encontraban en Roma. Por ellos supe (especialmente del padre Sebastian, cofundador de los Hermanos Contemplativos) que la clave para comprender a Madre Teresa estribaba en las dos sencillas palabras que colocaba en el muro de sus capillas en todo el mundo, las palabras de Jesús desde la cruz: «Tengo sed» (Juan 19, 28).

En cada una de sus capillas que yo había visitado en Roma o visto en libros que recogían su obra, siempre estaban escritas estas mismas palabras debajo de la cruz. Grabadas en madera, pintadas sobre yeso o recortadas en papel, las mismas palabras misteriosas expresaban en silencio una gran verdad que parecía ser el ancla y la inspiración de Madre Teresa.

Por aquel entonces ninguna de las biografías de Madre Teresa se aventuraba a conjeturar dónde, cuándo y por qué estas palabras habían entrado en su alma con tanta fuerza; por qué continuaba colocándolas en un lugar tan prominente para que todos las vieran; o qué representaban con exactitud para ella. Aunque nadie disputaba su importancia, su significado en la espiritualidad de Madre Teresa no estaba claro, ni siquiera para los autores que más la alababan. ¿Eran estas palabras parte de una devoción antigua? ¿Provenían de su temprana educación religiosa o su formación en Loreto? ¿O representaban alguna experiencia personal, incluso mística, puesto que sin duda era una mujer de honda oración? ¿Podría ser que, ignorado por todos, ella fuera no sólo una misionera, sino también una mística?

Ya estaba al tanto, por las lecturas y por las Hermanas que se encontraban en Roma, de que la inspiración para la labor de Madre Teresa con los pobres había provenido de una gracia extraordinaria que recibió en un viaje en tren a Darjeeling en 1946. Pero ella lo explicó sólo como una llamada de Dios para dejar el convento y trabajar en los barrios miserables, sin mención ni referencia a las palabras que había colocado en la pared, «Tengo sed». Empecé a preguntarme si había sucedido algo más ese día en el tren de lo que había dado a conocer. Por lo menos, representaba un lugar donde iniciar mi búsqueda.

Cuando comencé a hacer preguntas sobre la gracia que Madre Teresa había recibido en el tren, me dijeron que hablaba muy poco de eso y con mucha renuencia. Varios años después, confiaría que consideraba su experiencia de septiembre algo tan íntimo y su persona de tan escasa importancia, que prefería convencer sobre ese tema que hablar de él. Entre las Misioneras de la Caridad se entendía que la única cosa de la que no se podía preguntar a Madre Teresa era sobre la gracia recibida en el tren. Ella desviaría la pregunta y sólo hablaría de un «mandato» divino para ir a los barrios miserables con objeto de servir a los pobres. Aunque esto era cierto, sólo constituía la mitad de la historia, ocultando bajo un manto de silencio la magnitud de lo que había sucedido en su alma.

Con escasas excepciones, el silencio de Madre Teresa continuó incólume durante los primeros años. Se contentaba con dejar que su amor indecible por los pobres, junto con las palabras silenciosas de Jesús colocadas en la pared de la capilla, hablaran por ella. Sus comentarios más reveladores no llegarían hasta años después, cuando se fue aproximando el momento de su fallecimiento.

Y de este modo, me encontré con que mis primeros intentos de conocer a Madre Teresa se veían frustrados por un profundo misterio, lo que hizo que se convirtiera en un reto y una bendición. En aquel entonces no había más que dos cosas claras. Primero, que «algo» extraordinario había sucedido en el tren a Darjeeling; algo que había cambiado la vida de Madre Teresa. Segundo, que una vez que había dejado el convento y fue libre para hacerlo, colocó las palabras «Tengo sed» cerca del crucifijo en la casa madre. Pero seguía habiendo un velo de secreto sobre lo que había sucedido realmente en el tren y sobre el origen enigmático de estas palabras en el muro de la capilla.

Sin embargo, cuando mi relación con Madre Teresa fue aumentando durante los años siguientes, se me ofreció la oportunidad de indagar más en sus cartas y conferencias, y pude iniciar una conversación continuada con ella que acabaría recompensando mi búsqueda, incluso más allá de mis esperanzas.

Una segunda indagación

Durante mis estudios en Roma había empezado a trabajar como voluntario en el albergue para indigentes dirigido por las Hermanas de Madre Teresa cerca del Coliseo. Durante esos años y después, tras la ordenación, fui bendecido con la oportunidad de pasar tiempo con ella durante sus paradas frecuentes en Roma en sus viajes desde Calcuta a las diversas misiones en todo el mundo. Aunque yo continuaba mi indagación para comprender su fuego interior, otra búsqueda iba creciendo dentro de mí, incluso más inesperada que la primera.

Ese primer día en la librería, mientras sostenía *Something Beautiful for God*, comprendí en mi corazón que no sólo quería saberlo todo acerca de Madre Teresa, sino también dedicar de algún modo mi vida a su obra. Mi primera indagación había resultado difícil; la segunda era imposible. No existía una rama de su orden religiosa para sacerdotes, y a su edad avanzada no parecía en disposición de iniciar tal aventura (sus Hermanas y Hermanos ya habían sido fundados hacía treinta años). Pero como este deseo no desaparecía, mi relación creciente con Madre Teresa alcanzó un punto en el que me sentí con la suficiente confianza como para mencionarle la idea de fundar una orden de sacerdotes dedicados a su misión. Por irónico que resulte, sería esta segunda búsqueda —más improbable— la que se haría realidad primero, mucho antes que mi cometido original de descubrir el secreto de las palabras colocadas en la pared de la capilla.

Tras un largo proceso de discusión y reflexión, salpicado de comienzos e interrupciones, en el verano de 1983 Madre Teresa decidió por fin emprender la fundación de una rama de su orden para sacerdotes, que acabarían llamándose los Padres Misioneros de la Caridad. Como yo había vuelto a Roma después de cumplir una serie de encargos en Estados Unidos, una vez que Madre Teresa dio su aprobación, fuimos juntos al Vaticano con el fin de pedir permiso y consejo para el establecimiento de la nueva fundación. Durante los primeros años, Madre Teresa me puso a cargo de la nueva comunidad, probablemente porque había sido yo quien le habría sugerido la fundación y era el primer sacerdote que se unía.

Una vez instalada nuestra primera casa en una zona deteriorada del South Bronx neoyorquino, los primeros años se dedicaron no sólo al ministerio en las calles y los comedores de beneficencia, sino también a crear la infraestructura de nuestra incipiente comunidad. Al redactar nuestras primeras constituciones, quería presentar la comprensión más completa posible de la gracia recibida por Madre Teresa como modelo para la nuestra y, de este modo, esperaba incluir alguna referencia más elocuente y explícita de su experiencia en el tren. Para dicho fin me puse a reunir toda la información posible sobre su viaje a Darjeeling en un intento de comprender, hasta en sus detalles más externos, los acontecimientos del 10 de septiembre. Lo que sigue es un esbozo de los hechos según pude reconstruirlos en aquel entonces.

El tren a Darjeeling: otra lectura

La mañana del 10 de septiembre de 1946, la hermana Teresa Bojaxhiu dejó la estación de Howrah, en Calcuta, para dirigirse a Siliguri, en las llanuras septentrionales de Bengala Occidental. Se bajaría del convoy en Siliguri para tomar el llamado «tren de juguete», apodo cariñoso que recibía debido a sus dimensiones diminutas, y desde allí prosiguió con la última etapa de su viaje.

La locomotora de vapor del diminuto tren ascendía por vías estrechas de sesenta centímetros hasta Darjeeling, situado a mil quinientos metros de altura en las estribaciones del Himalaya. Podemos conjeturar algo del viaje de Madre Teresa por el relato previo de un trayecto similar a Darjeeling recogido por un visitante inglés:

[El hecho de que] allí termine el sistema de ancho de vías de un metro y empiece el ferrocarril de Darjeeling-Himalaya con un ancho de vías de sesenta centímetros confirma lo que estas cosas dan a entender. Uno se sube en un coche de ferrocarril que podría confundirse fácilmente con un juguete [...]. Con un ruidoso alboroto, totalmente desproporcionado para su tamaño, la locomotora da una sacudida y se pone en marcha. A veces cruzamos nuestras propias vías tras completar el circuito de un cono y otras zigzagueamos hacia atrás y hacia adelante, pero siempre ascendemos.[2]

Día de Inspiración

Mientras el tren ascendía hacia el aire limpio y frío de la montaña, la hermana Teresa miraría por la ventana a los bosques exuberantes y espesos. En esos tiempos, los trenes eran lentos no sólo porque las locomotoras tenían poca fuerza, sino porque las vías no eran fiables. Un viaje de varias horas podía convertirse en días, pues el calor de finales de verano era capaz de combar los raíles y sumar horas al recorrido. Pero cuando el trenecito avanzaba, la mente de un pasajero podía llevar el ritmo de su marcha y pasar fácilmente a la oración.

En algún punto de este viaje ordinario, en el calor, mientras se congregaban las sombras, en el coche ruidoso y abarrotado, sucedió algo extraordinario. En un punto desconocido del trayecto, en las profundidades del alma de Madre Teresa, se abrieron los cielos.

Durante décadas, todo lo que les contaría a sus Hermanas de ese momento que cambió su vida fue que había recibido una «llamada dentro de una llamada», el mandato divino de dejar el convento y salir fuera a servir a los pobres en los barrios miserables. Pero también había ocurrido algo incomparablemente más grande y trascendental. Ahora sabemos, gracias a los primeros indicios hallados en sus cartas y conversaciones, así como por su propia admisión posterior, que había sido agraciada con una experiencia de Dios abrumadora, una experiencia de tal fuerza y profundidad, de una «luz y amor» tan intensos, como más adelante lo describiría, que cuando el tren llegó a la estación de Darjeeling, Madre Teresa ya no era la misma. Aunque nadie lo supo en aquel momento, la hermana Teresa se acababa de convertir en Madre Teresa.

Para la monja todavía joven, de apenas treinta y seis años, otro viaje estaba empezando, un viaje interior con su Dios que trastrocaría por completo su vida. La gracia recibida en el tren no sólo transformaría su relación con Dios, sino con todo y todos los que la rodeaban. Antes de ocho cortos días, la gracia de este momento la llevaría a ella y a su fuego interior recién encontrado otra vez montañas abajo hacia una nueva vida. Desde las cumbres del Himalaya traería un sentimiento profundamente nuevo de su Dios a los barrios pobres, sofocantes y pestilentes de Calcuta, y al escenario mundial, portando en su corazón una luz y un amor más allá de su imaginación y la nuestra.

A partir de entonces, Madre Teresa se limitaría a referirse al 10 de septiembre como «el Día de la Inspiración», una experiencia que consideraba tan íntima e inefable que se resistía a hablar de ella, salvo en los términos más generales. Su silencio prevalecería hasta los últimos años de su vida, cuando por fin sintió la inclinación de levantar el velo que cubría ese momento sagrado.

El mensaje de la sed divina

Reflexionando sobre sus escritos y mis conversaciones con sus Hermanas en Roma y después en el Bronx, yo empezaba a llegar a la conclusión de que a Madre Teresa se le había confiado un *mensaje*, además de su encuentro divino ese día y como resultado de él: un mensaje que en cierto modo evocaba las palabras de Jesús, «Tengo sed», colocadas en todas las capillas.

¿Pero qué mensaje podía haber en esas palabras que era tan importante para ella? ¿Qué hondo sentido podían guardar? Madre Teresa ya había insinuado su significado central en su *Explicación de la regla original*, escrita pocos años después de la experiencia del 10 de septiembre. Al explicar el misterio de la sed de Jesús, escribe: «Él, el Creador del universo, pidió el amor de sus criaturas.» Tenía sed no de agua, sino de nosotros y de nuestro amor.

Para Madre Teresa, que en la década de 1950 ya estaba iniciando su misión, el mensaje tras el grito de sed de Jesús era claro, invitador y urgente. Como les dijo a sus primeros seguidores, estas palabras revelan mucho más que el deseo de agua de Jesús agonizante. Al término de su tiempo en la cruz, cuando la necesidad de agua aumentó debido a la pérdida de sangre, la sed física de Jesús alcanzó su cima y se convirtió en símbolo de una *sed interior que la sobrepasaba con creces*. En este plano más profundo, las palabras de Jesús hablaban con elocuencia, incluso con pasión, de la «sed» de Dios por los hombres, de su sed «de amar y ser amado».[3] En Jesús crucificado y sediento Dios estaba revelando su «anhelo infinito»[4] por sus hijos, un anhelo tan agudo como la sed de agua de cualquier hombre en el calor del desierto.

Reuniéndolo todo

Mientras trabajaba en nuestras constituciones en el Bronx, comencé a preguntarme si existiría alguna conexión entre la experiencia de Madre Teresa en el tren y las palabras de Jesús «Tengo sed». ¿Podrían ser ambas parte de la misma gracia? ¿Podría ser que el encuentro de Madre Teresa en el tren fuera primordialmente un *encuentro con la sed de Jesús*? Si ése fuera el caso, las palabras sobre la pared no serían más que su modo de expresarnos, sin centrar la atención sobre sí misma, pero de forma que no lo olvidáramos, la esencia de lo que había sucedido ese día lleno de gracia en el tren.

Mientras rezaba y pensaba sobre ello durante esos meses, me fui convenciendo de que la gracia del tren había sido, al menos en parte, la misma experiencia fortalecedora que tuvo Madre Teresa de la sed de Jesús. Lo único que quedaba para completar mi búsqueda era obtener su confirmación.

Durante su siguiente visita a Nueva York, a comienzos de 1984, por fin tuve motivo y oportunidad para preguntarle por su experiencia del tren. A los pocos días de su visita, mientras estaba solo con Madre Teresa en el jardín delantero de nuestra casa del Bronx, le expliqué cuál había sido mi larga búsqueda para comprender mejor su «inspiración» y mi deseo de describirla con precisión en las constituciones de nuestra comunidad. Le expliqué que, para mí, lo único que daba sentido al hecho de que colocara las palabras «Tengo sed» en sus capillas era que habían surgido de *su propia experiencia de la sed de Jesús* y, lo que es más importante, que el encuentro

51

con la sed divina había sido el núcleo y esencia del 10 de septiembre. Si esto era cierto, no quería dejarlo fuera de nuestras constituciones; pero si no lo era, no quería continuar estando en el error.

Esperé en silencio una respuesta. Madre Teresa bajó la cabeza durante un momento, luego miró hacia arriba y dijo: «Sí, es verdad.» Después, tras una pausa, añadió: «Y un día debes contárselo a los demás...»

Por fin tuve la confirmación que buscaba y la respuesta a las preguntas sembradas en mi alma hacía años en una librería romana. Ahí estaba el núcleo del secreto de Madre Teresa. Al final, no había sido una orden seca de «trabajar para los pobres» la que había hecho a Madre Teresa ser quien era. Lo que había forjado su alma y alimentado su obra había sido un encuentro íntimo con la sed divina: para ella, para los pobres y para todos nosotros.

Más que una confirmación, sus palabras ese día fueron un mandato. Éste no iba a ser el fin de mi búsqueda, ni dejaría de ahondar en las palabras escritas sobre la pared de la capilla. Fue, en su lugar, otro comienzo. Tenía que «contárselo a los demás» de algún modo. Y aunque no me sentía en absoluto adecuado para la tarea, necesitaba encontrar un modo de compartir sus palabras, no sólo con sus Hermanas, sino con un público más amplio.

Del modo más indirecto y humilde, no muy diferente a la Virgen María, Madre Teresa había deseado exaltar la bondad de ese Dios que había conocido en el tren y el divino mensaje que, después de cambiar su vida, tuvo el poder de cambiar las nuestras. Madre Teresa había sabido siempre, como más tarde me di cuenta, que su mensaje iba dirigido a todos nosotros, a los más necesitados y los más distantes en primer lugar. Y el mensaje de la sed de Jesús, de su anhelo de amarnos, transmitido silenciosamente en las obras de amor de Madre Teresa, así como en sus escasas y amables palabras, estaba dando fruto a su alrededor y en todo el mundo. En la época en que la había conocido, yo ya había visto con mis propios ojos cómo su mensaje tácito podía conmover, sanar y cambiar vidas.

Gracias a Dios, con el paso de los años y quizá al darse cuenta del creciente impacto de su mensaje, Madre Teresa insistió menos en transmitir su gracia en silencio. Lo que había sido confiado en secreto fuera de nuestra casa en el Bronx, ella empezaría a confirmarlo, de forma gradual e indirecta al principio, pero después con mayor claridad, en conferencias y cartas generales. Una de sus cartas manuscritas, en particular, sería de gran ayuda para escribir este volumen.

CAPÍTULO 5

EN SUS PROPIAS PALABRAS

Soy un pequeño lápiz en la mano de un Dios
que escribe y envía una carta de amor
al mundo.[1]

MADRE TERESA

Presentación manuscrita de Madre Teresa

En 1986, poco después de haber recibido la confirmación de Madre Teresa y el mandato de «contarlo a los
demás», empecé a trabajar sobre la presentación de lo
que había acabado descubriendo de ella a lo largo de los
años, en especial el gran secreto de su alma: el misterio
de la sed de Jesús. Tras discutir este proyecto con ella en
varias ocasiones y poner de relieve el gran bien que su
mensaje podía hacer a tantos que luchan con su propia
Calcuta interior, Madre Teresa no sólo le dio su bendición, sino que cogió papel y lápiz para escribir la presentación que se reproduce más adelante.

Durante veinte años de inicios y paradas, estas líneas
de presentación que Madre Teresa escribió entonces han

seguido al autor y al manuscrito. Providencialmente, la larga marcha desde 1986 hasta la conclusión del texto años después permitió que entretanto Madre Teresa consiguiera expresar sus percepciones sobre la sed de Dios con mayor claridad y plenitud hasta el mismo momento de su muerte; asimismo, una vez fallecida, hizo posible el acceso a valiosos documentos personales que salieron a la luz entonces.

Además de prestar a estas páginas un valor que sólo ella podía conferir, la importancia de su presentación radica ante todo en el hecho de que se ofreciera a escribirla. Si bien en sus cartas privadas había registrado tantas cosas de su alma con la espernaza de que permanecieran ocultas (lo que, para nuestra fortuna, no ocurrió siendo una gran fuente de inspiración), esta presentación, y el mensaje divino que ofrece, representa lo que Madre Teresa quería expresamente que se supiera. En definitiva, esto es lo que había querido «contar a los demás».

Su mensaje difundido

La comprensión que tenía Madre Teresa de la sed de Dios era muy simple, pero profunda, poderosa y atrayente. Aprendió que Dios no sólo nos acepta con todas nuestras miserias, sino que nos anhela, «está sediento» de nosotros, con toda la intensidad de su corazón divino, sin que importe quiénes somos o qué hemos hecho.

Pero ¿cómo puede Dios «tener sed» de nosotros si en Él no hay carencias? Aunque la sed puede implicar carencia, también tiene otro sentido. En el léxico de Madre Teresa, «sed» significa un profundo, intenso *deseo*. Más que indicar carencia, el símbolo de la sed divina señala el misterio de Dios *eligiendo libremente anhelar al hom-*

bre. Expresado de manera sencilla, aunque nada en Dios nos necesita, todo en Dios nos quiere, profunda e intensamente, como lo demuestra a través de las Escrituras.

El pensamiento de Madre Teresa revela algo importante, incluso esencial, en las profundidades del ser de Dios. Madre Teresa insiste en que la sed de Cristo revela algo no sólo acerca de Jesús, sino acerca del mismo Dios. La sed de Jesús nos conduce a un gran misterio en el seno mismo de la divinidad: lo que Madre Teresa describe como «las profundidades del infinito anhelo de Dios de amar y ser amado».[2] Tan apasionada como pueda resultar esta afirmación, el pensamiento de la Madre está confirmado por la fuente que constituyen los padre de la Iglesia. El gran san Agustín escribiría que «Dios tiene sed de que se tenga sed de él» (véase el «Apéndice 3», donde se reúnen citas patrísticas sobre la sed divina). En nuestros propios días, el papa Benedicto XVI ha afirmado que «la sed de Cristo es *una puerta de acceso al misterio de Dios*».[3]

El misterio de la sed de Dios por nosotros fue, de manera muy singular, la gran luz que Madre Teresa sostuvo alta en la noche, suya y nuestra. Fue el estandarte que levantó para los pobres y afligidos de Calcuta y más allá. Como testigo de este mensaje, Jesús le encargó, poco después de su experiencia en el tren, «sé Mi luz»,[4] y Madre Teresa lo haría con energía, a tiempo y a destiempo. Dedicaría su vida entera a proclamar la luz del amor divino; incluso cuando sus palabras se acallaban, sus manos hablaban aún con mayor elocuencia.

La «Carta de Varanasi»

Madre Teresa tardó muchos años en sentirse menos incómoda al hablar de su experiencia en el tren, una gracia que al principio se creyó inmerecedora de portar e incapaz de expresar. Aunque a veces había hecho referencias pasajeras al 10 de septiembre, no fue hasta la década de 1990 cuando empezó a hablar con mayor claridad y abiertamente de «la luz y el amor»[5] que había recibido en el tren.

Yo personalmente tuve la oportunidad de ser testigo de su cambio gradual de actitud a finales de 1992, justo cinco años antes de su muerte. Por entonces, Madre Teresa tenía ochenta y tres años, y ya había sufrido numerosas crisis cardíacas. Durante mi estancia en Calcuta ese año, una tarde fue con el padre Gary, uno de los primeros miembros de nuestra comunidad, a visitar a Madre Teresa en la casa madre. Mientras estábamos con ella en el locutorio, la conversación giró de forma inesperada al 10 de septiembre, a su experiencia en el tren y a la importancia del mensaje que había recibido ese día.

Para nuestra sorpresa, comenzó a hablar animadamente de la sed de Jesús, de lo que había experimentado y comprendido ese día, y de cómo podía hacer que cambiara la vida. Continuó recordando lo diferentes que serían las vidas de sus Hermanas y de los pobres con sólo acercarse más a la realidad de la sed de Jesús, con tomársela más en serio. Animada por nuestro entusiasmo e inspirada por nuestras preguntas, prosiguió hablando casi una hora sobre la belleza de este mensaje, sobre el poder de su encuentro para sanar y transformar, y sobre cómo todos nosotros podemos ser partícipes de esta gracia.

Aunque tal vez nunca lleguemos a saber qué impulsó esa efusión de palabras sin precedentes de Madre Teresa esa tarde, pudo haberse sentido interiormente liberada para hacerlo por la carta cuaresmal de Juan Pablo II, divulgada justo antes de nuestra conversación con ella.[6] Por primera vez, la sed de Jesús se había mencionado en un documento de la Iglesia, y en los mismos términos y lenguaje de Madre Teresa. La carta la había conmovido hondamente y habló de ella repetidas veces. Impresionada y agradecida por esta aprobación implícita de sus percepciones y por ayudarla a alzar la luz del anhelo divino, escribió de inmediato a Juan Pablo II para darle las gracias. Este intercambio y el vivo entusiasmo que la carta del papa había generado en ella habían constituido el contexto mayor en el que acabábamos de escucharla departir con nosotros de manera tan vehemente y poco habitual.

Cuando Madre Teresa hubo terminado de hablar, el padre Gary y yo la instamos a compartir lo que había dicho con toda la orden, tal vez en una de sus cartas generales, recogiéndolo para la posteridad. A pesar de su recelo inicial, aceptó subir a escribir lo que recordaba. Como había hablado de forma espontánea, la escritura resultó más difícil de lo que había previsto, pero con la ayuda de unos cuantos estímulos a la memoria (me pidió que anotara los puntos principales de su conversación lo mejor que pudiera), en las semanas siguientes fue capaz de completar la tarea.

Su conversación esa tarde en Calcuta se convirtió en la semilla de su «Carta de Varanasi», el resultado final de sus esfuerzos por recoger la conversación. La carta recibió este nombre por la ciudad junto al Ganges que visitó el 25 de marzo de 1993, festividad de la Anunciación a María, la fecha que deseaba poner a esta carta que, por primera vez, hablaría abiertamente de su experiencia y de su mensaje. Su insistencia en dicha fecha era honrar el «mensaje» original anunciando la plenitud del amor divino otorgado en Jesús, revelado a María por el ángel Gabriel ese día.

Una vez que Madre Teresa llegó a Roma varias semanas después, siguió trabajando en la carta, corrigiendo y revisando el texto hasta que quedó satisfecha. Aunque intentó repetidas veces escribirla ella misma, el dolor artrítico de sus manos no le permitió terminar y acabó entregando el borrador corregido a sus Hermanas para que lo pasaran a máquina e hicieran copias. Sus pasajes más sobresalientes se reproducen a continuación.

«CARTA DE VARANASI» DE MADRE TERESA (EXTRACTOS)

> Hijos míos, no tenéis que ser diferentes
> para que Jesús os ame...
>
> MADRE TERESA

25 de marzo de 1993
Varanasi, India

Mis queridísimos hijos:

Jesús quiere que os diga una vez más cuánto es el amor que Él tiene para cada uno de vosotros—más allá de todo lo que podéis imaginar—. Me temo que algunos de vosotros todavía no se ha encontrado realmente con Jesús—cara a cara—tú y Jesús solos. Quizá pasemos tiempo en la capilla—¿pero habéis visto con los ojos del alma cómo Él os mira con amor? ¿Conocéis de verdad a Jesús vivo—no por libros, sino por estar con Él en vuestro corazón? ¿Habéis escuchado las palabras amorosas con que os habla?

Pedidle la gracia, Él está deseando otorgarla. No abandonéis nunca este contacto íntimo diario con Jesús como una persona viva, real—no sólo una idea.

¿Cómo podemos aguantar ni un solo día vivir nuestra vida sin escuchar a Jesús decir «Te amo»?—imposible—. Nuestra alma lo necesita tanto como el cuerpo necesita respirar el aire. De lo contrario, la oración está muerta—la meditación no es más que pensamiento—. Jesús quiere que cada uno de vosotros le escuche—hablando en el silencio de vuestros corazones.

Cuidaos de todo lo que pueda bloquear ese estar en contacto personal con Jesús vivo. Las penas de la vida y a veces nuestros propios errores—[acaso] os hagan sentir que es imposible que Jesús realmente os ame, que realmente esté pendiente de vosotros. Éste es un peligro para todos vosotros. Y muy triste, porque es justo lo contrario de lo que Jesús está esperando en realidad, esperando a deciros.

No sólo os ama; aún más—Él os anhela. Os echa de menos cuando no os acercáis. Él tiene sed de vosotros. Os ama siempre, incluso cuando no creéis merecerlo. Aunque no seáis aceptados por los demás, a veces incluso por vosotros mismos—Él es el único que siempre os acepta.

Hijos míos, no tenéis que ser diferentes para que Jesús os ame. Sólo creer—sois preciosos para Él. Llevad todo lo que estáis sufriendo a sus pies—sólo abrid vuestro corazón para ser amados por Él como lo sois. Él hará el resto.

Todos sabéis en vuestra mente que Jesús os ama—pero en esta carta Madre quiere tocar vuestro corazón en su nombre. Jesús quiere remover nuestros corazones para que no se pierda nuestro primer amor...

¿Por qué dice Madre estas cosas? Después de leer la carta [de Juan Pablo II] sobre «Tengo sed», me sentí tan conmovida—No soy capaz de expresaros lo que sentí—. Su carta hizo que me diera cuenta más que nunca de lo hermosa que es nuestra vocación. Cuán grande es el amor de Dios por nosotros al elegirnos para saciar esa sed de Jesús, de amor, de almas—otorgándonos nuestro lugar especial en la Iglesia. Al mismo tiempo, estamos recordando al mundo su sed, algo que se iba olvidando.

He escrito al Santo Padre para darle las gracias. [Su] carta es una señal [...] para ahondar más en qué es esta gran sed de Jesús por cada uno de nosotros. Es también una señal para Madre de que ha llegado el momento de hablar abiertamente del don que Dios me concedió el 10 de septiembre—para explicar con tanta plenitud como pueda lo que significó para mí la sed de Jesús.

Para mí, la sed de Jesús es algo tan íntimo—que me había sentido cohibida hasta ahora para hablarles del 10 de septiembre—quería hacer como Nuestra Señora, que «guardó todas esas cosas en su corazón». Las palabras [de Jesús] en el muro de todas las capillas de los Misioneros de la Caridad no son sólo del pasado, sino que están vivas aquí y ahora, hablándoos a vosotros. ¿Creéis que es así? En ese caso, escucharéis, sentiréis su presencia. Dejad que se conviertan en algo tan íntimo para cada uno de vosotros como lo son para Madre—ésa es la mayor alegría que podéis darme.

El mismo Jesús debe ser el único que os diga «Tengo sed». Escuchad vuestro propio nombre. No sólo una vez, sino todos los días. Si atendéis con el corazón, escucharéis, comprenderéis.

¿Por qué dice Jesús «Tengo sed»? ¿Qué significa? Algo tan difícil de explicar en palabras—si recordáis algo de la carta de la Madre, que sea esto—«Tengo sed» es algo mucho más profundo que cuando Jesús sólo dice «Os amo». Hasta que no sepáis profundamente en vuestro interior que Jesús tiene sed de vosotros—no podéis empezar a saber quién quiere ser Él para vosotros. O quién quiere que seáis vosotros para Él.

Antes era Nuestra Señora quien pedía a Madre; ahora es Madre en su nombre quien os pide—escuchad la sed de Jesús.

¿Cómo acercarse a la sed de Jesús? Hay sólo un secreto—cuanto más os aproximéis a Jesús, mejor conoceréis su sed. «Arrepentíos y creed», nos dice Jesús. ¿De qué tenemos que arrepentirnos? De nuestra indiferencia, de nuestra dureza de corazón. ¿En qué tenemos que creer? En la sed de Jesús incluso ahora, en vuestros corazones y en los pobres—Él conoce vuestras debilidades, Él sólo quiere vuestro amor, sólo quiere una oportunidad para amaros. Él no está limitado por el tiempo. Siempre que nos acercamos a Él—nos convertimos en compañeros de Nuestra Señora, san Juan, Magdalena. Escuchadlo. Escuchad vuestro propio nombre. Haced que mi dicha y la vuestra sean completas.

Oremos,
Que Dios os bendiga,
M. Teresa M. C.

La gracia del aniversario

Tres años después de escribir la «Carta de Varanasi», en otra confluencia de gracia y circunstancias, Madre Teresa empezó otra vez a compartir los secretos de su alma sobre la sed de Jesús y su experiencia del tren. El momento decisivo llegó en enero de ese año, cuando las Hermanas se estaban preparando para celebrar el quincuagésimo aniversario (1946-1996) de su «Día de la Inspiración».

Yo había viajado desde nuestra comunidad de sacerdotes (cuya sede central se había trasladado hacía poco desde el Bronx a Tijuana, México) para reunirme con Madre Teresa y sus Hermanas en la ciudad de Washington. Desde allí íbamos a regresar juntos para efectuar una visita a nuestros sacerdotes y seminaristas en Tijuana. El día después de mi llegada a Washington, las hermanas prepararon una misa especial como adelanto del aniversario del 10 de septiembre. Inmediatamente después de las celebraciones nos dirigimos al aeropuerto para tomar el vuelo a San Diego y proseguir hasta Tijuana.

Tuve la oportunidad de sentarme al lado de Madre Teresa en la primera parte del vuelo. Poco después del despegue, comenzó a mirar por la ventana, ensimismada en sus pensamientos. De cuando en cuando hacía comentarios —observaciones sueltas, casi acotaciones— que me indicaban que estaba rememorando, absorta en otro tiempo y lugar. Resultó evidente que estaba recordando con algún detalle la experiencia del 10 de septiembre, cincuenta años antes. Me quedé impresionado no sólo por lo que estaba revelando, sino por lo inusual que era para ella comentar de este modo unos recuerdos tan íntimos.

A partir de ese año de 1996, cuando Madre Teresa visitaba a sus Hermanas de todo el mundo, cada comunidad celebraba a su vez el quincuagésimo aniversario del «Día de la Inspiración». Cada celebración se convierte en otra ocasión para que ella recordara, para llevar esas aguas profundas de nuevo a la superficie, preparando la verdadera inundación de referencias al 10 de septiembre que colmaría sus cartas a lo largo del año siguiente, 1997, el último de su vida.

En estos capítulos hemos empezado a descubrir el resto del relato, el relato desconocido de Madre Teresa. Esto fue lo que sucedió en el tren, esto fue lo que la hizo ser quien fue y, lo que es más importante para nosotros, éste fue el mensaje que quería escribir y compartir, convidándonos a la misma «luz y amor» que descubrió hacía mucho tiempo.

La luz que Madre Teresa recibió, la luz transformadora de la sed de Dios por nosotros, fue la misma luz que le otorgó la victoria sobre su oscuridad, y no sólo sobre la suya, sino sobre la oscuridad desolada de Calcuta. Ésta era la luz que esperaba que tocara nuestras vidas y transformara también nuestra oscuridad. Y ésta es la luz cuya belleza y fuerza vamos a empezar a explorar en la segunda parte.

Segunda parte

ILUMINACIÓN

En la fuerte gracia de Luz y Amor Divinos [...]
que Madre recibió durante el viaje en tren a
Darjeeling el 10 de septiembre de 1946 es donde
empiezan las M. C. —[la obra mundial de cari-
dad]— en las profundidades del infinito anhelo
de Dios de amar y de ser amado.[1]

MADRE TERESA

No me conocen—por eso no me quieren...[2]

JESÚS A MADRE TERESA (1947)

CAPÍTULO 6

EN LA OSCURIDAD, LUZ

Vosotros sois la luz del mundo.

MATEO 5, 14

Ven, sé Mi luz...[1]

JESÚS A MADRE TERESA (1947)

¿Santa Teresa?

La santidad de Madre Teresa —rara vez discutida en los relatos de su vida— es la clave para comprender las cualidades que más admiramos en ella. Su santidad es definitivamente la fuente suprema de la luz que irradió al mundo. Si no se comprende el papel de la santidad personal, una santidad abierta a todos nosotros, sólo cabría concluir que Madre Teresa había nacido así, un raro tipo de prodigio, como un Einstein o un Mozart del reino espiritual, en lugar de ser un modelo que invitaba a la imitación y nos arrastraba.

Pero lo que los comentaristas tendían a pasar por alto

ya lo habían sentido los pobres y los humildes. Podían sentir la presencia de Dios en Madre Teresa; intuían su santidad y eran atraídos hacia ella. Conforme su obra iba avanzando, una corriente creciente de reconocimiento y respeto —incluso en la prensa— señalaba la presencia de Dios en ella. En el momento en que ganó el Premio Nobel, la revista *Time* ya había aclamado a Madre Teresa como «santa en vida» en su portada. En la otra parte del mundo, los pobres de Calcuta que dormían bajo cartones y andrajos encendían velas a la divinidad que veían en ella y la honraban en santuarios improvisados al borde del camino.

Sin embargo, los santos son tan raros en nuestra experiencia y con tanta frecuencia están relegados al pasado, que ya no nos damos cuenta de lo que significa la santidad ni de lo que los santos podrían tener que ver con nuestras vidas. Por consiguiente, antes de examinar la luz de Madre Teresa, necesitamos comprender primero la fuente de su luz, el *estado* de «ser luz» para el que la llamó Jesús, eso es santidad.

El objetivo de Dios al enviar a los santos va mucho más allá de nuestra suposición habitual de que se limitan a ser ideales morales distantes, adalides con los que el resto de la humanidad ni siquiera puede medirse. El misterio de los santos es algo de mayor calado y mucho más atractivo, más allá de la castidad y la pobreza (del ascetismo); de las imágenes de las «estampitas», las vidrieras o las estatuas. Al enviarnos a los santos, Dios indica su anhelo y su capacidad de participar plenamente en nuestro mundo. Los santos reflejan la belleza de Dios y su plan para nosotros, una belleza que ellos hacen concreta y tangible, atractiva. En palabras de Thomas Merton, un santo es «una ventana a través de la cual la misericordia de Dios resplandece sobre el mundo. Y por esta razón se esfuerza en ser santo, a fin de que la bondad de Dios nunca quede oscurecida por un acto egoísta».

Los santos nos iluminan con la misma luz del Creador, permitiéndonos vislumbrar a ciencia cierta quién es Él y quiénes somos nosotros. Son espejos de la dignidad que nos ha otorgado Dios, de aquello para lo que fuimos creados y de lo que todavía podemos llegar a ser.

La luz primordial

La historia de Madre Teresa y la de todos los santos no empieza con su conversión, ni siquiera con su nacimiento. La historia real de los santos se remonta al comienzo de todas las cosas, como se describe en el libro del Génesis, cuando, en el primer día de la Creación, Dios dijo: «Sea la luz» (Génesis 1, 3). Este primer paso en la Creación no hace referencia a la luz del sol, que no tuvo lugar hasta el cuarto día, sino a la *misma luz de Dios*, una luz divina destinada a dispersar las tinieblas y hacer surgir orden del caos, desde antes de los albores del tiempo hasta que éste se agote. Antes de que hubiera cualquier otra cosa, hubo luz, como atmósfera y cimiento de todo.

Adán y Eva fueron creados para habitar y encarnar esa primera luz, como cumbre de la Creación divina. Según la tradición judía, después de la caída, Dios dejó una huella de la gloria original en el cuerpo de Adán y Eva. En la punta de sus manos y sus pies, Dios dejó pedazos de carne bañados en luz, como distintivos traslúcidos de esa primera luz que todavía constituye nuestra dignidad y destino. Algo tan humilde como las uñas serían un recordatorio dejado por Dios de la transparencia que otrora era nuestra y de la luz de la que —y para la que— fuimos hechos.

Los santos aún cumplen este mismo objetivo evocador y finalmente práctico. Son esos pedacitos de humanidad, bañados en Dios, que todavía brillan con su luz. Con sus vidas nos inducen a volver, apelan a nuestros sentidos y a nuestro origen, como Dios llamó a Adán después de la caída: «¿Dónde estás?» (Génesis 3, 9). A pesar de la variedad de sus vidas, sus antecedentes y sus historias, todos los santos encarnan esta única verdad arrolladora: que con la venida de Cristo como nuevo Adán, los tiempos profetizados de restauración están aquí. En Él y en aquellos transformados por Él la gloria del primer Adán es restaurada de nuevo. Pero los santos no sólo son heraldos de esta restauración prometida; son su prueba viviente. Reflejan aquí y ahora, para todas las generaciones y culturas —representados en la dicha, la inocencia y la bondad que bañan sus semblantes—, los rostros luminosos de nuestros primeros padres recién salidos de la mano de Dios.

Pero hay algo más. Los santos no sólo nos muestran lo buenos que podemos ser, sino, lo que es más importante, lo supremamente bueno que es Dios. Los santos son los reflejos vivos de la bondad de Dios en medio de nosotros. En su papel de espejos de Dios, cada santo es único, pues la bondad y belleza de Dios son infinitamente ricas. Al igual que piedras preciosas en un gran mosaico, cada santo revela una faceta, un atributo especial del ser ilimitado de Dios, algún tono único del esplendor divino.

Los santos no sólo reflejan la luz de Dios, sino que también son el eco de su voz, que llama a la humanidad para que vuelva al abrazo divino. Los santos son recordatorios de Dios, sus memorandos para la humanidad, recreando el mensaje y la belleza del Evangelio ante los ojos de cada época. Como los antiguos profetas antes que ellos, los santos reverberan con esa particular Palabra de Dios más necesaria para cada época.

¿De qué Palabra de Dios se hizo eco la vida de Madre Teresa? ¿Por qué la envió a ella, y no a otro, a nuestra noche? Para sondear el designio de Dios al enviarla, es preciso saber más de la vida interior de Madre Teresa, verla no sólo desde el exterior, a través de las lentes de sus logros, sino iluminada por su propio sentido del designio, permitirle que nos señale la estrella polar invisible de su alma.

Aunque todos los santos son en cierto sentido «portadores de la luz», ser testigo de la luz se convertiría en el centro de toda la vocación de Madre Teresa. Jesús la envió para «ser su luz» en la oscuridad de una noche de Calcuta que trascendía la geografía. La Calcuta de Madre Teresa se hallaba en todas partes, era el símbolo de una noche que invade y aguarda agazapada en todos los corazones.

Madre Teresa no fue llamada para compartir su luz desde «arriba» ni desde lejos; a diferencia de algunos defensores contemporáneos de un Evangelio de la prosperidad, ella no iba a permanecer fuera de la brecha, dispensando sabiduría desde una vida tranquila y regalada. En su lugar, aceptó sumergirse en cuerpo y alma en las profundidades más abismales de nuestra noche, iluminándola *desde dentro*, forjando un camino a través de nuestra oscuridad interior hacia la luz. El hecho de que primero se enfrentara a la noche en su propia alma, como revelan sus cartas personales, no deprecia sus referencias espirituales; más bien aumenta su credibilidad. Su noche oscura la convierte no sólo en una maestra, sino en una guía, una escolta y compañera para nuestro laborioso viaje a la luz.

¿Doblegada por la oscuridad o faro de luz?

Pero antes de pasar a explorar los secretos de la vida interior de Madre Teresa, es preciso asegurarnos primero de que no malinterpretamos su «oscuridad», una oscuridad que Dios le permitió experimentar como una participación en la noche interior de los más pobres de los pobres de Calcuta. Madre Teresa fue herida con las heridas internas de su gente; sangró con ellos y murió con ellos. Dios la estaba llamando para compartir las pesadas, aunque olvidadas, cargas *internas* de los pobres, no sólo sus privaciones materiales. Iba a ser clavada a la oculta cruz interior de los pobres y a ser afligida por la misma angustia interior que había sufrido Jesús.

Pero por dolorosa que fuera la oscuridad de Madre Teresa, la de los pobres era la noche verdadera, la oscuridad que engulle la fe. En la época de Madre Teresa, millones de personas que vivían en las calles de Calcuta exhalaban su último aliento bajo los pies polvorientos de los transeúntes, después de haber pasado toda su existencia privados de cualquier prueba humana de que había un Dios amoroso. Esta tragedia no era obra de Dios, sino de los hombres, pero no oprimía el corazón de los hombres, sino el de Dios. Éste era el sentido final de la noche oscura de Madre Teresa, soportada en nombre de su Dios y de sus pobres.

Pero ¿y los informes que sugerían que Madre Teresa había sufrido una crisis de fe, o peor, que su sonrisa y su devoción a Dios y al prójimo eran poco más que hipocresía? Categóricamente, la noche oscura de Madre Teresa no fue una crisis de fe, ni representa una vacilación por su parte. Lejos de ser una pérdida de fe, sus cartas revelan, más bien, su fuerte lucha y la victoria de la fe, el triunfo de la luz de la fe que brilla incluso en la oscuridad, pues «las tinieblas no la abrazaron» (Juan 1, 5).

Las mismas cartas que relatan su oscuridad a un nivel *sensible* (y no al nivel de la fe) dan testimonio, también, de su creencia inamovible, incluso cuando ya no percibía la presencia de Dios. Sus cartas revelan un ejercicio supremo, incluso heroico, de fe en su cenit, libre de dependencia de circunstancias o sentimientos. Eligió consecuentemente creer, negándose a dar la espalda a un brillo otrora contemplado sólo porque las nubes habían cubierto su cielo interior. Por muy largas que fueran las horas de su noche, jamás llegó a sospechar que el sol ya no existiera. Incluso en la noche más profunda de su Calcuta interior, mantuvo el camino hacia la estrella matutina y nunca perdió el rumbo.

Los pasajes que hablan de su oscuridad narran también su hondo e incesante anhelo de Dios durante todo ese período. Su ansia constante atestigua la solidez de su fe, pues nadie continúa ansiando el regreso de un ser amado cuando ya no existe.

La prueba de fe de Madre Teresa no carece de precedentes en la tradición cristiana, ni de paralelos en las Escrituras. Recordemos el desafío de Jesús a la mujer cananea, quien, después de pedirle que curara a su hija, fue aparentemente rechazada con las palabras más duras. En ambos casos, Jesús utilizó lo que parecía ser un rechazo con miras a *extraer la plenitud de su fe*, justamente desafiando al máximo esa fe. Jesús les dio a ambas la oportunidad de superar sus pruebas una a una y de salir triunfantes como modelo para el resto de nosotros. Su reconocimiento a la mujer cananea podría haberlo dirigido con igual facilidad, dos mil años después, a Madre Teresa: «¡Oh, mujer, grande es tu fe!» (Mateo 15, 28).

Compartiendo la oscuridad de los pobres

Por difícil y dolorosa que llegara a ser su noche oscura, Madre Teresa jamás se permitió «perderse» en la oscuridad. Nunca se rebeló contra ella ni contra el Dios que la puso sobre sus hombros, ni contra los pobres de Calcuta, con quienes y por quienes la soportaba. Por el contrario, poco a poco fue comprendiendo su significado más hondo e incluso llegó a abrazarla de buena gana en nombre de Dios, quien había sufrido la misma agonía en su nombre en Getsemaní.

Incluso mientras atendía las necesidades físicas y materiales de los pobres, alimentando a los hambrientos y vistiendo a los desnudos, el objetivo primordial de Madre Teresa era su «salvación y santificación»,[2] su desarrollo interior hacia la unión divina, como su dignidad más elevada y su vocación a largo plazo. No había sido enviada a trabajar sólo por la mejora material, aspecto que incluso sus admiradores pasan por alto. Los más pobres de Calcuta, que vivían y morían en las calles, no disfrutaban de bienes materiales suficientes ni de la bondad de sus semejantes. Como se los había dejado sin nada ni nadie que les reflejara el rostro de Dios, Madre Teresa fue enviada para *mostrarles* en su nombre, en obras concretas de amor, cuán amados eran por Dios. En nombre del amor, ella misma cargaría con una parte de su dolor interior. Madre Teresa se entregaría, en esta vida y la otra, a «encender la luz de aquellos que en la Tierra están en la oscuridad».[3] Cuanto más se conozca la verdad de su fe victoriosa, más será Madre Teresa una inspiración para quienes están aprendiendo a buscar su paz, a realizar su contribución y a aferrarse a su Dios, como ella hizo, en la noche.

Lecciones en la noche

Para todos los que «tienen ojos para ver», aquí hay una gran luz oculta. Más allá de la luz evidente de la caridad de Madre Teresa, allí, en el corazón de su noche, se encuentra una luz todavía más honda.

Pero ¿cómo puede nacer luz de la oscuridad? Esta pregunta es crucial porque resulta clave en el proceso y la historia de la transformación divina. Primero está el relato de la Creación, en el que el Todopoderoso transformó el vacío oscuro en materia y luz. Después está el segundo relato de la Creación, donde Adán y Eva son arrojados de un Edén luminoso a un mundo de oscuridad y tentación. El Redentor, luz del mundo, es anunciado en su nacimiento por una estrella de la noche. El credo niceno-constantinopolitiano lo señala como «luz de luz, Dios verdadero de Dios verdadero». Por último, en la Resurrección, la oscuridad de la muerte es vencida por su resplandor, que surge de la tumba.

La oscuridad no tiene que ser lo opuesto, la enemiga de la luz. Cuando es sembrada con la gracia de Dios, la oscuridad se convierte en su catalizadora. La noche se convierte en el seno del día. Es el *poder del amor*, de la propia naturaleza de Dios como amor, el que obra esta alquimia. Cuando es abrazada por nuestros semejantes, cuando se transforma por amor, la oscuridad *se convierte* en luz.

Paradójicamente, al abrazar su oscuridad en nombre de los pobres, Madre Teresa cumplió con su llamada: al acoger su oscuridad, ella *se convirtió* en la luz de Dios. Su sacrificio brilló con una luz que trasciende nuestra lógica. Como comenta san Pablo sobre el misterio arquetípico de la luz divina vestida de oscuridad humana, que resplandece desde la Pasión y la muerte de Jesús.

Los judíos piden señales, los griegos buscan sabiduría, mientras que nosotros predicamos a Cristo crucificado, escándalo para los judíos, locura para los gentiles, mas poder y sabiduría de Dios para los llamados, ya sean judíos, ya griegos.

1 Corintios 1, 22-24

Esta luz crucificada, tan completamente «otra» que nos parece oscuridad y «escándalo», es la refulgencia del amor de Dios despojado de sí mismo (Filipenses 2, 6-8). El amor divino se envuelve en nuestro dolor y oscuridad, como diría Madre Teresa, «sin tener en cuenta el coste». La naturaleza misma de dios, que es amor, lo precipita hacia nuestra necesidad e, increíblemente, incluso hacia nuestro pecado; o como diría atrevidamente San Pablo: «A quien no conoció el pecado, le hizo pecador por nosotros» (2 Corintios 5, 21).

Madre Teresa seguiría el ejemplo de Jesús. Ella, que desde la infancia no conoció la oscuridad, aceptaría «convertirse en oscuridad» por los pobres. Reunió en su alma e inundó de amor la misma negrura que negaba la existencia de Dios, ahogando la oscuridad en laluz.

La importancia del ejemplo de Madre Teresa, incluso para quienes sufren Calcutas mucho más llevaderas, está en mostrar *lo lejos que pueden llegar la fe y el amor* en esta vida, incluso en la noche, incluso sacudidos por el dolor y con todos los vientos en contra. Su victoria en la noche es prueba de que el ejercicio de la fe y el amor es, en definitiva, algo de nuestra libre elección, nunca debido a las circunstancias, una decisión accesible en todo momento. Dios hace que siempre sea posible superar la preocupación por nuestro propio dolor y aliviar el dolor de los demás. En lugar de aislarnos, podemos optar por hacer de las cargas de la vida un puente sagrado al dolor de los demás.

Luz en nuestro horizonte

Sin embargo, la sabiduría de Madre Teresa es mucho más que mística. Tal como se están desarrollando los acontecimientos globales, ya podemos ver la oportunidad y relevancia crecientes de sus enseñanzas, que ni siquiera sus seguidores habían presentido, pero que sin duda no se escaparon a la previsión del Dios que la envió.

La importancia del mensaje de Madre Teresa radicará cada vez más en haber servido de modelo eficaz e incluso elegante de un modo de vida, de trabajo y de superación frente a las adversidades más intimidatorias y abrumadoras. Madre Teresa no sólo sobrevivió, sino que también logró convertirse en santa y ganadora del Premio Nobel en medio de los desafíos materiales y espirituales de una Calcuta en guerra civil (dividida, ensangrentada y empobrecida por los choques entre hindúes y musulmanes). Este caos fue el telón de fondo para sus experimentos de fe y amor, una confluencia de adversidades que sin duda sobrepasaban las nuestras, pero que dieron origen a una fe resistente que todavía puede inspirar la nuestra.

Aunque tal vez parezca que los desafíos de su vida tienen poco que ver con nosotros, en los años venideros puede que ya no sea así. El espectro de un cambio severo se cierne sobre nosotros en muchos frentes: el medio ambiente, el hambre, la deuda global, el cambio climático, la disminución de las reservas de petróleo, los desafíos a la salud y las pandemias que quizá tensen nuestra capacidad de aguante.

Si en el futuro algunas de las privaciones a las que se enfrentó Madre Teresa en Calcuta nos tocan a nosotros, ¿acaso en la vida de esta mujer que sobrellevó los problemas de Calcuta con tal entereza no habrá lecciones que nos sirvan para nuestra viabilidad espiritual y emocional? ¿Se convertirá en una mentora para futuras generaciones, enseñándonos que las circunstancias no deben dictar el tenor y el objetivo de nuestra vida, sino que, permaneciendo anclados en Dios y activos, podemos convertir en ventaja hasta las circunstancias peores?

Pero incluso si no llega a materializarse ninguna de las adversidades que se ciernen sobre nuestro horizonte, seguiremos necesitando gracia y valor para enfrentarnos al hecho de que nuestro modo de vida presente no puede continuar indefinidamente. En los años venideros, todos conoceremos sufrimientos imprevistos; todos probaremos la privación, en la salud cuando no en las finanzas. Sean cuales fueren nuestras circunstancias presentes, a todos nos tocará un día una parte de tragedia personal. El curso normal de la vida traerá, junto con bendiciones, enfermedades de nuestros hijos, accidentes de nuestros seres queridos, responsabilidad de parientes postrados en cama o cónyuges abatidos por el cáncer, la pérdida de empleo o una relación rota, reveses imprevistos de la fortuna o la muerte prematura de personas queridas. Todos necesitaremos encontrar otras fuentes de felicidad, finalidad y realización, más allá de las posesiones, comodidades y protección del statu quo. Al final, el mismo proceso de envejecimiento conformará la geografía de nuestra Calcuta personal.

¿Quién nos enseñará a enfrentarnos a esas pruebas

cuando se presenten? ¿Qué solución obtendremos, además de escapar o desesperarnos, de las promesas superficiales de un evangelio de la prosperidad o de los secretos cósmicos de la «abundancia atrayente»? El secreto de Madre Teresa era muy distinto: más sólido, fiable y real. Había nacido de la fuerza *más* poderosa del universo, del Único que se había enfrentado a la muerte y la había vencido para siempre.

Sobre la oscuridad de nuestra noche inevitable, brilla su luz, no sólo ya como «santa», sino como modelo y maestra, gracias a su propio camino de gracia a través de la noche. Nos ha mostrado lo que es capaz de alcanzar el espíritu humano, aferrándose a Dios por muchas que sean las contrariedades. A medida que vayan pasando los años, sus retos se antojarán menos ajenos, y sus soluciones, más significativas, incluso vitales. Nuestras comunes desgracias humanas se han convertido en el vínculo que nos une a ella y en la invitación para formar parte de su escuela del corazón.

Convirtiendo la oscuridad en luz

Todos estamos llamados y equipados por Dios no sólo para *sobrevivir* a nuestra Calcuta personal, sino para *servir* en ella, para colaborar con los que nos rodean, cuyas Calcutas individuales se cruzan con la nuestra, del mismo modo que lo hizo Madre Teresa, aunque en diferente escala. Si ella fue capaz de encarar los peores sufrimientos humanos en proporciones tan inmensas —y hacerlo a pesar de cargar con su propio dolor—, entonces debe existir un modo para que nosotros la imitemos en la Calcuta menor que es la nuestra. No hemos de olvidar nunca, distraídos por los problemas rutinarios de nuestra existencia cotidiana, *cuán importante es nuestra única vida en el plan de Dios* y la enorme cantidad de bien que todavía podemos aportar.

¿Qué importancia puede tener nuestra vida pequeña y anodina? Tomemos en cuenta lo siguiente: el bien que cada uno de nosotros es capaz de hacer, incluso con recursos limitados y alcance restringido, *ni siquiera una Madre Teresa lo conseguiría*. La familia, los amigos y los compañeros de trabajo a quienes sólo nosotros podemos llegar con nuestra mezcla única e irrepetible de dones y cualidades, no están al alcance ni siquiera de Madre Teresa. Nadie más en el planeta, ni nadie más en la historia, posee la misma red de conocidos y la misma combinación de cualidades y dones que cada uno de nosotros, que *tú*.

Por tanto, no hay necesidad de viajar a tierras remotas para colaborar en la misión de Madre Teresa o para seguir su ejemplo. Dondequiera que estemos, con las relaciones y cualidades que Dios nos ha confiado, cada uno de nosotros estamos llamados, no a hacer lo que Madre Teresa hizo, sino *a actuar igual* que ella, a amar como ella amó en la Calcuta de nuestra propia vida.

El secreto de Madre Teresa

El fuego interior que vio Madre Teresa a través de la noche será su contribución para las generaciones venideras. Ahí está la sabiduría de una ganadora del Premio Nobel y una santa. Ahí está su receta para la felicidad en medio de las necesidades; para vivir para los demás a pesar de las propias privaciones; para tener esperanza ante los contratiempos; para gozar de paz interior cuando reinan el conflicto y la lucha; para entregar nuestro tiempo y nuestro amor, incluso cuando nuestra salud y apoyos se tuercen. Madre Teresa nos ha enseñado la alquimia divina que torna nuestras penurias personales en compasión por los demás; nuestra carencia de bienes materiales en riqueza de espíritu; y, si llegara el caso, la pérdida de nuestro nivel de vida en la oportunidad para convertirnos en quienes la comodidad y la abundancia nunca nos hubieran permitido ser.

La lección de Madre Teresa nos preparará, como ningún plan político ni programa económico podrían hacerlo, para superar nuestras pruebas con la gracia y para convertirlas en bendiciones para los demás. Si esta mujer sencilla y humanamente corriente fue capaz de llenar los barrios pobres de Calcuta con tanto amor, energía e ingenio, nosotros podemos aprender a hacer lo mismo en nuestra vida, venga lo que venga.

CAPÍTULO 7

«TENGO SED», UNA VENTANA AL CORAZÓN DE DIOS

Tratad de profundizar vuestra comprensión
de estas palabras: «Sed de Dios.»[1]

MADRE TERESA

La Buena Nueva recontada

Quién de nosotros no se habría sentido abrumado por
una experiencia como la que tuvo Madre Teresa ese día
de septiembre de 1946 al encontrarse con un Dios que
no sólo nos acepta, sino que nos *anhela* incluso mientras
dormimos y aun en medio de nuestros extravíos.

Madre Teresa se encontró con un Dios que suspira
por nosotros, tal como somos, incluso a los peores de
nosotros; un Dios que desea atraernos hacia Sí, a pesar
de los fallos pasados o las debilidades presentes. Madre
Teresa llegó a comprender una piedra angular de la misericordia divina, de su modo de tratarnos, al darse
cuenta de que cada uno de nosotros necesitamos más
amor del que nos merecemos.[2] ¿No nos ha mostrado

85

Dios el mayor amor precisamente cuando nos lo merecemos poco, desde el árbol del Edén al árbol del Calvario y más allá?

Pero a menos que cometamos el error de considerar el anhelo incondicional de Dios como una licencia para el relajamiento y la complacencia, existe otro corolario clave en la comprensión que alcanzó Madre Teresa del plan divino. Su anhelo por nosotros no es el fin de la historia. El mismo Dios que nos ama tal como somos, también nos ama demasiado para *dejarnos* tal como somos. Por eso instó a Madre Teresa a trabajar no sólo por la salvación de los pobres, sino por su santificación plena; es decir, por su *transformación* completa; por nada menos que la plenitud de su potencial y dignidad en Dios. La salvación es el principio, pero siempre habrá más de este lado del cielo, y la sed de Dios por nosotros siempre nos atraerá hacia una unión más profunda con Él. En lugar de ser el dominio de unos pocos, la santidad —el don gratuito de la transformación suprema obrada por el amor divino, y la meta final de la sed divina— está abierta para todos y cada uno de nosotros. En realidad, cuanto más necesitados estemos y más alejados nos hallemos, más se esfuerza Dios en atraernos a su reino, donde «los primeros serán los últimos, y los últimos, los primeros» (Marcos 10, 31).

La Buena Nueva del Evangelio está entrelazada en el mensaje de Madre Teresa, y de él pueden trascender noticias radicalmente nuevas, inauditas y difíciles de creer, sobre todo para aquellos que todavía no han disfrutado de un encuentro personal con el amor de Dios. Su mensaje, en efecto, acaso sea radical, pero no es en absoluto nuevo. El misterio del anhelo divino siempre ha estado ahí, oculto en los libros del Antiguo Testamento, y entretejido en cada una de las páginas del Nuevo.

Si es así, ¿por qué no hemos oído hablar antes de él? Tal vez porque tendemos a abrigar ideas sobre Dios que reflejan nuestras propias suposiciones y temores más que la Revelación divina. Reducimos a Dios a nuestras dimensiones, adjudicándole nuestras reacciones y respuestas, sobre todo nuestra clase de amor insignificante y condicionado, con lo cual acabamos creyendo en un Dios hecho a nuestra propia imagen y semejanza.

Pero el Dios verdadero, el Dios vivo, es «otro» por completo. Precisamente de esta otredad radical se deriva la naturaleza inescrutable y trascendente del amor divino, para el que nuestro amor humano limitado no es más que una metáfora distante. El amor de Dios es mucho más que nuestro amor humano multiplicado y expandido. El amor de Dios por nosotros siempre será un misterio: insondable, sobrecogedor, más allá de toda esperanza humana.

Debido precisamente a que el amor de Dios es «lo que el ojo no vio, lo que el oído no oyó, lo que ningún hombre imaginó» (1 Corintios 2, 9), Madre Teresa meditaba sobre ello constantemente y nos animaba a hacer lo mismo, a continuar ahondando en este misterio. Para este fin nos invita: «Tratad de profundizar vuestra comprensión de estas palabras: "Sed de Dios."»[3]

Viendo a través de sus ojos

Si aceptamos la invitación de Madre Teresa para contemplar la misma luz que ella recibió en el tren, es preciso que intentemos verla al principio a través de sus ojos, a través de las lentes de su alma, antes de hacerla nuestra. Así pues, nuestro primer paso en el viaje a la luz es preguntar qué significaba para *ella* el misterio de la sed de Jesús. ¿Qué es lo que llegó a saber y experimentar Madre Teresa acerca de Dios, pero que (tal vez) todavía se nos escapa a nosotros? ¿Qué profundidades divinas y desconocidas nos siguen esperando, atrayéndonos sin que lo sepamos al abrazo de Dios?

Comencemos a responder estas preguntas explorando algunas de las percepciones de Madre Teresa acerca de la sed divina.

En primer lugar, ¿qué nos dice la sed de Jesús acerca de Dios? El símbolo de la sed no es complicado ni difícil de entender: del mismo modo que el desierto ardiente ansía el agua, Dios ansía nuestro amor. Del mismo modo que un hombre sediento anhela el agua, Dios nos anhela a cada uno de nosotros. Del mismo modo que un hombre sediento busca el agua, Dios nos busca a nosotros. Así como un hombre sediento sólo piensa en el agua, Dios piensa constantemente en nosotros: «¡Hasta los cabellos de vuestras cabezas están todos contados!» (Lucas 12, 7). Del mismo modo que un hombre sediento lo dará todo a cambio de agua, Dios da de buena gana todo lo que tiene y todo lo que es a cambio de nosotros: su divinidad por nuestra humanidad, su santidad por nuestro pecado, su paraíso a cambio de nuestro dolor.

Para Madre Teresa, el misterio de la sed divina, revelado en Jesús, se encuentra en el centro de todo y es la clave de todo. El ansia de Dios por «amar y ser amado» es la fuerza suprema que inspira y dirige todas sus obras, de la Creación al Calvario y el día de hoy.

Las palabras de Jesús: «Tengo sed», resuenan a lo largo de la historia. En esas dos palabras está reflejado cuanto Dios ha dicho y hecho desde el principio y cuanto desearía decirnos a cada uno de nosotros. Todas las palabras de Dios a la humanidad son una reverberación de esta sola humilde frase. De hecho, todo en las Escrituras es un comentario sobre la sed divina y, a su vez, la sed divina arroja luz sobre las Escrituras, sobre toda la Revelación, sobre todo lo que existe.

¿Por qué el símbolo de la sed?

Como resultaría imposible dar un sentido adecuado al anhelo infinito que hay en el corazón de Dios con simples palabras o descripciones teológicas, el Todopoderoso decidió comunicar este misterio en una metáfora: la de una «sed» ardiente, incesante, divina.

A Madre Teresa se le entregó un símbolo para llevar ante los pobres que era muy sencillo, pero que presentaba muchas facetas; lo bastante simple como para alcanzar el corazón de los pobres, pero con la profundidad necesaria para atraer el intelecto de los eruditos. El Espíritu Santo representa el anhelo de Dios en el lenguaje más accesible posible, el de la *experiencia humana*.

Como descendientes de un pueblo nómada del desierto en búsqueda constante de agua, los israelitas del tiempo de Jesús habrían entendido fácilmente la sed como metáfora. Y también los pobres de Calcuta, que tienen que rebuscar entre los desechos cada gota de agua limpia que podían encontrar. La sed es una metáfora que no depende de la cultura ni de la erudición; un lenguaje capaz de expresar las verdades más hondas sin recurrir a términos técnicos o teológicos, ni a expresiones que cambian de una era a la siguiente, sino únicamente a la experiencia humana universal de la sed y el anhelo interior que conlleva.

Para descubrir qué significaba para Madre Teresa el misterio de la sed de Jesús, nada mejor que escuchar sus propias palabras. Las breves anotaciones que se describen a continuación (véase el «Apéndice 2» para una presentación más completa de sus citas sobre «Tengo sed») se han extraído de escritos y conferencias de Madre Teresa que abarcan el período comprendido desde sus primeros días de misión hasta los meses previos a su muerte:

> Jesús es Dios: por tanto, Su amor, Su sed es infinita. Nuestro objetivo es saciar esta sed infinita de un Dios hecho hombre [...]. Las Hermanas [...] sacian incesantemente a Dios sediento a través de su amor y del amor de las almas que le llevan.
>
> MADRE TERESA, *Ven, sé Mi luz*, p. 62

> Anhelo a Dios. Anhelo amarle con cada gota de mi vida.
>
> MADRE TERESA, *Ven, sé Mi luz*, p. 249

> ¿Cuál es la razón de nuestra existencia? Estamos aquí para saciar la sed de Jesús, para proclamar el amor de Cristo—la sed de Jesús de almas mediante la santidad de nuestras vidas [...]. Estamos aquí para saciar la sed de Jesús [...], ése es el motivo por el que debemos ser santas.
>
> MADRE TERESA, instrucciones a las Hermanas Misioneras de la Caridad, enero de 1980

> «Tengo sed»—estamos tan ocupadas en pensar sobre todo eso. Las palabras «Tengo sed»—¿tienen eco en nuestras almas? [...] Tratemos hoy de revisar esas palabras, «Tengo sed».
>
> MADRE TERESA, instrucciones a las Hermanas Misioneras de la Caridad, febrero de 1980

Hoy y siempre Él está sediento de mi amor. Él me anhela, en mi alma.

MADRE TERESA, instrucciones a las Hermanas
Misioneras de la Caridad,
7 de diciembre de 1982

Es muy importante para nosotras saber que Jesús está sediento de nuestro amor, del amor del mundo entero [...]. Preguntaos a vosotras mismas: ¿He escuchado a Jesús directamente decirme a mí estas palabras? ¿He escuchado alguna vez estas palabras personalmente?» «Tengo sed.» «Quiero tu amor» [...]. Si no es así, examínate interiormente: ¿Por qué no las puedo escuchar?

MADRE TERESA, instrucciones a las Hermanas
Misioneras de la Caridad,
1 de diciembre de 1983

Él os anhela. Él tiene sed de vosotras [...]. Hijas mías, una vez que hayáis experimentado sed, el amor de Jesús por vosotras, nunca necesitaréis, nunca tendréis sed de esas cosas que sólo pueden apartaros de Jesús, la Fuente verdadera y viva. Sólo la sed de Jesús, sentirla, escucharla, responderla con todo vuestro corazón, mantendrá vuestro amor [...] vivo. Cuanto más os acerquéis a Jesús, mejor conoceréis Su sed.

MADRE TERESA, carta a las Hermanas
Misioneras de la Caridad, 29 de julio de 1993

Creced en ese amor íntimo y no sólo comprenderéis «Tengo sed», sino todo. Hablando humanamente, no podemos comprender «amaos los unos a los otros como yo os he amado»; «Sed santos como yo soy santo». Pero todo se resume en «Tengo sed». El fruto de la fe es la comprensión de «Tengo sed». [...] Deshagámonos en seguida del pecado para que podamos escuchar a Jesús decir: «Tengo sed de vuestro amor.» Lo más importante es que debemos encontrarnos con la sed de Jesús, pero el encuentro con la sed de Jesús es una gracia.

MADRE TERESA, instrucciones a las Hermanas
Misioneras de la Caridad, febrero de 1994

¿Qué significan las palabras «Tengo sed» para ti personalmente? ¿Con qué las relacionas en tu vida?

MADRE TERESA, Instrucciones a las Hermanas
Misioneras de la Caridad, 8 de agosto de 1994

En la fuerte gracia de Luz y Amor Divinos [...] que Madre recibió durante el viaje en tren a Darjeeling el 10 de septiembre de 1946 es donde empiezan las M. C.—*en las profundidades del infinito anhelo de Dios de amar y ser amado* [las cursivas son mías].

MADRE TERESA, carta a las Hermanas
Misioneras de la Caridad, 24 de abril de 1996

¿Por qué Calcuta?

Sin embargo, en el caso de Madre Teresa, estudiar sus palabras es sólo el primer paso para descubrir su comprensión de la sed divina. Debemos recordar que, dada la naturaleza de su misión, sus obras eran su lenguaje más elocuente, puesto que hablaban igual de convincentemente de su anhelo de Dios que cualquier cosa que dijera. Era una mensajera divina, como los profetas de la Antigüedad, enviada no sólo para expresar el mensaje de Dios, sino para *ponerlo en práctica*, puesto que es precisamente a través de las obras como se hace visible el mensaje divino, ya no sólo mera teoría, sino «hecho Carne».

La doble misión de Madre Teresa fue comunicar el anhelo divino a través de obras y palabras, como parte del plan de Dios para esta época incrédula. Como observó Pablo VI, «el hombre moderno escucha con mayor disposición a los testigos que a los maestros, y si escucha a los maestros, es *porque* son testigos».[4] Enfrentada a la oscuridad exterior que rodeaba a los pobres y a la oscuridad interior que también invadía a los ricos, Madre Teresa comprendió que la luz de sus palabras no bastaba, que más que nunca en esta era «Dios quiere mostrarnos quién es Él, no sólo decírnoslo».[5]

Proclamando la sed de Dios sólo con palabras, limitándose a afirmarlo, nunca habría dado validez a ese mensaje, sobre todo ante los agonizantes pobres de las calles de Calcuta. Pero era precisamente a los más necesitados a los que se la había enviado, a los excluidos, los leprosos, los hambrientos y los desnudos, los «despojos de la sociedad», como Madre Teresa los llamaba. Era a quienes Dios anhelaba con mayor urgencia, y eran quienes más necesitaban su amor, pero tenían menos razones para creer en él.

Puesto que nada de lo que los rodeaba hablaba de Dios o de su amor a los pobres de Calcuta, se envió a Madre Teresa para mostrarles ese amor, para reflejar Su presencia invisible, para hablar de Él mediante los silencios elocuentes de su caridad. En palabras de san Agustín, «cualquiera que haya visto caridad, *ha visto a la Trinidad*».[6] Por esta razón, Madre Teresa no buscaría más púlpito que las casuchas de los pobres ni más sermón que sus obras de amor, realizadas por los que nadie quería en nombre de Dios.

Las Calcutas ocultas de Occidente

Con el transcurso de los años, Madre Teresa sintió el deseo de empezar a llevar la luz del amor divino más allá del reino del dolor físico y la pobreza material. Dios le estaba mostrando, a través de sus viajes por el mundo desarrollado, que *dondequiera que hay humanidad, existe dolor*, ya sea en los barrios pobres, en cárceles o en palacios, y que dondequiera que hay dolor, está Jesús, clavado a la cruz de nuestras heridas de cuerpo o de alma, sediento de nosotros, sediento dentro de nosotros.

En 1960 invitaron a Madre Teresa a Estados Unidos para dar una charla en una reunión de mujeres de escala nacional que se celebraría —entre todos los lugares posibles— en Las Vegas. Esta visita marcaría su primera aventura fuera de las fronteras de la pobreza del Tercer Mundo y su primera oportunidad de compartir su mensaje con el Occidente rico.

Al igual que Calcuta, Las Vegas no era sólo una ciudad más, sino un icono. Pero a diferencia de Calcuta, Las Vegas (al menos Las Vegas que el mundo se imagina), con sus casinos y su vida nocturna, era un icono de opulencia y disipación: pobre, pero con una pobreza muy diferente. Para resaltar el alcance universal de su mensaje, Dios estaba enviando a Madre Teresa al otro extremo, al término opuesto del espectro económico. La estaba enviando para que «fuera su luz» en una anti-Calcuta; no a un barrio pobre en el sentido clásico, pero sí en muchos aspectos a un barrio en el que había pobreza de espíritu. Allí, y a lo largo de todo el mundo desarrollado, Madre Teresa se enfrentaría a una pobreza enteramente diferente, una pobreza orgullosa, pero despojadora de almas que no conocía su desnudez.

Fue tras este viaje inaugural a Occidente cuando empezó a sentirse tan hondamente conmovida por la pobreza interior del Primer Mundo como por la privación material del Tercer Mundo. Comenzó a comprender que *todo* lugar y persona lleva una Calcuta en miniatura en su interior. Las calles de Calcuta conducen a la puerta de todos los hombres, y el mismo dolor, las mismas ruinas de nuestra Calcuta del corazón, son testigos de la gloria que antaño había y debe haber. A partir de entonces, alentada por su amigo Juan Pablo II, llevó su mensaje allá donde era invitada. En este estado maduro de su misión, la luz de su mensaje no sólo llegó hasta los barrios pobres del mundo, sino más allá, hasta los umbrales de todos los corazones heridos.

La gran contribución de Madre Teresa ha sido el don de la luz resplandeciente que se le confió en el tren, una luz reflejada para el resto de nosotros en sus palabras y obras de amor.

Había llamado nuestra atención sobre las palabras divinas «Tengo sed», sobre este portal único a la luz, este medio providencial para «[conocer] el don de Dios y quién es el que nos está diciendo: "Dame de beber"» (Juan 4, 10). En el grito de sed proferido por el Hijo de Dios en el Calvario e invocado en nuestros días por Madre Teresa, se nos ha dado una lente para contemplar a Dios y toda la Creación con mayor profundidad y de nuevo. Su visión nos transporta a las profundidades de la Trinidad en una dirección y a las profundidades de la naturaleza humana en la otra. Como tuve la oportunidad de comentar en una homilía en la casa madre de Calcuta en el aniversario del

«Día de la Inspiración», el 10 de septiembre de 1997, justo cinco días después de su fallecimiento:

Debido a Madre Teresa y su mensaje, debido a este fuego secreto que se le confió, incontables generaciones llegarán a conocer mejor a Dios. A través de este encuentro, recibido en el tren a Darjeeling, vivido en los barrios pobres de Calcuta y compartido con todos nosotros, Madre Teresa ha dado al mundo su mayor regalo, pues de un modo único y nuevo, nos ha abierto una ventana al corazón de Dios.

CAPÍTULO 8

UN LEGADO DE LUZ
PRIMERA PARTE

No Me conocen—por eso no Me quieren...[1]

JESÚS A MADRE TERESA

Un mosaico de luz

La luz de la sed de Jesús brilla además de otro modo irradiada por la persona enviada para «ser su luz»: Madre Teresa.

Vimos esa misma luz, reflejada como un rayo de sol a través de un prisma, en su bondad, amabilidad y caridad. En todo lo que hacía, Madre Teresa volvía visible el misterio oculto del anhelo divino. Sus palabras y gestos nos gritaban en nombre del Todopoderoso: «Tengo sed de ti...»

Era tal la fidelidad con la que Madre Teresa reflejaba la luz que contemplaba, que sólo con observarla podíamos obtener percepciones importantes acerca de su experiencia de Dios, de esas cualidades divinas que la afectaron y transformaron al máximo y que ella, a su vez, irradiaba esplendorosamente.

Los diez puntos que siguen muestran las facetas clave de la sed divina tal como la entendía Madre Teresa. Estos puntos se han recogido de sus escritos, de conversaciones mantenidas con ella y de observarla de cerca cuando se entregaba a reflejar la luz que portaba en su interior. Al reflexionar sobre este mosaico de luz, manifestado en las diversas cualidades y aspectos de su propia vida, podemos acercarnos más a contemplar la luz y el amor de su fuego interior.

Comenzamos este viaje de descubrimiento como lo hizo Madre Teresa ese día de septiembre, con su misma sinceridad y buena voluntad, con la mente abierta y el corazón sumiso. E igual que ella ese día, empezamos de cero: nosotros también, como el resto de la humanidad, hemos vivido nuestra existencia sin darnos cuenta alguna de que Dios nos anhela.

Pero antes de acercarnos a esta luz, para evitar ser simples observadores ocasionales o indiferentes, es crucial que nos percatemos de que el anhelo de Dios contiene algo más que belleza, más que consuelo, más incluso que luz para nuestra oscuridad. La sed divina está también teñida de dolor: el dolor de nuestra ignorancia, de nuestro rechazo e indiferencia, el dolor de nuestro pecado. Madre Teresa llamaba a esto «la sed dolorosa» de Jesús.[2] Ignorado, no contestado ni saciado, el anhelo de Dios por la humanidad descarriada alcanzaba una intensidad y urgencia que abrumaban su corazón. Escribe a sus Hermanas:

Hijas mías, no sabéis el terrible dolor que hay en mi corazón por no ser capaz de responder plenamente a la terrible sed que Jesús me pidió saciar a través de la Sociedad [esto es, sus Misioneras de la Caridad]—a través de cada una de vosotras. Si yo me siento de este modo, me pregunto cómo se debe sentir el Corazón de Jesús. ¿No está, una vez más, como hizo el 10 de septiembre, no está mirando a cada una de vosotras?: «Te escogí y te llamé a ser una Misionera de la Caridad para que saciaras mi dolorosa sed; ¿y dónde estás tú?»[3]

Una visión de luz en la oscuridad

El sentido del dolor que llenaba un mensaje por lo demás consolador se remonta al comienzo de la misión de Madre Teresa, a la época inmediatamente posterior a la gracia que recibió el 10 de septiembre. Durante los últimos meses de 1946 empezó a recibir casi a diario comunicaciones interiores, que durarían hasta bien entrado 1947, en las que Jesús le explicaba con detalle la naturaleza de su misión con los pobres. En la conclusión de estas revelaciones extraordinarias, se le mostró una visión simbólica, una serie de tres cuadros donde se resumía todo lo que se le había revelado en los meses precedentes.

En la primera de las tres escenas se le mostraron a Madre Teresa los apuros de los pobres, pero también la pobreza *interior* aún mayor oculta bajo su necesidad material. Vio una gran muchedumbre de los más pobres de los pobres alzando sus manos hacia ella, que se encontraba en medio. Le pedían que los rescatara, que los llevara hasta el Único que podía salvarlos, que los llevara a Jesús.

En la segunda escena estaba la misma muchedumbre, con gran pesar y sufrimiento en sus rostros. Y esta vez, María, la Madre de Jesús, también estaba allí entre ellos, presente místicamente en este Calvario moderno, del mismo modo que había estado hacía dos mil años. En su visión, Madre Teresa estaba arrodillada al lado de María y aunque no pudo ver el rostro bendito de la Madre, la escuchó decir: «Cuida de ellos —son míos—. Llévaselos a Jesús —tráeles a Jesús—. No temas.»[4]

En la escena tercera y final se mostró a Madre Teresa la misma multitud, aunque esta vez pudo ver que estaba cubierta por la oscuridad. Allí, en medio de este mar de angustia, estaba Jesús en la cruz, con la única luz que bajaba de lo alto, brillando sobre y desde el misterio de la cruz. Los pobres no se percataban de la presencia de Jesús con ellos en su dolor, compartiendo su sufrimiento y convirtiéndolo en semillas de resurrección. Madre Teresa le escuchó decirle a ella desde la cruz: «Yo te lo he pedido. Ellos te lo han pedido y ella, mi Madre, te lo ha pedido. ¿Te negarás a hacer esto por Mí, cuidar de ellos, traérmelos?»[5]

En los meses previos a su visión, Jesús había explicado a Madre Teresa su razón, el *objetivo impulsor* de enviarla a los pobres, resumido en este conmovedor lamento: «No me conocen—por eso no me quieren...»[6] Ésta era la causa de su «dolorosa sed»; y el motivo de su misión para horadar su oscuridad con la luz de su anhelo.

Pero fue enviada no sólo a los pobres de Calcuta, y no sólo para traspasar la oscuridad de la necesidad material. También nos la enviaron a nosotros, a una cultura moderna de la que, por razones diferentes, pero con el mismo efecto, Jesús asimismo podía decir: «No me conocen—por eso no me quieren...» Envió a Madre Teresa para proclamar su sed a esta generación a fin de que, en una época de indiferencia creciente, ante un mundo que vive bajo el mismo manto de oscuridad, de dolor irredento retratado en su visión, nos recordara el ansia de Dios y, de este modo, reavivara la nuestra.

Que la luz que Dios le otorgó nos guíe para «conocerlo y amarlo», para querer al Dios que nos quiere, que tiene sed de nosotros desde la cruz.

1. El anhelo infinito

La primera luz que proviene de la experiencia de Madre Teresa en el tren alude al mensaje central de la sed de Jesús, el «anhelo infinito en el corazón de Dios» por nosotros, sus hijos.

En el rincón más profundo de nuestra alma todos ansiamos ser amados, pero más especialmente por el Dios que es la fuente de todo amor. Luego, ¿qué noticia más consoladora puede haber que saber que somos amados más allá de todo lo que cabría imaginar o esperar, con un amor infinito en magnitud e intensidad, más allá de toda medida o noción? Este misterio es tan grande que requiere esfuerzo por nuestra parte para abordarlo, pues carecemos del concepto de lo que podría ser un «amor infinito».

No contamos con analogías para el infinito, nada con lo que compararlo y, por tanto, nuestro mejor recurso al intentar comprender el amor de Dios son las analogías que podemos captar, como la «sed», metáforas humanas que apuntan hacia la realidad divina. Esas analogías que transmiten algo de la intensidad e inmensidad del amor de Dios, como la sed y el anhelo, nos ayudan a acercarnos más al abismo divino.

Santa Catalina de Siena, la gran mística y doctora de la Iglesia, compartió muchas de las intuiciones de Madre Teresa referentes a la sed divina. Habla de Jesús crucificado como «herido con tal fuego de amor [...] que se antoja insaciable. No obstante, tiene sed, como si dijera: "Tengo mayor ardor, deseo y sed de vuestra salvación de lo que soy capaz de mostrar [incluso] con mi Pasión."»[7] Desde su experiencia mística, Catalina sólo podía describir al Dios que se había encontrado con sus propias analogías: como *pazzo d'amore; ebbro d'amore,* como «enloquecido de amor, embriagado de amor».[8]

Si cabe inferir algo del *ardor* del amor divino descrito en las Escrituras, en el Cantar de los Cantares, en el lenguaje nupcial del Antiguo Testamento o en el papel de Jesús como desposado de Israel, es que de un modo inconcebible, Dios no sólo nos quiere, sino que también *nos ama.* Este profundo misterio constituye el núcleo del descubrimiento de Madre Teresa. Hay un eros definido en el amor de Dios por nosotros, que debe comprenderse acertadamente (como veremos), pero no descartarse, a menos que reduzcamos el amor divino a mera benevolencia. Su amor revelado en las Escrituras, incluso en el Antiguo Testamento, es un «amor apasionado»,[9] un amor que Madre Teresa comprendió y apreció plenamente, y le infundió valor para proclamar:

Ese chico y esa chica que se enamoran, ese amor es «Tengo sed». Tenéis que experimentarlo. Es lo mismo—hemos llegado a esa convicción [...]. Su amor es sed.[10]

Cuando miramos a Jesús durante Su humillante Pasión y muerte, nos preguntamos ¿por qué todo esto? ¿Cuál es el objetivo? [...] Nadie, ni siquiera Jesús, podría haber pasado por todo ese humillante sufrimiento si no estuviera enamorado.[11]

Este ardiente amor no es sólo dominio del Hijo, quien comparte nuestra humanidad; su fuente es el Padre. Resulta asombroso darnos cuenta de que el Padre ama a toda la humanidad con el mismo amor, con la misma magnitud y la misma intensidad que ama a su Hijo divino. Madre Teresa comprendió que es la naturaleza de Dios amar de esa forma, amarnos con la totalidad de su ser, y que no es capaz de amarnos menos. Por esta razón recurría con tanta frecuencia a la palabra *infinito* para aclarar la naturaleza de Su sed: «Jesús es Dios: por tanto, Su amor, Su sed es infinita... [Estamos llamados a] saciar esta *sed infinita* de un Dios hecho hombre.»[12]

Si tomáramos todo el amor de todos los corazones de las personas de la Tierra y lo sumáramos a todo el amor de las personas que han existido a lo largo de la historia y luego sumáramos el amor de todos los santos del cielo y todos los ángeles, querubines y serafines para verter a continuación ese amor en un *solo* corazón y dirigir todo ese amor hacia nosotros, todavía se quedaría infinitamente corto ante el amor que Dios derrama sobre cada uno de nosotros en este mismo momento. Porque Dios es infinito; *su amor no está dividido* de modo que cada persona reciba sólo una porción. Cada uno de nosotros recibimos la totalidad, la plenitud del amor divino, veinticuatro horas al día todos los días de nuestra vida.

Un lápiz en la mano de Dios

Madre Teresa era tan consciente de su misión de comunicar la «luz y el amor» que había recibido, que se *definía en virtud de su mensaje*, describiéndose como «un lápiz en la mano de Dios para que Él pudiera escribir Su carta de amor al mundo».[13] En atención a ese mensaje, nunca huyó de emplear el lenguaje más ardiente para describir la intimidad a la que la sed de Jesús nos invita, un lenguaje que llena las páginas de las mismas Escrituras:

> Porque Yahvéh se complacerá en ti
> y tu tierra será desposada.
> Porque como se casa joven con doncella,
> se casará contigo tu edificador;
> y con gozo de esposo por su novia,
> se gozará por ti tu Dios.

Isaías 62, 4-5

Madre Teresa entendió que el único modo que tenemos de acercarnos a la sed de Dios es *abrirnos a ella*, sin insistir en comprender o ser merecedores. Como observó el teólogo Karl Rahner, «algunas cosas no se comprenden aprehendiéndolas, sino dejando que nos aprehendan». Un amor como ése jamás puede ganarse ni entenderse de lleno, pues queda por completo más allá de nosotros, pero al mismo tiempo es enteramente para nosotros. Es un amor en el que siempre se puede creer y recibir en nuestro corazón, totalmente libre y siempre cercano.

2. LA DICHA DE DIOS

En toda nuestra vida nadie nos amará jamás como Dios lo hace, ni nos amará con un amor tan imperturbable ante nuestras imperfecciones. En el corazón de Dios, Madre Teresa encontró un amor no inspirado por la condescendencia o la piedad, ni mucho menos por la obligación, sino un amor que *se complace* en nosotros, que halla dicha en amarnos. Las Escrituras afirman que Dios, en efecto, se regocija en su Creación:

> No se dirá de ti jamás «Abandonada»,
> ni tu tierra se dirá jamás «Desolada»,
> sino que a ti se te llamará «Mi Complacencia» [...]
> porque Yahvéh se complacerá en ti.

Isaías 62, 4

> [El Señor] exulta de gozo por ti,
> te renueva por su amor,
> danza por ti con gritos de júbilo [...].

Sofonías 3, 17

Tal exuberancia señala a un Dios que no sólo nos ama, sino al que le *gustamos*, disfruta de nosotros y se complace de estar con nosotros: «Y yo era cada día sus delicias, recreándome todo el tiempo en su presencia [...] Mi delicia es estar con los hijos de los hombres» (Proverbios 8 y 31). Complacemos a Dios sólo por existir; como los padres que se complacen en sus hijos mucho antes de que hayan alcanzado la edad suficiente para hacer algo «merecedor» de su complacencia.

¿No se complace el artista en su obra de arte? ¿No indica la misma sed de Dios por nosotros Su complacencia? Su mensaje a Jesús y por medio de Él a nosotros es invariable, del Antiguo Testamento al Nuevo:

> He aquí mi siervo a quien yo sostengo;
> mi elegido en quien se complace mi alma.

Isaías 42, 1

Tú eres mi Hijo amado;
en ti me complazco.

Lucas 3, 22

A todos los que se le acercaban, Madre Teresa reflejaba y transmitía la experiencia de la complacencia de Dios con nosotros. Casi de manera universal, quienes se la encontraban señalaban esta sensación de bañarse en su complacencia, de recibir tal bienvenida y atención, tal interés y complacencia evidentes en su semblante, en su sonrisa y en la cordialidad de su contacto. Incluso cuando estaba rodeada por una muchedumbre, las personas tenían la sensación invariable de que eran las únicas que existían para ella en todo el mundo, como si Madre Teresa no tuviera nada más que hacer que atenderlas, ni ningún otro deseo que estar con ellas. Sus ojos se iluminaban siempre que alguien se acercaba, haciéndole sentir como si fuera un familiar perdido durante mucho tiempo que por fin volvía a casa. Los ayudaba a sentarse y les cogía la mano mientras los escuchaba con atención. Cuando alguien estaba en su presencia, era como si el tiempo se parara. Era como si ella y, por extensión, el Dios que la había enviado, no tuvieran ni quisieran ningún otro lugar para derramar su amor.

El amor transforma

La sed de Dios por nosotros no depende de quién o cómo seamos. Su amor no tiene que ver con nosotros, ni depende de nosotros; tiene que ver con *Él*, con un Dios cuya *naturaleza* es amor. Puesto que Dios es libre para amarnos, de igual modo es libre para complacerse en nosotros. Puesto que sólo este amor entregado libremente nos hace amables, es nuestra disposición a aceptar ese amor, nuestro consentimiento de su complacencia, la que nos transforma y nos hace «llenos de gracia», hermosos y amantes a su vez.

Aunque no haya belleza en nosotros, el amor de Dios obra su alquimia divina, volviendo hermoso hasta al más ínfimo de nosotros. Miremos a Madre Teresa. Había un aura a su alrededor, un resplandor y una belleza más allá del atractivo mundano. Poseía la presencia y la exuberancia inconfundibles de quien vive en un *estado de ser amado*. La luz del amor que brillaba en ella hacía que las personas vieran más allá de las arrugas de su rostro; percibían sólo la belleza interna que afluía a su semblante, una belleza nacida de saberse tan plenamente amada. Al igual que las personas se complacían en contemplar a Madre Teresa a pesar de las arrugas de sus facciones o sus limitaciones humanas, Dios puede complacerse en nosotros incluso tal como somos, cuando derrama en nosotros el amor que nos hace amables, incluso hermosos. La complacencia de Dios nos hace encantadores; pero sólo obra su alquimia sagrada si decidimos creer en ella, si estamos abiertos a recibirla.

Encontrar la aceptación incondicional de Dios desvanece nuestros temores y vuelve innecesarias nuestras defensas, permitiendo que caigan una tras otra. La amorosa mirada de Dios, la misma que vislumbrábamos reflejada en los ojos de Madre Teresa, nos libera para viajar a los lugares más recónditos de nuestro interior y hacer las paces con esas partes de nosotros que temíamos admitir. Nos volvemos más sinceros, más vulnerables y abiertos, y más tiernos a su vez. Cuanto más en contacto estemos con el placer que siente Dios al amarnos, más complacientes seremos.[14] Como Madre Teresa nos recuerda con palabras que evocan su propio camino interior, nuestra tarea es *creer constantemente en la complacencia de Dios* y acordarnos de ella en tiempos de dificultad:

> Eres precioso para Él. Te ama, y te ama tan tiernamente que te grabó en la palma de su mano. Cuando tu corazón se sienta intranquilo, cuando tu corazón se sienta herido, cuando tu corazón sienta que está a punto de romperse, recuerda: «Yo soy precioso para Él, me ama. Me ha llamado por mi nombre. Soy suyo.»[15]

Estar en presencia de Madre Teresa ofrecía a los pobres de Calcuta, y a aquellos de nosotros que la observábamos de lejos, un atisbo de lo que nos aguarda en el reino de los cielos, en ese océano de complacencia que es el corazón del Padre. Ella nos ha concedido un anticipo de lo que será descansar en la mirada amorosa del Padre y pasar nuestra eternidad a su abrigo.

3. La presencia

El Dios que se complace en nosotros no lo hace desde la distancia. Su anhelo de unión con nosotros y su ansia de estar con nosotros constantemente *lo atraen hacia nosotros*. La sed de Dios lo aproxima más a nosotros de lo que podemos imaginar, más cerca de lo que estamos nosotros. El Dios que estuvo tan vigorosamente presente para Madre Teresa en el tren está igual de presente para nosotros, veinticuatro horas al día. El mismo Padre Celestial que vive volcado hacia su Hijo (cf. Juan 1, 1 y 2) también vive volcado hacia nosotros y centrado en cada uno de nosotros, sus hijos.

El deseo de Madre Teresa de vivir *con* los pobres, en

imitación de su Señor, le llevó a habitar en medio de ellos y a compartir su pobreza, igual que hizo el Dios de Israel, quien en lugar de permanecer distante en las cumbres del Sinaí, eligió morar bajo una tienda en compañía de su pueblo. Asimismo, Jesús, nuestro Emmanuel, en lugar de salvarnos desde lejos, vino a levantar su tienda entre nosotros, se envolvió no sólo en el polvo del desierto, sino en nuestra misma carne.

Fuimos testigos del ansia de Dios por estar con nosotros y de amarnos cara a cara que se reflejaba en Madre Teresa. Por encima de toda la atención material que dedicaba a los pobres, ella se preocupaba en primer lugar de sentarse, escuchar y consolar. Empleaba el tiempo simplemente en estar con los pobres, cara a cara, corazón con corazón, con aquellos que no tenían a nadie, sabiendo que ninguna cantidad de mantas ni ladrillos podía calentar el corazón humano. Ningún programa gubernamental era capaz de ofrecer el regalo de la presencia, sólo los corazones de las personas. Sólo el corazón humano es capaz de comunicarse con el corazón de Dios.

Del mismo modo que Madre Teresa entregaba toda su atención a cada uno, Dios nos atiende cada vez que respiramos y en el más recóndito de los latidos de nuestro corazón con la plenitud de su ser. Su presencia para nosotros no se limita nunca a una porción de Sí mismo, como si los miles de millones de personas del planeta sólo pudieran reclamar una parte diminuta de la divinidad. Dios está presente en cada uno de nosotros con la *totalidad de su ser*. Ninguna parte del Altísimo está ausente nunca, ni distraída, de ninguno de nosotros, hasta el punto de que incluso «los cabellos de vuestra cabeza están todos contados» (Lucas 12, 7).

Todo el ser de Dios atiende al más leve murmullo de

nuestra alma, del mismo modo que una madre escucha en la noche la respiración de su hijo recién nacido. Cada uno tenemos, por así decirlo, un canal personal que nos conecta con Dios, nuestra propia frecuencia individual con la que está sintonizado día y noche. Incluso cuando no estamos hablándole ni pensando en Él, Dios nos escucha. Tal es la atenta presencia del Dios que tiene sed de sus hijos.

4. ALCANZADOS POR LA MISERICORDIA

¿Con cuánta frecuencia, en la lucha con nuestras debilidades y fallos, no nos hemos sentido solos y avergonzados, inmerecedores de Dios, tentados de huir de su presencia como hicieron Adán y Eva tras la Caída? Después de probar esta amargura y dolor interiores causados por nuestras propias manos, por nuestro propio pecado, ¿no hemos temido ser abandonados por el Amor?

Pero éste no es el Dios revelado por las Escrituras; no es el Dios que nos reflejaba Madre Teresa. Ella reflejaba un Dios cuya sed lo mueve a alcanzarnos, a traernos de vuelta cuando nos perdemos; un Dios que siempre nos está buscando, siempre atrayéndonos a Él.

Todos los que buscaron a Madre Teresa durante su vida, fueran ricos o pobres, llevaban consigo un profundo anhelo de ser aceptados, de ser queridos a pesar de sus defectos. Ya fuera un leproso con los miembros deformes, un anciano abandonado y agonizante en una cloaca de Calcuta o una princesa angustiada y atraída por Madre Teresa sin saber por qué, todos llegaban con el mismo dolor y buscaban el mismo consuelo. En nuestros momentos más oscuros, en nuestra noche oscura del alma, todos ansiamos saber que *el Amor no nos ha abandonado*. Todos anhelamos que nos aseguren que Dios no ha huido de nuestras faltas, que no nos exige escalar primero algún Olimpo moral para que podamos recuperar su favor. Ésta es la imagen desafortunada de un Dios severo, cargado en las espaldas encorvadas de demasiados de sus hijos.

Pero el Dios de Israel es otro:

Israel ha cometido «adulterio», ha roto la Alianza; Dios debería juzgarlo y repudiarlo. Pero precisamente en esto se revela que Dios es Dios y no hombre: «¿Cómo voy a dejarte, Efraín, cómo entregarte, Israel?... Se me revuelve el corazón, se me conmueven las entrañas. No cederé al ardor de mi cólera, no volveré a destruir a Efraín; que yo soy Dios y no hombre, santo en medio de ti» (Oseas 11, 8-9). El amor apasionado de Dios por su pueblo, por el hombre, es a la vez un amor que perdona.[16]

El mismo acto de presencia de Madre Teresa, eligiendo vivir en lo peor de los barrios pobres de Calcuta y haciéndolo en nombre de Dios, constituye un signo para nosotros de que Dios nunca nos dejará solos para librar nuestras batallas, desvalidos como hojas en un huracán; siempre será nuestro «Dios con nosotros», que de buena gana abandona a los noventa y nueve para rescatar a los perdidos y los caídos, trayéndolos en sus brazos.

Anhelo incondicional

Madre Teresa enseñó que la sed de Dios por nosotros era incondicional e inmutable, incluso cuando nos encontramos perdidos en la lucha contra el pecado. Lejos de disminuir el ansia de Dios por nosotros, nuestros quebrantos desatan en Él manantiales aún más profundos de ternura y misericordia. La misericordia de Dios es más que aceptación pasiva de nosotros; más también que perdón inmediato si regresamos. La sed de Dios por nosotros es una determinación implacable, jamás se ha arrepentido de estar con nosotros *en nuestras andanzas*, de buscarnos y traernos de vuelta, y una vez que hemos regresado, de colmarnos de bendiciones mayores que las que habíamos perdido.

En cada momento de nuestras andanzas, Dios ya está ahí esperándonos, junto al mismo camino de nuestra traición. El relato evangélico de la samaritana (Juan 4, 7-42) cuenta la historia de una adúltera que llega, cargada con la desgracia, a sacar agua del pozo de la aldea. Va al mediodía adrede, mucho después de que las demás mujeres hayan sacado agua y regresado a sus casas. Allí se encuentra, precisamente en el lugar que le recuerda su aislamiento y vergüenza, con un Jesús que ya la está esperando y que amablemente la arrastra al diálogo y luego, poco a poco, a la gracia y a la rehabilitación.

El mismo tema se reitera y reinterpreta en todos los escenarios posibles a lo largo de los Evangelios, de la parábola de la oveja perdida, buscada y devuelta al redil en los brazos del pastor (Lucas 15, 3-7), a la de la moneda perdida (Lucas 15, 8-10), la parábola del hijo pródigo, quien regresa a casa para encontrarse con un ternero cebado y un jubiloso banquete, un anillo para su dedo y sandalias para sus pies, y la fiesta en el corazón de un padre exultante (Lucas 15, 11-32).

En su extrema misericordia, Dios toma sobre sí no sólo nuestro pecado, sino todo el dolor y toda la vergüenza que lo acompañan. Formulando esta misericordia divina en términos humanos, comprenderemos mejor su verdadera radicalidad. ¿Qué dentista carga con el dolor de sus pacientes? ¿O qué juez, por muy misericordioso que sea, aceptaría cumplir la sentencia del acusado? Sin embargo, Dios nunca huye de las consecuencias de esta sed de nosotros, sin importar el precio, incluso hasta la «muerte, incluso la muerte en una cruz» (Filisteos 2, 8). Lejos de ignorar o incluso causar sufrimiento humano, Dios se sumerge directamente en él. Llena nuestro dolor con su amor, se liga a él, lo experimenta en toda su crueldad y rompe sus cadenas desde dentro, convirtiéndolo todo en resurrección. Dios transforma nuestro dolor y agonía no sólo en una *nueva* vida (esto es, nuestra vida previa restaurada), sino en una vida cualitativamente diferente, nos invita a compartir *su propia* vida como don gratuito.

Madre Teresa nos invita a creer en un Dios que nunca se cansa de buscarnos y perdonarnos. A los pobres de Calcuta les comunicó esta experiencia de *ser buscados* en nombre de Dios, incluso como ella había sido buscada en el tren de Darjeeling. Dedicó su vida a buscar a los pobres y los solitarios, siguiendo los pasos del Buen Pastor, curando heridas de cuerpo y alma. Nos mostró que por dondequiera que vaguemos siempre hay un pastor amable, un sabueso del cielo que ya nos persigue. Tocando a la puerta de nuestro corazón, nos vuelve a llamar con una pregunta cuyo eco ha resonado de época en época desde el Jardín del Edén: «¿Dónde estás?» (Génesis 3, 9).

¿Pero existe un defecto oculto en la misericordia de Dios? ¿Se convierte inadvertidamente su benevolencia en una licencia para pecar? ¿Su aceptación y sed de nosotros, sin importar cómo somos, disminuye la gravedad y consecuencias del mal humano o atenúa nuestra necesidad de conversión? En absoluto. La misericordia de Dios no tiene más que un propósito: es una puerta

113

siempre abierta a la posibilidad de una vida cambiada y diferente; una invitación a un nuevo comienzo, libre y limpio, más allá del peso de los errores pasados. La misericordia generosa del Padre, mientras espera a cada hijo pródigo junto a su camino de perdición —enviando a su Hijo al extremo más alejado de dicho camino, envuelto en nuestro pecado en el Calvario— no es de ningún modo una licencia.

Más que nada, la misericordia amorosa de Dios inspira a cambio nuestro amor arrepentido. Al contemplar esta misericordia otorgada hasta la locura, la tocaya de Madre Teresa, santa Teresa de Lisieux, proclamó: «Aunque mi conciencia estuviera cargada con todos los pecados que se puedan cometer, seguiría arrojándome sin vacilarlo a los brazos de Dios.»

Madre Teresa descubrió que Dios se complace en crear nueva vida, en especial donde se había perdido: «Ahora hago nuevas todas las cosas» (Apocalipsis 21, 5). Una vez que hemos regresado a Él, Dios no sólo nos perdona, sino que también nos colma con mayores bendiciones. Al final, nuestra condición de perdonados está más llena de bendiciones que nuestra inocencia original, del mismo modo que el paraíso que nos aguarda es indeciblemente mayor que el paraíso del Edén perdido. Al contemplar esa bondad tan inesperada e inmerecida, la Iglesia se regocijaría de la caída de Adán como *felix culpa*, «dichosa culpa». El corazón de Dios no ha cambiado desde el Jardín; todavía anhela transformar nuestras faltas en bendición y nueva vida, hacer de nuestros pecados pasados un nuevo comienzo, tornar todos nuestros fallos en «dichosa culpa».

Como proclamó santa Teresa de Lisieux, en realidad,

«todo es gracia». Incluso nuestro dolor y nuestras pruebas portan las semillas de bendiciones ocultas, bendiciones mucho más grandes que las pruebas que las velan. Madre Teresa insistía en que, en el último análisis, no hay problemas, sólo dones, puesto que sin excepción «Dios ordena todas las cosas para el bien de los que lo aman» (Romanos 8, 28). Madre Teresa vio por sí misma que las bendiciones divinas de último momento oscurecen con creces las pruebas de las que provienen, surgiendo como una mariposa de un capullo olvidado durante mucho tiempo.

Cuán consolador resulta saber que no necesitamos pedir a Dios que nos bendiga, nos perdone o nos levante después de una caída. «No tengáis miedo, pequeño rebaño, porque vuestro Padre ha decidido daros el reino.» (Lucas 12, 32.)

Por último, más que sentimiento, la misericordia nacida de la sed de Dios es verdadero *poder*. Dios ha puesto todo su poder creativo y energía al servicio de su misericordia. Nuestro Dios es un maestro artesano tan diestro que, cuando sus amados hijos le llevan los trozos del jarrón de cristal que ha fabricado y entregado como regalo, roto por la negligencia de sus hijos, no puede evitar no sólo repararlo, sino hacerlo *aun más bonito* de lo que era antes. Ésta es la extensión, el alcance y el poder de su misericordia.

5. El amor fiel

Después de que una de sus Hermanas se hubiera ganado una reprimenda y hubiera sido corregida por Madre Teresa, de inmediato la colmaba de signos de afecto y en lugar de separarla de su puesto, le ofrecía a menudo una posición más elevada de la que antes ocupaba. Aunque a veces las Hermanas se mostraban desconcertadas por esta actuación, ¿no estaba Madre Teresa imitando la misma *fidelidad* que nos concedía Dios? ¿No es así como Dios nos trata después de que caemos y fallamos, con nuevos signos de amor y nuevos dones de gracia, mayores que los que hemos perdido?

La fidelidad de Dios, exaltada en los Salmos y por los profetas, es la consecuencia ineludible de su sed de nosotros. La fidelidad de Dios es *su sed de nosotros representada* en tiempo real, cuando se sumerge en los detalles de nuestra vida y nos persigue con su amor. La fidelidad divina es su anhelo por nosotros aplicado aquí y ahora, incluso cuando nuestro presente está compuesto de flaquezas y pecado. En realidad, las Escrituras nos muestran un Dios cuya fidelidad cobra mayor fuerza cuando se enfrenta con su contrario: nuestra infidelidad. Madre Teresa reflejó esta fidelidad divina en su preocupación por los demás sin juzgarlos como «infieles», incluso como delincuentes e individuos de escándalo público (curiosamente, algo que le ganó críticas hasta entre quienes reconocían al mismo Redentor misericordioso). Como dicen las Escrituras, si le somos infieles, Dios seguirá siendo fiel; aunque lo neguemos, Él *no puede* negarse a sí mismo (2 Timoteo 2, 13). No puede negar su naturaleza como amor incondicional, ni su eterno sueño por cada uno de nosotros.

¿Qué significa esta fidelidad divina en la práctica? Es el compromiso inconmovible por parte de Dios de continuar amándonos y dar cumplimiento a su deseo de nosotros, un compromiso del que no se echará atrás. Significa que ninguna cantidad de mal que podamos cometer haría que Dios nos amara menos de lo que lo hace desde toda la eternidad. Y ninguna cantidad de bien que podamos hacer, ninguna cantidad de virtud que podamos alcanzar, haría que nos amara *más de lo que ya lo hace* ahora. Lo atestigua su trato con David tras su adulterio con Betsabé y el asesinato de su marido, Uría. Dios no sólo sigue confiando en él y le concede el reino de Israel, sino que mil años después, el mismo Hijo de Dios llevará orgullosamente el título de «Hijo de David».

Lo atestigua, también, el trato fiel de Dios a Israel a lo largo de su historia y la promesa siglos después en el Nuevo Testamento de que el pueblo elegido del Antiguo Testamento regresará de nuevo a su posición de favor (cf. Romanos 11, 25-28). Todo ello es prueba de que para Israel, al igual que para nosotros, su Israel en miniatura, «los dones y el llamamiento de Dios son irrevocables» (Romanos 11, 29). Una vez más, el amor de Dios por nosotros *no es debido a nosotros, sino debido a Él*; no se otorga como una recompensa por buena conducta, ni se retira como castigo cuando nos descarriamos.

Nuestra suposición no evangélica es que nuestra mala conducta provoca que Dios nos quiera menos. O peor, que su amor ofendido se torne hostilidad y rechazo. Pero Dios no odia. Lo único que Dios «odia» es el pecado (nunca al pecador); y eso, también, es enteramente por amor, como una madre apesadumbrada «odia» el cáncer que se está comiendo a su hijo agonizante.

¿Pierde nuestra conducta su importancia si Dios nos ama siempre y de todos modos? ¿Nuestras buenas o malas acciones marcan una diferencia real para Él o para nosotros? Podemos ilustrar la relación entre el amor fiel de Dios y nuestra libre elección con el ejemplo de una casa que se encuentra en medio de un campo caldeada por el sol de mediodía. Un niñito que vive en esa casa podría pensar, cuando sus padres abren las contraventanas para dejar que entre el sol, que son ellos quienes tienen el control, que son quienes elevan el volumen del sol o que al cerrar todas las contraventanas están reduciendo el brillo del sol. Pero la verdad es que el sol brilla igualmente, no aumenta ni disminuye por lo que ocurra debajo de él.

Del mismo modo, Dios nos ama igual y siempre, independientemente de nuestra conducta. Nos comportemos mal o bien, el amor divino y sus bendiciones continúan derramándose sobre nuestro mundo: «Para que seáis hijos de vuestro Padre celestial, que hace salir el sol sobre buenos y malos, y hace llover sobre justos e injustos» (Mateo 5, 45). El amor de Dios no está condicionado, como el amor humano. Así como la naturaleza del sol es brillar y no variar, la naturaleza de Dios es amar completa e infinitamente y no variar. «Debido a que *es tan absolutamente bueno* [Dios] ama a todas las personas, buenas y malas [...]. Ama a los que carecen de amor, a los que no resultan amables y los que no se dejan amar. Él actúa, no responde. Es quien inicia el amor. Él es amor sin [causa humana o] motivo.»[17] Amar es lo que hace Dios todo el tiempo. En realidad, sin esta efusión de amor eterno e incondicional, Dios dejaría de ser Dios.

¿Qué ocurre cuando escogemos libremente el mal? Cerramos las contraventanas de nuestra alma, por así decirlo, para que los rayos del sol divino —que brillan constantemente sobre nosotros— no puedan entrar. Acabamos cerrándonos a Dios y su amor, llenando nuestras almas con la oscuridad que nos fabricamos. Dios no nos ha rechazado; más bien somos nosotros quienes, abusando del don de la libertad, nos hemos apartado deliberadamente de Él, situándonos fuera de los límites de su amor y cerrándonos a sus bendiciones. Al ponernos la armadura del pecado y el egoísmo como protección para nuestros egos, acabamos escudándonos, levantando una barricada, contra el amor de Dios; porque Él no nos dará su amor a la fuerza, no puede hacerlo. Por otra parte, cuando buscamos libremente el bien, abrimos de par en par las contraventanas de nuestra alma, permitiendo que entre todo el calor del sol divino.

Madre Teresa reflejaba esta fidelidad divina con amigos y enemigos por igual. En los primeros tiempos de su obra en la Casa para los Moribundos, el sacerdote principal del templo de Kali, situado en los mismos terrenos que su albergue, agitó a los habitantes de la zona contra ella, encabezando las protestas públicas a las puertas del Kalighat. Por muchas calumnias y piedras que le lanzaran mientras caminaba hasta el albergue en esos días, Madre Teresa continuó, fiel e impertérrita, sin pensar si los pobres a los que servía o la gente del barrio se merecían o le agradecerían alguna vez sus desvelos.

Unos meses después se descubrió que ese mismo sacerdote que se había opuesto tan ruidosamente a su obra con los moribundos agonizaba él mismo de lepra. Fue arrojado a la calle por su propia familia y rechazado como impuro por sus compañeros sacerdotes. Tan pronto como lo supo, Madre Teresa fue a buscarlo. Lo encontró y se lo llevó para comenzar a atenderlo sin una palabra de reproche.

Tal es la belleza de la fidelidad de Dios en acción, «hecha carne» en la vida de Madre Teresa.

En el capítulo siguiente continuaremos nuestra revisión de la «luz y amor» que Madre Teresa contempló en el tren, examinando los cinco elementos restantes de su mosaico de gracia.

Capítulo 9

UN LEGADO DE LUZ
SEGUNDA PARTE

Cuando Él [Jesús] pidió agua, el soldado le dio
a beber vinagre [...]. Pero Su sed era de amor, de
almas...

El fruto de la fe es la comprensión de
«Tengo sed...»[1]

Madre Teresa

Las convicciones de fe de Madre Teresa, arraigadas en
las Escrituras e iluminadas por su experiencia del 10 de
septiembre, formaron sus actitudes, guiaron sus decisiones y la moldearon como la persona que llegó a ser.
Esas mismas convicciones también pueden constituir
para nosotros una entrada que nos permita contemplar
más plenamente el rostro de nuestro Dios, atrayéndonos
a establecer una nueva relación con Él y a iniciar un
nuevo modo de vivir bajo su luz.

Lo que resultó «nuevo» para Madre Teresa ese día de
septiembre no lo era en realidad. El núcleo del mensaje

está extraído enteramente de las Escrituras,* es puro Evangelio; pero es el Evangelio tomado al pie de la letra, sin medias tintas ni diluciones. La luz de Madre Teresa no es más que la luz de Cristo, un Cristo a quien (con demasiada frecuencia) no conocemos en realidad y con quien acaso no nos hayamos encontrado personalmente en un plano más profundo, más transformador. Madre Teresa escribe en su carta de 1993, ya citada:

> Me temo que algunos de vosotros todavía no se han encontrado realmente con Jesús—cara a cara—, tú y Jesús solos. Quizá pasemos tiempo en la capilla—¿pero habéis visto con los ojos del alma cómo Él os mira con amor? ¿Conocéis de verdad a Jesús vivo—no por libros, sino por estar con Él en vuestro corazón? ¿Habéis escuchado las palabras amorosas con que os habla?[2]

Pero vamos a encontrarnos con Él, ya sea en la intimidad de nuestros corazones mientras vivimos o en los cielos, a su retorno, cuando será demasiado tarde para cambiar:

> Cuando venga el Hijo del Hombre en su gloria con todos sus ángeles se sentará sobre el trono de gloria [...]. Entonces el rey dirá a los de su derecha: «Venid, benditos de mi Padre, tomad posesión del reino preparado para vosotros desde el principio del mundo. Porque tuve hambre y me disteis de comer, tuve sed y me disteis de beber [...]. En verdad os digo, que cuantas veces hicisteis eso a cada uno de estos mis hermanos más pequeños, a mí me lo hicisteis.»
>
> MATEO 25, 31, 34-35, 40

* Para un tratamiento más completo de los contenidos bíblicos del mensaje de Madre Teresa, véase el «Apéndice 1».

Más que sobre la otra vida, este pasaje bíblico trata del aquí y ahora. Muestra que dondequiera que se necesite amor, dondequiera que haya sufrimiento, Jesús está allí, uniéndose a la más mínima expresión de privación humana y aguardando nuestro don de compasión.

Cuando Madre Teresa hablaba en público, le gustaba repetir la última línea de este pasaje del Evangelio, contando las palabras «a mí me lo hicisteis» con sus cinco dedos. Quería recordarnos que nuestras vidas en la Tierra son una *serie ininterrumpida de encuentros con el Hijo de Dios*, ocultos en el misterio, bajo lo que ella denominaba el «angustioso disfraz» del dolor y la pobreza humanos, un misterio que Jesús presenta como el único tema de nuestro «examen final» el día del Juicio. No se nos preguntará si hicimos «obras portentosas» en su nombre (Mateo 7, 22), sino si *amamos* del mismo modo que el Padre, que «hace salir el sol sobre buenos y malos, y hace llover sobre justos e injustos» (Mateo 5, 45).

Madre Teresa quería despertarnos de nuestro sueño para que viéramos la luz de la presencia de Cristo oculta bajo el velo de la oscuridad y el dolor humanos. Nos instaba a no pasar por alto la presencia invisible de Jesús dondequiera que nuestro prójimo estuviera sufriendo en cuerpo o alma.

La presencia de Cristo no sólo era cierta en el sufrimiento de los demás, sino también en el nuestro. En tiempos de prueba, Madre Teresa esperaba que no lamentáramos la ausencia de un Cristo omnipresente, escondido dentro de los grilletes que nos aprisionan, oprimido por nuestros apuros y dolor. Lo que Madre Teresa denominaba el «angustioso disfraz»[3] de Jesús es, en realidad, el rostro de cada uno de nosotros. El hecho de que el Hijo de Dios crucificado y resucitado se haya unido a toda manifestación de sufrimiento humano señala un

Dios que siempre está a nuestro lado, dispuesto a levantar la carga de nuestras luchas *desde* dentro, unido plenamente a nosotros, con su amor inamovible identificado con nuestras condiciones cambiantes, incluso con nuestro dolor, cada día.

El encuentro

Nuestras vidas no están completas hasta que nos hemos encontrado conscientemente con el Dios que nos espera, bajo la superficie de nuestra existencia apresurada. Cada uno de nosotros necesita su 10 de septiembre, su encuentro consciente con el Dios que (en las elegantes palabras del poeta indio Rabindranath Tagore) «viene, viene, siempre viene». No basta con aprender, desde la distancia, de la luz de Madre Teresa. Necesitamos nuestra propia epifanía personal, nuestro encuentro progresivo con la luz de Dios y el Dios de la luz, renovado a diario, siempre atrayente, llenándonos siempre. El ejemplo de Madre Teresa muestra que, cultivando este encuentro, podemos superar los desafíos de nuestra Calcuta y, como ella, dejar un legado de luz y bondad a nuestro paso.

Esos portadores de luz que han ido como peregrinos delante de nosotros, gente común como la hermana Teresa, la maestra de escuela de Loreto, son prueba de que *podemos* encontrarnos con lo divino, prueba de que esta gracia no está reservada para una élite restringida, para Moisés o Elías, o unos pocos discípulos elegidos hace dos mil años. Este encuentro es accesible a todos, y siempre.

Reflejando a Dios

Es evidente que aquellos que conocieron a Jesús más íntimamente también vieron reflejado en Él, y con mayor claridad, al Dios que revelaba: «El que me ha visto a Mí ha visto al Padre» (Juan 14, 9). Este círculo íntimo incluye no sólo a sus primeros discípulos, sino también a los de nuestros días, los santos. Separados por un espacio de dos mil años de Jesús de Nazaret, las percepciones de los más próximos a Él, de aquellos a los que más transformó, nos ayudan a comprenderlo mejor y a acercarnos a su luz.

Aunque no se puedan igualar a ella, las percepciones de los santos añaden claridad y detalle a la luz concentrada de la Revelación. Sus enseñanzas iluminan la Palabra de Dios y nos ayudan a conocer al Padre.

«Transformaos y *renovad vuestro interior*» (Romanos 12, 2), exhorta san Pablo. El viaje de Madre Teresa en el tren a Darjeeling nos invita a emprender nuestro propio viaje transformador, renovando nuestras imágenes de Dios con la misma luz divina a ella concedida.

Si continuamos «probándonos» la luz de las convicciones de Madre Teresa, puede que nos sorprenda lo bien que le «sienta» al alma humana. Al igual que Madre Teresa después del 10 de septiembre, gracias a nuestro encuentro con el resplandor de Dios, también nosotros podemos empezar a relacionarnos con Él, y con la misma vida, de un modo completamente diferente. Retomemos nuestro viaje donde lo dejamos, uniéndonos a Madre Teresa en su peregrinaje a la luz.

6. La humildad divina.
El misterio de Dios despojado de sí mismo

Después de encontrarse con Madre Teresa las personas quedaban inevitablemente impresionadas por la notable humildad de este icono viviente, esta amiga de presidentes y princesas. A mí también me conmovió su sentimiento profundo de modestia, y tuve muchas oportunidades de presenciarlo en acción. Una vez, tras celebrar misa por la mañana para sus Hermanas en Calcuta, vino a sentarse conmigo mientras desayunaba, como hacía a menudo. En esta ocasión particular observé, sin apenas creer lo que veían mis ojos, cómo esta mujer premiada con el Nobel cogía la naranja que había al lado de mi bandeja y empezaba a pelarla. Separó con cuidado los gajos y me los entregó, uno por uno, para que me los comiera. Lo hizo sin la menor afectación y sin decir una palabra. Supe que hacía esto mismo a menudo también para sus Hermanas.

Madre Teresa se cimentaba en una serena humildad que dejaba su fragancia en todo lo que hacía. Era una figura mundial que había elegido como habitación el peor lugar del edificio, colindante con las letrinas comunitarias, cuya tarea de limpieza se reservaba celosamente. En ella, esta modestia era normal; la humildad no constituía un esfuerzo para Madre Teresa, sino una forma de vida.

Tal vez podamos entender la humildad en alguien que, como Madre Teresa, comparte nuestra común suerte humana. ¿Pero cómo cabría explicar la humildad *en Dios*? Se suele definir esta virtud como el reconocimiento de nuestra insignificancia, el reconocimiento de defectos y el esfuerzo por no aparentar más de lo que somos. Pero si Dios no tiene defectos y si es verdaderamente infinito, ¿cómo puede ser humilde?

Sin embargo, la humildad no es sólo una negación, no es sólo la ausencia de algo (orgullo). Entendida como se debe, la humildad es una cualidad positiva, esencial en el acto de amar; es el humus inseparable del amor, tanto una condición como un componente de todo amor verdadero. La humildad es la base oculta del amor que no percibimos de inmediato. Lo contrario al amor no es el odio, sino el orgullo, la fuente de todo odio. Por tanto, no puede haber *amor sin humildad*, puesto que amor y orgullo no pueden coexistir. La humildad es la matriz del amor, el manantial invisible de toda entrega, humana y divina. Sólo en la medida en que seamos humildes disponemos de la libertad necesaria para amar y entregarnos.

Si Dios ama, debe ser necesariamente humilde. En realidad, en la carta a los Filipenses (2, 6 y ss.), san Pablo levanta el velo de un Dios cuya *misma naturaleza* es el Dios despojado de sí mismo, que «se despojó de Sí mismo tomando la naturaleza de siervo». Dios no sólo tiene amor, como lo tenemos los humanos, sino que es amor. El amor lo define, y Él define el verdadero amor.

Pero si afirmamos que Dios es amor, también es preciso decir que, en cierto modo real, Dios es *humildad*. Y si avanzamos un paso más y decimos que Dios es amor *infinito*, también debemos estar dispuestos a dar un paso más valiente y afirmar que, en cierto sentido, Dios es *humildad infinita*.[4] Ahí la mente vacila. No obstante, cuando buscamos en el Evangelio todo lo referente al Hijo de Dios, encontramos la expresión de esta humildad divina por todas partes.

¿Por qué elige este tipo de humillación, un escándalo

para su propio pueblo? ¿Por qué nacer en un establo, mientras el sumo sacerdote que aguarda el nacimiento del Mesías vive en un palacio? La única razón posible es que el Dios al que Jesús vino a revelar es Él mismo un ser de humildad: «En Jesús vemos que Dios muestra ser un siervo de la humildad eterna y misteriosamente, incluso en la misma profundidad de su gloria.»[5]

Esto explica las incomprensibles decisiones que toma Jesús: los extremos de humildad (e incluso humillación) que abraza, del nacimiento a la muerte. El Hijo del Altísimo comienza su vida en una cueva, acunado entre animales de carga, y la termina en una cruz, clavado entre ladrones.

¿Pero cómo conciliamos la humildad de Dios con su poder? Aunque, en efecto, Dios es todopoderoso, su poder no se opone a su desposeimiento, sino que está a su servicio. La cumbre y la verdadera naturaleza de su poder se revelan en el desamparo total del Calvario. El amor de Dios en Jesús crucificado *es* la cima del poder divino, pues sólo un Dios que es extraordinariamente poderoso puede rebajarse de manera tan extraordinaria. Incluso una lectura ocasional del Evangelio muestra que el Dios revelado en Jesús, sobre todo en Jesús crucificado, es un Dios de modestia ilimitada.[6]

En su humildad extrema, el Hijo de Dios no sólo se vistió con nuestra carne, sino con nuestro pecado: «Al que no conoció pecado, le hizo pecado en lugar nuestro» (2 Corintios 5, 21). Dios tiene sed no sólo de nuestro amor, sino de todo lo que es nuestro, incluso de nuestros pecados.

Vemos esta *humilde* sed de nosotros demostrada en un famoso episodio de la vida de san Jerónimo, padre de la Iglesia y el primero que tradujo la Biblia al latín.

Después de pasar muchos años en Jerusalén traduciendo la Palabra de Dios, Jerónimo acabó su gran proyecto unos días antes de Navidad. Para celebrarlo, decidió pasar la Nochebuena cerca de Belén, rezando en una de las muchas grutas que salpican la campiña. Según el antiguo relato, en torno a la medianoche Jesús se le apareció y le dijo: «Jerónimo, ¿qué me vas a regalar por mi cumpleaños?»

Entusiasmado, Jerónimo respondió de inmediato: «Señor, te regalo mi traducción de tu Palabra.» Pero, en lugar de felicitarlo, Jesús se limitó a replicar: «No, Jerónimo. No es eso lo que quiero.»

Jerónimo se quedó estupefacto. Luego empezó a quejarse y a protestar, preguntando a Jesús por qué le había permitido seguir, durante cuarenta años, lejos de casa, trabajando en algo que no era lo que Dios más quería de él. Pero Jesús permaneció en silencio. Jerónimo pasó a sugerir otras formas de honrar el cumpleaños de Jesús: ayunando, haciéndose ermitaño, entregando sus posesiones a los pobres. A cada una de sus propuestas Jesús replicaba: «No, Jerónimo. No es eso lo que más quiero.»

Finalmente, Jerónimo declaró: «Entonces, dímelo Tú, Señor. Dime qué te proporcionaría más dicha en tu cumpleaños y lo tendrás.»

«¿Me lo prometes, Jerónimo?»

«Sí, Señor, cualquier cosa.»

Jesús replicó: «*Dame tus pecados...*»

«Dame tus pecados.» En su humildad ilimitada, más que cualquier otro servicio que podamos prestarle, el Señor considera un *regalo* que le «permitamos» quitarnos nuestros pecados. ¿Por qué? Debido precisamente a su sed de nosotros, porque anhela una unión con nosotros, y el único obstáculo para esa unión es nuestro pecado, que a sus ojos, entonces, se convierte en el regalo más precioso que podemos ofrecer. Éste es el Dios revelado en Jesús, el Dios que se encontró Madre Teresa, un Dios infinitamente humilde que tiene sed de nosotros e incluso de nuestros pecados.

7. La ternura divina

Al observar a Madre Teresa, resultaba evidente cuán agudamente sentía los sufrimientos de los pobres y se identificaba con su aflicción. No sólo aceptó compartir sus penurias, sino que buscó hacerlo. Se imponía ayunos voluntarios y otras penitencias para compartir más estrechamente el dolor y la suerte de los pobres. Dormía sobre una dura cama de cárcel, sin ventilador, en su diminuta habitación sometida al sofocante calor de Calcuta. Su pequeña habitación hacía las veces de dormitorio y despacho, con una mesa y un taburete como único mobiliario. Si ésa era la suerte de los pobres, que no tenían ventiladores ni un elegante escritorio, también sería la suya. Esta ternura de corazón, esta vulnerabilidad elegida ante los sufrimientos de los demás, era otro atributo de la sed de Dios que Madre Teresa había descubierto y reflejado, y cuyas hondas raíces colman las páginas de las Escrituras.

El Antiguo Testamento ya celebra esta ternura divina, otorgando a Yahvé el título de *Av Rahamim* («Padre Tierno»).[7] Luego, al inicio del Nuevo Testamento, Zacarías se regocija en la «tierna misericordia de nuestro Dios» (Lucas 1, 78), una afabilidad y humildad de corazón (cf. Mateo 11, 29) que Jesús revelará, en nombre del «Padre Tierno», a lo largo de toda su vida.

¿Cómo podemos afirmar que Dios es «tierno» si está por encima de las emociones humanas, incluso de las más nobles? Aunque las Escrituras presentan a Dios apenado, conmovido hasta lo más hondo, vulnerable a nuestro sufrimiento y afectado por nuestra conducta hacia Él —sobre todo por nuestra falta de amor—, ¿puede tomarse todo esto literalmente?

Aquí nos hallamos al borde del misterio. Aunque mantenemos la trascendencia absoluta de Dios, no debemos rechazar el modo que Él mismo ha escogido para describir su divinidad. Dios desea y decide mostrarse —a través de los profetas, y de forma más radical en Jesús— vulnerable, tierno y sensible ante nuestro sufrimiento, nuestra rebelión y, en especial, ante nuestro amor o desamor; con todo lo que ello implica para la comprensión de su interioridad y divinidad.

¿Se conmueve Dios o, mejor, *puede* conmoverse por nuestro sufrimiento humano o se aflige por nuestros pecados? Si hablamos de la forma en que nosotros los humanos sufrimos y nos conmovemos, en nuestra naturaleza finita y caída, claramente no es el caso de Dios. Pero salvaguardando esa distinción, sigue habiendo una profunda verdad más allá de las figuras retóricas poderosas, incluso apasionadas, empleadas en la autorrevelación de Dios.

Por mucho que la idea de la ternura y vulnerabilidad de Dios ponga a prueba nuestra comprensión, en cierto sentido continúa siendo una parte esencial de su carácter y un aspecto ineludible de su ser, si tomamos en serio su Palabra. Nuestro Dios no es el dios de los filósofos griegos, el *motor inmóvil*, remoto e indiferente en lo alto del Olimpo. De un modo misterioso, en Dios no hay sólo *agapé*, «amor sacrificial», sino un eros divino, un amor que se «conmueve» al ver la aflicción del ser amado. En las palabras del papa Benedicto XVI, en la Revelación de Dios, y en especial en la crucifixión de Jesús, «eros y *agapé*, lejos de contraponerse, se iluminan mutuamente».[8] De una forma que trasciende nuestro entendimiento, Dios, en efecto, «se conmueve» por el estado de la humanidad, se conmueve hasta lo más hondo de sus «entrañas de ternura». Como afirma el papa Benedicto:

> El amor de Dios es también eros [...]. El profeta Oseas expresa esta pasión divina con audaces imágenes.[9]

Por más que esta percepción resulte radical y provocadora, no es en absoluto nueva. Tanto el lenguaje de las Escrituras como las enseñanzas de los padres de la Iglesia señalan el misterio de la ternura de Dios frente a nuestro sufrimiento y pecado, de la vulnerabilidad libremente elegida de Dios ante sus hijos. En palabras de Orígenes:

> ¿Qué es esta pasión que Cristo sufrió primero por nosotros? Es la pasión del amor. Pero el mismo Padre, el Dios del universo, que está lleno de clemencia, misericordia y piedad, ¿no sufre también de algún modo? ¡El mismo Padre no es impenetrable! [...] Él [también] *sufre una pasión de amor.*[10]

El gran erudito patrístico Henri de Lubac comenta sobre este pasaje: «¡Sorprendente y admirable texto! [Orígenes] afirma que, en su amor por el hombre, el Impasible [Dios] ha sufrido *una pasión de misericordia.*»[11]

¿Cómo puede ser esto en un Dios todopoderoso? Hay algo esencial en la naturaleza del amor —y, por tanto, en la naturaleza de Dios— que hace al amante *vulnerable ante el ser amado*, no por necesidad o carencia, sino por elección libre y soberana. Una madre no «necesita» a su hijo recién nacido en un sentido esencial, pero por su amor libremente elegido *se hace* vulnerable ante el niño, ante sus necesidades, su dolor y su amor.

Amor y vulnerabilidad, amor y sensibilidad, van de la mano. Cuanto más ama una persona, más sensible se vuelve a la respuesta del ser amado (o a su falta). Si un extraño o un enemigo nos insultan, no alcanzan nuestro corazón. Sin embargo, el menor gesto, una simple mirada de alguien a quien se ama profundamente, pueden conmovernos o herirnos en lo más hondo.

Lo mismo ocurre con Dios. Si el grado de amor determina el grado de sensibilidad, y si el amor de Dios por nosotros es infinito, en cierto sentido (y aquí de nuevo la mente se tambalea), Dios es *infinitamente sensible* a nuestro amor. Su eros divino, su «sensibilidad» divina, no está sólo más allá de la nuestra, sino más allá de nuestra imaginación. Aquí está el misterio supremo oculto y revelado por el grito de sed de Jesús. Aquí está la razón para creer que un Dios infinito puede anhelarnos, pecadores como somos, incluso «hasta la muerte [...] la muerte en una cruz» (Filipenses 2, 8).

Dios no sólo se conmueve por el tenor general de nuestras vidas, sino por cada uno de los latidos de nuestro corazón. Nuestras más pequeñas restituciones de su amor tienen mayor impacto e importancia para Dios de lo que jamás sabremos. Madre Teresa enseñaba con insistencia la importancia y el significado de nuestro pobre amor humano para el corazón de Dios, ese Dios que no sólo recibe bien nuestro amor, sino que *anhela* ser amado por nosotros. Quiere que lo amemos del mismo modo que Él nos ama; es decir, que *tengamos sed de Él*, igual que Él tiene sed de nosotros. En palabras de san Agustín, *Deus sitit sitiri* («Dios tiene sed de que tenga-

133

mos sed de Él»).[12] Con todo su ser, Dios anhela ser anhelado por cada uno de nosotros, sin excepción. Tal es la ternura y la sensibilidad del corazón de nuestro Dios.

8. La intimidad y la unión

Nadie que yo conozca disfrutaba más con las bodas que Madre Teresa. Ella que ahorraba el menor grano de arroz para que nada se desperdiciara, «derrochaba» feliz lo que costara para que sus huérfanas tuvieran un ajuar digno el día de su matrimonio.

Para Madre Teresa, la intimidad del matrimonio humano era un reflejo de la unión que Dios deseaba forjar con toda la humanidad y con cada alma en particular. Mientras que los dioses de otras religiones deseaban ser temidos, servidos o simplemente adorados, el Dios de Israel anhelaba relacionarse con su pueblo *en el amor*, hasta el punto de hacer del amor su mandamiento central, el núcleo de su Alianza, y el primer indicio de cuán sediento estaba de que le devolviéramos ese amor: «Amarás al Señor tu Dios con todo tu corazón, con toda tu alma y con todas tus fuerzas» (Deuteronomio 6, 5).

Puesto que hemos sido creados a imagen y semejanza de Dios, nuestro anhelo humano de intimidad es un reflejo de la naturaleza de Dios, compartiendo el divino ímpetu de amar y ser amado. Repetidas veces los profetas vuelven a este motivo al describir la vida interior de Yahvé y la intimidad que desea con su pueblo:

Ezequiel, al hablar de la relación de Dios con el pueblo de Israel, no tiene miedo de emplear un lenguaje fuerte y apasionado (cf. 16, 1-22). Estos textos bíblicos indican

que eros es parte del mismo corazón de Dios: el Todopoderoso aguarda el «sí» de sus criaturas como un joven novio el de su novia.[13]

Puesto que estamos creados a su imagen, hay un
arrebato en el alma humana que anhela la unión con
Dios y la comunión mutua. El anhelo de fundirse en
amor, como Padre e Hijo en unión eterna, está escrito
en nuestra misma naturaleza. Nadie necesita enseñar a
un niño a abrazar a sus padres. Nadie ha necesitado
nunca enseñar a otra cultura cómo abrazar y estrechar
contra sí a sus seres queridos. El impulso innato y es-
pontáneo de abrazar a quienes amamos señala la plena
fusión y la unión eterna con el Todopoderoso por quien
fuimos creados y que se simboliza en todos los abrazos
humanos.

Este misterio de la sed divina de unión, representada
en el abrazo eterno de la Santísima Trinidad, está escrito
en lo más hondo de todos los seres. No sólo la humanidad, sino toda la Creación, existe *para la comunión*. Toda
entidad es atraída por otra y existe para otra. Del corazón de Dios al corazón del hombre, de la espiral de las
galaxias que arrastra a sus incontables estrellas en una
danza única a la doble hélice entrelazada del ADN, el
misterio trinitario de la comunión se refleja y representa
en todo lo que existe.

El tipo de intimidad que Dios nos ofrece, incluso aquí
en la Tierra, no sólo se acerca a nuestra más elevada experiencia de intimidad humana, sino que la sobrepasa.
Por muy próximos que estén los esposos humanos, nunca pueden morar verdaderamente el uno en el otro, inseparables, con las almas fundidas para siempre. Mientras
que el alma fue creada para este tipo de unión suprema
y la anhela, el matrimonio sólo la simboliza y la prepara

para ella. La verdadera cohabitación entre amante y amado sólo tiene lugar en nuestra relación con Dios: «Tú [...] en mí [...] y yo en ti» (Juan 17, 21).

Después de todo, nunca sentimos *verdaderamente* el amor de otro ser humano; sólo experimentamos nuestro propio amor por ellos. El amor de Dios es el único capaz de penetrar y ser percibido de manera directa por el alma humana, y es bastante habitual que llegue a abrumar los sentidos. La experiencia común de los santos es que nuestra unión con Dios, incluso aquí en la Tierra, no conoce límites, salvo los que nosotros mismos establecemos. Los grandes místicos españoles Teresa de Ávila y Juan de la Cruz pintan un cuadro muy próximo de la bendición y la dicha que nos aguarda en Dios, en la cohabitación plena del Creador y la criatura, incluso en esta vida. El doctor místico proclama en su *Cántico espiritual*:

Oh, pues, alma hermosísima entre todas las criaturas, que tanto deseas saber el lugar donde está tu Amado para buscarlo y unirte con él; ya se te dice que tú misma eres el aposento donde él mora, y el retrete y escondrijo donde está escondido; que es cosa de grande contentamiento y alegría para ti ver que todo tu bien y esperanza está tan cerca de ti que esté en ti, o por mejor decir, tú no puedes estar sin él. «Catá —dice el Esposo—, que el reino de Dios está dentro de vosotros.» Y su siervo el apóstol san Pablo: «Vosotros —dice— sois templo de Dios.» Grande contento es para el alma entender que nunca Dios falta del alma, aunque esté en pecado mortal, cuanto menos de la que está en gracia.[14]

Quienes han descubierto esta bienaventuranza, como Madre Teresa y los santos, renuncian de buena gana no sólo al egoísmo y al pecado, sino a cualquier otro bien menor con tal de poseer esta «perla de gran precio». Al igual que el comerciante de perlas finas del relato evangélico (Mateo 13, 45-46), tan entusiasmado por su buena suerte que nunca piensa en el coste, los santos experimentan sus sacrificios no como privaciones, sino como un pequeño precio por una recompensa tan grande. Los santos han sido los amantes más genuinos y mayores de la historia humana, quienes más lejos han llegado en persecución del amor hasta su Fuente divina, y han marcado un camino para nosotros, viviendo en plenitud la unión divina para la que todos existimos.

Al final, es nuestra unión con Dios la que hace la vida no sólo soportable en la noche de nuestra Calcuta, sino además hermosa. Como atestigua Madre Teresa, «cuanto más íntimamente enamorada estés de Él, cuanto más estés especialmente unida a Él, más es Él ese amor íntimo en tu corazón, es de verdad algo hermoso».[15]

9. La dignidad y la divinidad

De toda la infinidad de sufrimientos que Madre Teresa atendió en los pobres, el denominador común que descubrió en ellos fue la *pérdida de la dignidad humana*, puesto que los pobres solían encontrarse entre los que la sociedad denominaba «desechos». Junto con su pérdida de la dignidad humana estaba la pérdida añadida de la dignidad divina, pues los pobres y los descastados nunca habían sabido lo que era ser tratados como hijos de Dios, como templos del Dios vivo, «creados para cosas más grandes, para amar y ser amados»,[16] como diría Madre Teresa. En una de sus cartas escribió:

La pobreza no sólo consiste en tener hambre de pan, sino que más bien es un hambre tremenda de *dignidad humana*. Necesitamos amar y ser alguien para otra persona. Ahí es donde cometemos el error y empujamos a la gente a un lado. No sólo hemos negado a los pobres un trozo de pan, sino que al pensar que no valen nada y dejarlos abandonados en las calles, les hemos negado la dignidad humana que les corresponde como hijos de Dios. Hoy el mundo no sólo está hambriento de pan, sino también de amor, hambriento de ser necesitado, de ser querido.[17]

Debido a la gracia que recibió en el tren, Madre Teresa había experimentado la profunda estima en que Dios nos tiene; como afirman las Escrituras, «lo has hecho poco menos que los ángeles y lo has coronado de gloria y honor» (Salmos 8, 5).

Madre Teresa quería que sus Hermanas pusieran especial cuidado en reflejar a los pobres la plenitud de la dignidad que les había otorgado Dios. Insistía en que nuestra mayor sensación de valor proviene de *ser queridos*, de saber que hay alguien que nos anhela y desea nuestro amor, que somos importantes para otro ser humano. Y, de este modo, se esforzaba en todos los sentidos, en la mirada, la voz y el tacto, en mostrar a los pobres que eran preciosos para Dios, que eran queridos por Aquel que más importaba. Qué dignidad la nuestra cuando nos damos cuenta cuánto y por quién somos queridos, que el mismo Todopoderoso nos anhela y que cada uno de nosotros somos tan importantes para el Dios vivo.

A pesar de lo que nuestros fallos y limitaciones sugerirían, nuestra dignidad, otorgada por Dios, es *innata* y no se puede perder, ni por nuestra propia mano, porque nos la quite la sociedad, ni por el abuso de otros, pues es inmutable. Ninguna divagación por nuestra parte, ninguna humillación que nos dirijan, puede destruir nuestro atributo divino, aunque perdamos nuestra capacidad de disfrutar de nuestra dignidad hasta que nos arrepintamos y volvamos, como hizo el hijo pródigo. Pero, al igual que el hijo pródigo, pase lo que pase, la dignidad que nos ha otorgado Dios permanece; pues como escribe san Pablo de las bendiciones reservadas para Israel a pesar de sus infidelidades, «los dones y el llamamiento de Dios son irrevocables» (Romanos 11, 29).

Examinemos el ejemplo de una bandeja de plata finamente tallada. Por muy mal que se la trate, *siempre será plata*. Puede que alguien la vea tirada en la basura, abandonada y deslustrada, y pase de largo, pero si un joyero acierta a pasar por allí y reconoce que es plata, sabe que su valor verdadero se mantiene, está intacto. La recupera con presteza, pues se da cuenta de que con un pulido puede restaurar su brillo original. Todos somos como esa bandeja de plata. Lo que Dios nos ha dado acaso otros nos lo nieguen, violenten o descuiden, pero jamás lo destruirán.

Madre Teresa nos mostró el poder restaurador que posee ver en los otros la dignidad que nos ha otorgado Dios: cuando tal vez esa dignidad se ha perdido, podemos devolverla al reflejarla en nuestra mirada. El amor desinteresado nos vuelve a revelar nuestra dignidad y nos libera para reclamarla. Los pobres y los rechazados redescubren no sólo su dignidad humana, sino la mirada amorosa del Padre, reflejada en los ojos de quienes han aprendido a amar tan genuinamente como Madre Teresa.

Existen incontables ejemplos del poder restaurador del amor en la obra de Madre Teresa. En Calcuta, muchos niños que empezaron la vida literalmente como desechos, arrojados de bebés sobre un montón de basura por padres que no podían mantenerlos o no querían, han sido rescatados por Madre Teresa y sus Hermanas. Amados para devolverlos a la vida, sonreídos y acariciados, hablándoles una y otra vez de su bondad, fueron preparados poco a poco en cuerpo y alma para la adopción por familias que los esperaban con amor. Hoy esos mismos niños se licencian en las universidades, tienen sus propios hijos y transmiten el milagro del amor restaurador que les dio nueva vida y dignidad fuera de los montones de basura de los barrios pobres.

Sin embargo, la dignidad humana no se confiere en masa. No existe una dignidad humana «genérica». Madre Teresa no sólo amaba a los pobres, sino que lo hacía *individualmente, singularizando*. Insistía en que «cada persona del mundo es única»,[18] y ayudaba a todos los que se encontraba a experimentar esa singularidad, a sentir que cada uno era especial e irremplazable, a sus ojos y a los de Dios.

Esta misma singularidad presta una dimensión añadida a nuestra dignidad: el hecho de que, incluso en su universalidad, hay una dignidad que es *sólo nuestra*. Nadie más puede ocupar nuestro lugar; ninguna otra persona tiene ni tendrá jamás la misma personalidad, la misma combinación de dones y bendiciones que Dios ha preparado para cada uno de nosotros.

Puesto que nuestra dignidad es individual y única, el anhelo de Dios por nosotros es, del mismo modo, individual y único. ¿No nos dice Jesús que el Buen Pastor deja a las noventa y nueve para ir en busca de una sola, la única oveja perdida? El anhelo de Dios por nosotros es individual, significa que nadie más en la Tierra, ningún otro en toda la historia, puede jamás *ocupar nuestro lugar en su corazón*. Nadie más puede satisfacer la sed de Dios de amor del modo en que cada uno de nosotros lo hace. Ningún otro puede satisfacer la sed de Dios por mí, al igual que no hay cantidad de café que pueda satisfacer nuestra sed de té.

Ésta es nuestra dignidad y nuestra singularidad en el corazón de Dios.

10. La paternidad

La estrecha relación de Madre Teresa con su padre, a quien perdió cuando todavía era joven, hizo que percibiera dolorosamente la profunda herida en el alma que había en las vidas de los pobres debido a la *ausencia del padre*. Esto ocurre especialmente en el Tercer Mundo, donde tantos progenitores se ven obligados a abandonar el hogar y la familia en busca de trabajo.

Pero no fue sólo en el Tercer Mundo donde Madre Teresa encontró la herida del padre, esta pérdida del padre. Cuando visitó las naciones más desarrolladas, le entristeció ver no sólo la ausencia creciente del padre, sino también *la distorsión de su imagen*. A diferencia de los padres de los países más pobres, que carecían de un buen trabajo, a los del Primer Mundo era su trabajo el que les estaba ocasionando carencias: los estaba privando de conceder el tiempo, la energía y la atención que sus hijos se merecían. Debido a las exigencias y al estrés de carreras de veinticuatro horas, muchos padres del Primer Mundo estaban ausentes del hogar o emocionalmente distantes, o incluso eran groseros cuando estaban presentes.

Una de las consecuencias más profundas de la herida del padre es el daño causado a la imagen de Dios como Padre. Esta imagen negativa no podría estar más lejos de la imagen del Dios que Jesús había revelado y que Madre Teresa se había encontrado. Había llegado a conocer a Dios como Padre no sólo por la catequesis, sino a través de la comunión personal con Él, a través de una existencia vivida como una niña estrechada por el abrazo del Padre y llevada en sus brazos. Para ella, como para todos los discípulos de Jesús, adorar al Dios de Israel ya no significaba «cubrirse los ojos y el rostro con las manos, sino entregarse con confianza infinita a las manos poderosas y tiernas de Aquel que es por siempre *Abba*, "Papá"».[19]

Aunque Madre Teresa aludió moderadamente al Padre por su nombre, las incontables referencias a Dios en sus escritos eran sin duda sobre Él. Todo lo que había descubierto en Jesús, toda la «luz y amor» que le había entregado en el tren, provenía en definitiva de «Aquel que le había enviado» (Juan 13, 20), del Padre. Todo lo que Jesús dijo e hizo revela al Padre y nos lleva de nuevo a Él. Por su visión de la fe, Madre Teresa siguió el misterio de Jesús y su sed en la cruz hasta el seno de Dios Padre:

> En qué medida buscamos en verdad saciar la sed de Dios, nuestro amoroso Padre del cielo, por nuestra santidad, la sed que Jesús expresó en la Cruz cuando gritó: «Tengo sed».[20]

Madre Teresa esperaba demostrar la ternura de Dios Padre a un sector entero de la sociedad que no tenía medio de conocerlo. Mediante sus obras de caridad, manifestaba a los pobres no sólo su corazón humano, y no sólo el corazón de Jesús, sino que también imitaba para ellos el *corazón del Padre celestial*. Era el corazón de Jesús el que veíamos reflejado en Madre Teresa, luego estábamos viendo también y en definitiva el corazón del Padre que lo había enviado. Al mirar a Madre Teresa (o a cualquiera de los santos), no sólo hemos visto algo de Cristo, sino algo de Aquel cuya imagen es, el amable Padre de todos nosotros.

¿La autoridad asociada con la paternidad humana también reside en Dios Padre? La respuesta es sí y no. Dios Padre es, en efecto, la fuente de «toda autoridad en el cielo y en la tierra» (Mateo 28, 18), pero no tanto como Aquel que manda, sino como *Aquel que es creador*. Es el Padre quien concibe y da vida a todo: toda la vida, todas las bendiciones y todas las cosas buenas bajo el cielo. ¿Qué es la paternidad sino este desbordamiento de amor creativo? Como autor de todo —como Padre que toma la iniciativa, que lo crea e inventa todo—, Dios emplea su poder y autoridad *sólo para bendecir*: sólo para amar, para dar, para rescatar, para perdonar.

Precisamente en este papel como Padre, Dios ha estado preparando sus bendiciones desde antes de nuestro nacimiento, como un padre terrenal que prepara regalos para sus hijos mucho antes de la Navidad. Pero lo que es único en los dones del Padre celestial es que no pueden ser deshechos: ni por acontecimientos, conspiraciones de nuestros enemigos, ni por nuestro propio pecado una vez que nos arrepentimos. El poder del Padre como creador es tal que las vicisitudes de la historia y los caprichos de la libertad humana no pueden desbaratar su anhelo de nosotros.

Debido precisamente a la autoridad suprema del Padre, nadie tiene el mismo poder para afirmar como Él:

«Vio Dios todo lo que había hecho, y he aquí que todo era muy bueno» (Génesis 1, 31). El Padre siempre está declarando «bueno» a cada uno de nosotros, evocando su mensaje sobre Jesús en el Jordán: «Éste es mi Hijo amado, mi predilecto» (Mateo 3, 17). Permanecer en oración ante su presencia —como hizo Jesús, que pasó noches enteras en comunión con el Padre— es la fuente suprema de afirmación y sanación interior. Madre Teresa nos recuerda: «Cuando os sintáis solos, cuando no os sintáis queridos, cuando os sintáis enfermos y olvidados, acordaos de que sois preciosos para el Padre.»[21]

Nuestra imagen de Dios

Nuestra imagen de Dios como Padre dicta y conforma quiénes somos, del mismo modo que Jesús fue formado por la imagen del Padre, enseñado en las Escrituras y contemplado en la intimidad de la oración. Nos convertimos en el Dios que imaginamos; por tanto, al enmendar nuestra imagen del Padre, enmendamos en definitiva nuestra imagen de nosotros mismos. La importancia de la Revelación del Padre que hace Jesús, sobre todo su grito de sed proferido en nombre del Padre, estriba en la presentación de un Dios que es mucho «más afectuoso, más indulgente y más tierno de lo que podrían haber soñado Abraham, Isaac o Jacob».[22]

En Jesús, Dios nos grita su sed [...]. Toda nuestra comprensión de Dios y de su participación en el mundo cambia por completo.[23]

Fuera o no consciente de ello, Madre Teresa se pasó la vida enmendando nuestra imagen de Dios. Permitió que la gente contemplara por su mediación el mismo rostro amable de Dios que se le comunicó a ella en el tren. A quienes todavía lo temían, los ayudó a dar nueva forma a la imagen del Todopoderoso con matices de ternura.

Reflejó la visión evangélica del Padre como la fuente generosa y pródiga de toda abundancia, la de Aquel que da y sigue dando incluso más allá de nuestra capacidad de entendimiento o aceptación. Testigos de la gloria y abundancia de su Creación, los incontables billones de galaxias que nunca conoceremos ni recorreremos se extienden por un universo que sólo cabe observar desde distancias que maravillan a la imaginación. Como hijos idolatrados de un rey grande y benevolente, Dios Nuestro Padre ha puesto más dones y bondad, más poder y protección a nuestra disposición de los que nunca necesitaremos y ni siquiera conoceremos.

Antes de concluir esta revisión, invito al lector a volver sobre estos capítulos y dedicar tiempo a saborear y a reflexionar sobre la sed divina tal como la entendía Madre Teresa. Si meditamos sobre su visión cargada de luz con la frecuencia y profundidad necesarias, acabaremos haciéndola nuestra.

Una vez que conozcamos lo suficiente esta luz para que pase a ser nuestra ancla y fuente de consuelo, podremos empezar a seguirla *hasta la presencia* de Aquel cuya luz contempló Madre Teresa. Esas semillas de luz, que brillan desde el corazón del Padre, siempre nos guiarán hasta el corazón divino de donde provienen.

Meditar más profundamente sobre la luz de la bondad divina puede ayudarnos a dirigirla sobre nuestra alma. Esta luz divina comenzará a transformarnos, del

mismo modo que una lupa concentra el rayo de sol sobre una hoja seca y le prende fuego. La hoja que arde
guarda el secreto de su fuego, al igual que lo hace el
alma de todos los santos. Madre Teresa también lo hizo,
y nosotros también podemos.

Madre Teresa con Indira Gandhi, en el fondo.

Montados en el «tren de juguete» del ferrocarril Darjeeling-Himalaya.

Consolando al enfermo.

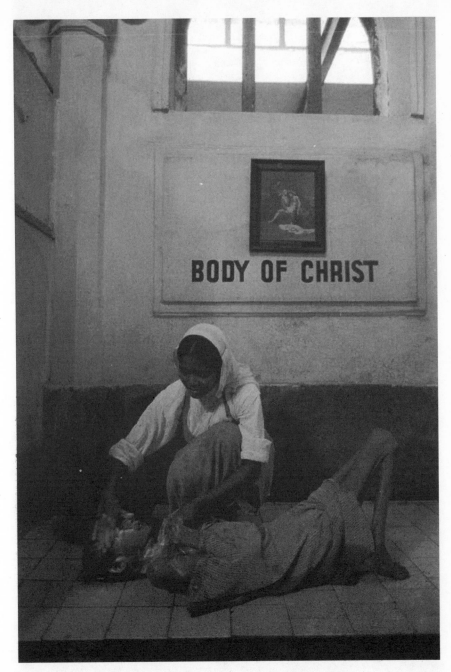

Atendiendo a un paciente en la Casa para los Moribundos, Kalighat, Calcuta.

Hermanas Misioneras de la Caridad dando la bienvenida a Madre Teresa.

Despidiendo a sus Hermanas.

Cumpliendo su ministerio con alegría.

Un paciente del hospital.

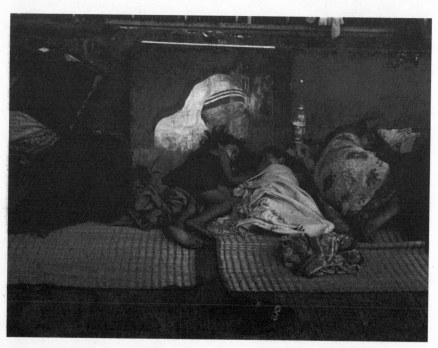

Niños durmiendo bajo un retrato de Madre Teresa (Raghu Rai/Magnum Photos).

Recogida en oración.

Momento íntimo con el papa Juan Pablo II, Calcuta, 1986.

Madre Teresa yace en la capilla ardiente de la iglesia de Santo Tomás, Calcuta, el 10 de septiembre de 1997 (Raghu Rai/Magnum Photos).

CAPÍTULO 10

MEDITACIÓN: ENTRANDO EN LA LUZ

¿Qué son estas palabras, «Tengo sed»,
para ti personalmente? ¿Qué conexión estableces
en tu vida?...[1]

MADRE TERESA

En los capítulos precedentes hemos inspeccionado las profundidades insospechadas de la luz divina contenidas en las palabras de Jesús «Tengo sed», pronunciadas hace mucho tiempo en la cruz y repetidas en nuestros días por Madre Teresa, las profundidades de la luz que ilumina el rostro de Dios. El papa Benedicto XVI observa:

¡Miremos a Cristo traspasado en la cruz! Él es la Revelación más impresionante del amor de Dios, un amor en el que eros y *agapé*, lejos de contraponerse, se iluminan mutuamente. En la Cruz, Dios mismo mendiga el amor de su criatura: Él tiene sed del amor de cada uno de nosotros.[2]

147

La transformación de Madre Teresa empezó *viviendo bajo esta luz* y dejando que la arrastrara más intensamente a su Fuente divina, un día tras otro, como una mariposa nocturna es atraída por una llama benevolente. Al igual que ella, nosotros también necesitamos pasar tiempo bajo esa luz, meditando y absorbiéndola, como hizo Madre Teresa en las semanas de oración después de recibir la gracia en el tren.

Sin embargo, no basta con meditar de forma genérica sobre la sed que siente Dios por nosotros. El punto esencial, la gracia que Madre Teresa comunicaba a los pobres, es que Dios tiene sed *de mí*, de la realidad que yo soy en este preciso momento. La luz que contempló Madre Teresa y las palabras que pronunció Jesús desde la Cruz contienen mucho más que una verdad especulativa. Aunque hay muchos aspectos para que los teólogos reflexionen, ninguno habría interesado a Madre Teresa si no pudiera aplicarse a las vidas humanas individuales.

La razón de que toda transformación comience con la meditación, con una «renovación de la mente» (Romanos 12, 2) es que ésta es *la entrada al corazón*. Al iluminar la mente, esta divina luz nos permite distinguir el verdadero rostro de Dios y, de forma gradual, nos conduce a su presencia. Allí, ante Él, cuando nuestra realidad como «hijos de los hombres» (Lamentaciones 3, 33) se abre a su realidad como Dios, el Altísimo comienza a comunicar «luz y amor» divinos al alma. Al contemplar el verdadero rostro de Dios en Jesús, como hicieron san Juan en el Calvario y Madre Teresa en el tren, empezamos a escuchar el eco de sus palabras, dirigidas a cada uno de nosotros: «Tengo sed.»

El poder de la Palabra

Puesto que la Palabra de Dios está ungida por el Espíritu Santo, posee un poder creativo infinito; específicamente, el *poder de producir lo que expresa*: «Y Dios dijo: "Hágase la luz", y la luz se hizo» (Génesis 1, 3). El grito de Jesús desde la Cruz no constituye una excepción: su palabra de sed se nos expresa *en poder*. La misma Palabra divina que transformó a Madre Teresa posee el poder inmutable de transformarnos. Reflexionar en oración sobre su Palabra nos conecta íntimamente con Aquel que todavía la pronuncia y consigue en nosotros el objetivo por el que se profirió hace mucho tiempo.

A diferencia de las palabras humanas que una vez pronunciadas desaparecen, la Palabra de Dios permanece para siempre, tan reciente y nueva como el día en que fue expresada por primera vez. Toda la Palabra de Dios reverbera a lo largo de la historia. El Dios que creó todas las cosas mediante su Palabra continúa creando nueva vida en nosotros, para comunicar su amor y su poder del mismo modo, por su Palabra amorosa.

Cada palabra de Dios está imbuida de la misma *realidad* divina que revela; por consiguiente, la Palabra de Dios no debe leerse una vez y pasar a otra cosa, sino que ha de rumiarse y saborearse, como hace una abeja cuando regresa a la misma flor. Esto fue lo que Madre Teresa hizo cuando meditaba sobre la belleza del anhelo divino expresado en el grito de sed proferido por Jesús y siguió su luz hasta el abrazo divino. Como quien relee antiguas cartas de amor para sentir de nuevo la pasión perenne que las inspiró, Madre Teresa reflexionó a diario sobre el grito de sed de Jesús durante los años y décadas que siguieron al momento en que recibió la gracia en el tren, y esta Palabra continuó iluminándola, atrayéndola y transformándola hasta el instante de su muerte.

A todas las personas atraídas por la espiritualidad de Madre Teresa, Dios les continuará comunicando la misma «luz y amor» que ella recibió, y lo hará mediante sus palabras de anhelo: «Tengo sed.»

Meditación guiada

La meditación siguiente pretende ayudarnos a emprender nuestro propio camino interior, siguiendo el camino marcado por Madre Teresa. Esta sencilla presentación de su mensaje ha cambiado vidas en todo el mundo, de los barrios pobres a las zonas acomodadas, de las cárceles a los hospitales, los centros de rehabilitación y otros muchos lugares. Quienes han vivido lejos de Dios y del prójimo han encontrado nueva esperanza en un mensaje que sigue conservando el mismo poder que tenía cuando Madre Teresa vivía y cuando Jesús lo proclamó por primera vez en el Calvario.

Esta meditación está concebida para afrontar cara a cara el misterio del anhelo que Dios siente por cada uno de nosotros, aquí, en el momento presente. Se recomienda dedicar tiempo a este ejercicio antes de pasar a los capítulos siguientes y volver a esta meditación de cuando en cuando mientras se continúa con el resto del libro y, es de esperar, con el resto de la propia vida.

MEDITACIÓN GUIADA: «TENGO SED DE TI»

Las palabras divinas, «Tengo sed», pronunciadas por primera vez en el Calvario, todavía resuenan en todo tiempo y lugar. Dios sigue pronunciándolas en el espacio vacío, el lugar oscuro y solitario que existe en cada corazón humano.

> Jesús tiene sed de nosotros ahora mismo [...]. ¿Le escuchamos decir: «Tengo sed de tu amor»? [...] ¿Le escuchamos realmente? [...] Lo está diciendo ahora mismo.[3]
>
> MADRE TERESA

> Yo estoy a la puerta y llamo.
>
> APOCALIPSIS 3, 20

Es cierto. Yo estoy a la puerta de tu corazón, día y noche. Incluso cuando no escuchas, incluso cuando dudas de que pueda ser yo, estoy ahí. Espero la más leve señal de respuesta, incluso el gesto más pequeño de invitación que me permita entrar.

Quiero que sepas que siempre que me invitas, vengo. Siempre, sin falta. Vengo silencioso e invisible, pero con poder y amor infinitos, trayendo los muchos dones de mi Padre. Vengo con mi misericordia, con mi deseo de perdonar y sanarte, y con un amor por ti más allá de tu comprensión, un amor tan grande como el que yo he recibido del Padre. «Como el Padre me ama a mí, así os he amado yo» (Juan 15, 9). Vengo anhelando consolarte y darte fortaleza, para levantarte y vendar tus heridas. Te traigo mi luz para disipar tu oscuridad y todas tus dudas. Vengo con mi poder para cargar contigo y con todas tus aflicciones; con mi gracia para tocar tu corazón y transformar tu vida; y te doy mi paz para apaciguar tu alma.

Te conozco por entero. Lo sé todo de ti. Tengo contados hasta los cabellos de tu cabeza. Nada de tu vida carece de importancia para mí. Te he seguido a lo largo de los años y siempre te he amado, incluso en tus descarríos. Conozco cada uno de tus problemas; estoy al tanto de tus necesidades, de tus temores y de tus preocupaciones. Escucho todas las oraciones que susurras, siempre. Incluso cuando parece que estoy silencioso, actúo en tu vida para bendecirte y protegerte.

Sigo todo movimiento de tu corazón y todos tus pensamientos. Conozco todo tu dolor, tus luchas y pruebas, tus fracasos y disgustos. Y, sí, conozco todos tus pecados. Pero vuelvo a decirte que te amo, y no por lo que hayas hecho o dejado de hacer. Te amo por ti; te amo por ser quien eres. Te amo por la belleza y dignidad que mi Padre te otorgó, creándote a su imagen y semejanza. Es una dignidad que has olvidado, una belleza que has empañado por el egoísmo y el pecado. Pero te amo como eres, infinita, completamente, sin reservas; y he derramado mi sangre para recuperarte. Si me lo pidieras con fe, mi gracia alcanzaría todo lo que debe cambiar en tu vida y te concedería la fortaleza para liberarte del pecado y de todo lo que te ata y oprime, así como de todo lo que te aparta de mí.

Sé lo que hay en tu corazón. Conozco tu soledad y todo lo que te hiere: los rechazos, los juicios, las humillaciones. Todo eso lo he cargado antes que tú. Y lo hice *por ti*, para que pudieras compartir mi fortaleza y mi victoria. Conozco especialmente tu necesidad de amor, cuánto anhelas ser aceptado y apreciado, amado y valorado. Pero cuán a menudo has sentido sed en vano, buscando ese amor fuera de mí —de mí que soy su Fuente—, esforzándote por llenar el vacío de tu interior con placeres pasajeros y con frecuencia con la vacuidad aún mayor del pecado. ¿Estás sediento de amor? «El que tenga sed, que venga a mí» (Juan 7, 37). Yo saciaré tu deseo de amor más allá de tus sueños. ¿Tienes sed de ser apreciado y valorado? Yo te valoraré más de lo que puedas imaginar, hasta el punto de dejar el cielo por ti y de agonizar en una cruz para hacerme uno contigo.

¿No te das cuenta de que tu sed de amor es sed de mí, de mí que soy el Amor? Yo soy la respuesta a tus deseos más hondos.

Tengo sed de ti... Sí, ése es el único modo de describir mi amor por ti: Tengo sed de amarte y ser amado por ti, tan precioso te considero.

—Ven a mí. Llenaré tu corazón y sanaré tus heridas. Haré de ti una nueva Creación y te daré paz en todas tus pruebas.

—Jamás debes dudar de mi misericordia, mi aceptación de ti, mi deseo de perdonar, mi anhelo de bendecirte y vivir mi vida en ti.

—Si sientes que careces de importancia a los ojos del mundo, no te preocupes. Para mí no hay nadie más importante que tú.

—Ábrete a mí, ven a mí, siente sed de mí, dame tu vida, y te demostraré lo importante que eres para mi corazón.

¿No te das cuenta de que mi Padre ya tiene un plan perfecto para transformar tu vida, comenzando desde este instante? Confía en mí. Pídeme todos los días que entre y me ocupe de tu vida, y yo lo haré. Te prometo ante mi Padre que está en los cielos que obraré milagros en tu vida. ¿Por qué voy a hacerlo? Porque tengo sed de ti. Todo lo que te pido es que te encomiendes por completo a mí. Yo haré el resto.

Incluso ahora contemplo el lugar que mi Padre ha preparado para ti en mi reino. Recuerda que eres un peregrino en esta vida, de viaje hacia tu hogar. Las cosas de este mundo nunca pueden satisfacerte ni brindarte la paz que buscas. Todo lo que has buscado fuera de mí sólo te ha dejado más vacío, así que no te aferres a las cosas materiales. Sobre todo, no huyas de mí cuando caigas. Ven a mí sin demora. Cuando me entregas tus pecados, me confieres la dicha de ser tu Salvador. No hay nada que yo no pueda perdonar y enmendar. Por tanto, ven ahora y descarga tu alma.

Por mucho que te hayas descarriado, por muy a menudo que me hayas olvidado, por muchas cruces que puedas llevar en esta vida, sólo hay una cosa que quiero que recuerdes siempre, una cosa que jamás cambiará: *tengo sed de ti*, tal como eres. No necesitas cambiar para creer en mi amor, pues creer en mi amor será lo que te cambiará. Me olvidas y, sin embargo, yo te busco cada instante del día, aguardo a la puerta de tu corazón y toco. ¿Te cuesta creerlo? Pues mira la cruz, mira mi corazón que fue traspasado por ti. ¿No has entendido mi cruz? Entonces vuelve a escuchar las palabras que allí pronuncié, pues ellas te dicen claramente por qué soporté todo eso por ti: «Tengo sed» (Juan 19, 28). Sí, tengo sed de ti, como el resto de los versos del salmo que estaba recitando dicen de mí: «Esperé compasión, pero fue en vano» (Salmo 69, 21). Toda tu vida he estado buscando tu amor; nunca he dejado de pretender amarte y ser amado por ti. Has probado muchas otras cosas en tu búsqueda de la felicidad. ¿Por qué no intentas abrir tu corazón a mí, ahora mismo, más de lo que lo has hecho nunca?

Siempre que abras la puerta de tu corazón, siempre que te acerques lo suficiente, me escucharás diciéndote una y otra vez, no sólo con palabras humanas, sino en el espíritu: «No importa lo que hayas hecho, te quiero por ser quien eres. Ven a mí con tu miseria y tus pecados, con tus problemas y necesidades, y con todo tu anhelo de ser amado. Estoy a la puerta de tu corazón y toco. Ábreme, porque tengo sed de ti.»

Jesús es Dios, por lo tanto, Su amor, Su Sed, es infinita. Él, el Creador del universo, pidió el amor de Sus criaturas.[4]

Él tiene sed de tu amor...[5]

Estas palabras: «Tengo sed», ¿resuenan en vuestras almas?[6]

Hoy Jesús había extendido Sus brazos para abrazarte. Hoy el corazón de Jesús se había abierto para recibirte. ¿Estabas allí?[7]

MADRE TERESA

(Nota: Esta meditación también aparece en el «Apéndice 4» para comodidad del lector.)

Tercera parte

TRANSFORMACIÓN

Estamos tan cerca de Él.
¿Su presencia nos cambia?[1]

<small>MADRE TERESA</small>

CAPÍTULO 11

EL PODER DE CAMBIAR

> El ayer se ha ido; el mañana todavía
> no ha llegado. Sólo tenemos el día de hoy.
> Comencemos, pues.[1]
>
> MADRE TERESA

En la primera parte hemos sabido del fuego interior secreto que cambió la vida de Madre Teresa. La segunda parte pasó a examinar la «luz y el amor» que emanaban de esa llama divina, una luz que iluminó el rostro de Dios para ella e incluso a través de su oscuridad la condujo hasta el amor que revelaba.

En este primer apartado de la tercera parte examinaremos cómo esta luz y ese amor* transformaron a Madre Teresa de dentro a fuera, a pesar de su debilidad y de los inmensos retos que afrontaba, y lo hizo mediante su poder divino.

---

* O mejor, la luz *de* amor; la luz que ilumina y revela amor; la luz que proviene del amor y retorna al amor.

Después de haber esbozado el camino personal de transformación que siguió Madre Teresa, en la segunda sección de la tercera parte analizaremos cómo cualquiera de nosotros puede compartir esta gracia transformadora y divinizante, haciendo caso omiso de la debilidad pasada o presente. Esta sección final ofrece todas las herramientas necesarias, las mismas que empleó Madre Teresa, para abrir la puerta a este encuentro, un encuentro para el que (al menos en la mente de Madre Teresa y posiblemente en la de Dios) todos fuimos creados.

El poder de la gracia

Pasemos ahora a descubrir cómo Madre Teresa se convirtió en la persona que fue, y cómo el proceso de su transformación, nacido de su encuentro en el tren a Darjeeling, contiene la misma promesa de cambiarnos la vida a nosotros. Madre Teresa estuvo siempre convencida de esto, de que la misma luz que la condujo a través de su propia oscuridad iluminaría y transformaría, con su energía propia, a todos los que se abrieran a ella.

Cuando pensemos en imitar a Madre Teresa, no hemos de centrarnos en lo lejos que nos hallamos de la meta de bondad y devoción que ella representa; debemos recordar más bien que su transformación no se debió a ciertos atributos humanos innatos, sino, casi por completo, al poder de la gracia que recibió, una gracia que constantemente invitaba a compartir a sus Hermanas y al resto de nosotros.

El hecho de que Madre Teresa no naciera siendo la misma persona que llegó a ser, imbuida ya de las cualidades por las que se haría famosa, significa que el resto de nosotros también tiene la esperanza de cambiar y mejorar. A pesar de nuestras flaquezas presentes o de la carencia de cualidades humanas, todos podemos alcanzar una intimidad más profunda con Dios y preocuparnos más de nuestro vecino, vivir más generosa y plenamente, incluso en medio de nuestras pruebas, y marcar una diferencia con nuestra vida; todos podemos dejar un legado.

Según las Hermanas de Loreto que la conocieron durante su formación, Madre Teresa siempre había sido generosa con Dios, pero no se había destacado de forma particular. Lo que tenía de especial la joven hermana Teresa, hablando desde el punto de vista humano, era que nada resultaba especial; no había nada *meramente* humano en ella que pudiera explicar su transformación posterior.

La clave de su metamorfosis no fue el esfuerzo humano, sino su encuentro con la sed de Dios. Fue el misterio de esta gracia, obrando a lo largo del tiempo, el que cambió a Madre Teresa, e incluso cuando ella puso todo de su parte, siguió siendo una gracia, un don gratuito de Dios. La sed de Jesús, a la que se aferró a lo largo de su noche oscura, igual que Jacob se aferró al ángel (cf. Génesis 32, 24), fue la que produjo la gran bendición que vimos en Madre Teresa.

Su arduo camino

Cuando los muchos retos y las dificultades parezcan impedir nuestro ascenso hacia las alturas, es preciso recordar que el camino de Madre Teresa no fue en modo alguno más fácil que el nuestro. Ella también tuvo que enfrentarse a numerosos obstáculos y superar el mismo tipo de resistencia interior que experimentamos los demás. Así se confirma en su diario, donde recogió las conversaciones interiores con Jesús que siguieron a la recepción de la gracia en el tren:

Jesús mío—lo que Tú me pides me supera [...]—soy indigna—soy pecadora—soy débil—. Ve, Jesús, y busca un alma más digna, una más generosa.[2]
Tengo mucho miedo.—Ese miedo me muestra cuánto me quiero a mí misma.—Tengo miedo del sufrimiento que vendrá—llevando esa vida india, vistiendo como ellos, comiendo como ellos, durmiendo como ellos—viviendo con ellos y no haciendo nunca nada a mi estilo. Cuánta comodidad ha tomado posesión de mi corazón.[3]

Sé que eres la persona más incapaz—débil y pecadora, pero precisamente porque lo eres—te quiero usar para mi gloria. ¿Te negarás?[4]

Sólo con el tiempo, cuando continuó retornando en oración a la fuente divina de su gracia de septiembre, permitiendo que su poder la fuera liberando gradualmente, pudo responder por fin cuando la voz divina volvió a preguntarle:

¿Te negarás a hacer esto por Mí—cuidar de ellos, traérmelos?
Yo respondí: «Tú sabes, Jesús, que estoy preparada para ir enseguida.»[5]

Cuando la gracia que había liberado y fortalecido su «sí» continuó profundizándose, Madre Teresa miraría hacia atrás maravillada por la inclinación de Dios en conceder sus dones a los insignificantes y los débiles. Ansiaba poner en acción los deseos crecientes que encontraba en su alma, sobre todo el deseo de saciar la sed de Jesús por los pobres y los afligidos. En una carta al arzobispo de Calcuta, cuyo permiso necesitaba para iniciar su labor fuera del convento, ella, que al principio se había echado atrás, ahora habla de su deseo de ir a los barrios pobres sin demora:

¿Por qué todo esto me ha ocurrido a mí?—la más indigna de Sus criaturas—no lo sé, y muy a menudo he intentado persuadir a Nuestro Señor para que vaya y busque otra alma, una más generosa—una más fuerte, pero parece que Él se complace en mi confusión, en mi debilidad—. Estos deseos de saciar el anhelo de Nuestro Señor por las almas de los pobres [...] van en aumento con cada Misa y Sagrada Comunión. En una palabra, todas mis oraciones y todo el día—están llenos de este deseo. Por favor, no lo retrase más.[6]

Gracia en la madurez

Estos pasajes nos muestran a una Madre Teresa que no es diferente al resto de nosotros, cuando nos esforzamos por responder al reclamo de la gracia que nos empuja más allá de nosotros mismos. Por desgracia, cuando nos enfrentamos a nuevos retos, nuestra primera respuesta suele ser negativa, pues hacemos caso de la voz que insiste en que no podemos cambiar.

Al igual que ella, cuando se encontró con la invitación inesperada de Dios, nos contenemos por miedo, cansancio, tibieza y renuencia a asumir nuevos retos. Y nos echamos atrás. Sin embargo, Madre Teresa nos muestra que, pese a nuestras luchas, nunca es demasiado tarde para cambiar, para crecer, para decir que sí a la llamada de Dios; sólo es preciso confiar más en Él de lo que desconfiamos de nosotros: «Entrégate plenamente a Dios. Él te utilizará para realizar grandes cosas, con la condición de que creas mucho más en su amor que en tu propia debilidad.»[7]

Recordemos que el encuentro de septiembre fue una gracia de madurez para Madre Teresa, *un llamamiento de madurez*. Cuando salió fuera por primera vez sola para dirigirse a los barrios pobres, dejando atrás su existencia conocida, casi tenía cuarenta años. Después lanzaría una red pionera de albergues para enfermos de sida a los setenta años. Y cuando se aprobó nuestra comunidad de sacerdotes ya había cumplido ochenta y dos años. Ella es la prueba de que nunca es demasiado tarde para que Dios nos transforme, nunca es demasiado tarde para lanzarnos a un nuevo plan, para emplearnos en el bien.

En la parábola de los obreros de última hora (Mateo 20, 6-14), aquellos que empezaron a trabajar al final de la jornada recibieron el mismo salario que los que habían trabajado desde el amanecer. Para Dios nunca es demasiado tarde para comenzar la obra de nuestra divinización; cada día es siempre un nuevo comienzo, siempre lleno de esperanza. Éste es el principio que aprendió Madre Teresa y nos anima a recordar lo siguiente: «El ayer se ha ido; el mañana todavía no ha llegado. Sólo tenemos el día de hoy. Comencemos, pues.» Nunca es demasiado tarde para cambiar, nunca demasiado tarde para ser más de lo que somos, para vivir una vida mejor y más fructífera que la que hemos tenido hasta el momento.

Malcolm Muggeridge, el comentarista de la BBC cuyo libro de 1971 *Something Beautiful for God* (traducido al castellano como *Madre Teresa de Calcuta*) presentó a Madre Teresa al mundo, y cuenta la historia de sus comienzos en la Casa para los Moribundos de Calcuta, a pesar de no haber hecho nada similar antes. Años después Madre Teresa reflexionó que si «no hubiera recogido a esa primera persona que agonizaba en la calle», si no se hubiera arriesgado a empezar algo completamente nuevo a mitad de la vida, «no podría haber recogido a miles más adelante».[8]

El éxito de Madre Teresa fue resultado de una serie continuada de *comienzos pequeños pero valientes*. Ella es prueba de que Dios está siempre empezando de nuevo con nosotros, y siempre lo ha hecho, desde el Jardín del Edén hasta ahora. Incluso cuando nos desviamos de su plan original, en lugar de constituir el fin, Él hace que sea el inicio de un nuevo plan, y de un nuevo camino, a menudo más bonito que el primero.

Sorprendida por la gracia

Si Madre Teresa salió del convento para ir a los barrios pobres sin destrezas especiales, con menos de un euro en el bolsillo y sin ninguna ayuda, su vida es prueba de que, a pesar de nuestras limitaciones, nada debe impedirnos aceptar la invitación de la gracia. Nada nos falta, pues la gracia de Dios es (por su misma naturaleza) *suficiente* (cf. Corintios 12, 9). Madre Teresa no necesitó ninguno de los requisitos usuales para el éxito —ni la última tecnología, ni apoyo financiero, ni talento e influencia especiales para alcanzar las metas más elevadas—, y nosotros tampoco los necesitamos. Madre Teresa logró lo que hizo sin ninguno de estos «elementos esenciales» del mundo, sin belleza, riqueza, ingenio o privilegio. No tenía nada más que a Dios, en cuyas manos dejó su debilidad y su inquietud. Su vida muestra *cuánto puede hacer Dios en nosotros* una vez que le concedemos rienda suelta.

Recordemos que la llamada a Madre Teresa llegó cuando menos lo esperaba, cuando estaba a punto de hacer otra cosa, como sucede tan a menudo con las llamadas de Dios. La gracia tocó a una persona corriente, que aparentemente seguía su camino en la vida, y la colocó en un curso nuevo e inimaginado, entretejiendo su historia pasada y sus dones presentes en un nuevo futuro. La transformación personal de Madre Teresa y sus consecuciones en el escenario mundial *llegaron todos tras la madurez*. Esta circunstancia nos da esperanzas al resto de nosotros que, con el paso de los años, acaso nos cuestionemos nuestro valor y nuestro legado.

Si Madre Teresa fue sorprendida por la gracia, también nos puede sorprender a nosotros. También descubriremos oportunidades inesperadas ocultas en nuestra rutina y circunstancias presentes, incluso en nuestras pruebas. Nosotros también podemos encontrar gracia y transformación en nuestra Calcuta personal y nuestras noches interiores, aguardándonos en cada vuelta del camino.

El poder de la convicción

Pero aunque insistamos en que Madre Teresa era una persona corriente, es importante no subestimar la perseverancia más que ordinaria con la que conservó la gracia —pues Dios no hará nada sin nuestra colaboración— y su generosidad para mantener la semilla de la gracia irrigada y floreciente.

Una y otra vez me he preguntado cómo Madre Teresa hizo lo que hizo, cómo logró continuar con escasa comida y poco sueño, a menudo respondiendo cartas hasta pasada la medianoche, pero siendo la primera en la capilla a las cinco de la madrugada. Cargaba con el cansancio de los viajes constantes, porque visitaba sus misiones a lo largo del globo y se enfrentaba a las expectativas de un mundo que nunca parecía obtener bastante de ella. Dondequiera que fuera surgían demandas incesantes de su tiempo, su atención y su energía: de los pobres, de la prensa, de los admiradores y los colaboradores; de los visitantes, de las autoridades gubernamentales y de la gente importante que aparecían en cualquier lugar que visitara; de las multitudes constantes en los aeropuertos y las estaciones de ferrocarril; y, claro está, de sus propias Hermanas.

Recuerdo una escena que se desarrolló una y otra vez durante mis años de estancia en Roma. Al llegar al convento de las Hermanas, próximo al Coliseo, encontraba a la gente haciendo cola a las puertas y en el pequeño parque adyacente. Esto sólo significaba una cosa: que Madre Teresa estaba en la ciudad. La prensa todavía no lo había publicado, pero se había corrido la voz de todos modos. Pronto había una cola de visitantes variopintos: pobres sin techo vestidos con andrajos y condesas con sus pieles; monseñores del Vaticano; personal de la alcaldía; y transeúntes que preguntaban a qué se debía tanto alboroto y, tras enterarse de que Madre Teresa estaba allí, decidían quedarse. Todos esperaban disponer de un momento con ella; y Madre Teresa los recibía a todos, uno por uno, una hora tras otra, y siempre con el mismo interés y atención.

Pasaba las mismas largas horas en los aeropuertos, mientras la gente se apiñaba a su alrededor para pedirle oraciones, una firma o nada más una palabra. Como siempre, por más que estuviera cansada o su salud se resintiera, cada uno se marcharía sintiéndose no sólo bendecido, sino valorado. La sonrisa de su rostro, el brillo de su mirada y la calidez de su contacto les decían que Madre Teresa había disfrutado de estar en su presencia.

¿Cómo lo hizo, un día tras otro durante una vida entera, manteniéndose animada y optimista en las peores condiciones? En las prisas y el ajetreo de su exigente vida, las *convicciones de fe* de Madre Teresa fueron su secreto, día tras día, para redescubrir la luz y el amor del tren. Su encuentro diario de fe, con las «profundidades del anhelo infinito de Dios de amar y ser amado», continuaron forjando su imagen de Dios. Salió de Darjeeling provista de un conjunto de convicciones nuevas (en su magnitud, cuando no en su contenido) e inamovibles sobre la bondad de Dios, sobre cómo nos ve y lo preciosos que somos a sus ojos. Estas convicciones producirían un conjunto de actitudes nuevas, un nuevo modo de contemplar el mundo que la rodeaba y una nueva forma de vivir, que la ayudaron a convertirse en la Madre Teresa que conocimos.

Percibir a Dios como corresponde y nuestra relación con Él no es sólo una cuestión de teología; es una cuestión de fe: la vida de Dios en la nuestra. Las percepciones de Madre Teresa nacidas en el tren, las convicciones de fe exploradas en la segunda parte de este libro, fueron la luz que brilló en su noche, que iluminó sus retos y dio nueva forma a su Calcuta con tonos de esperanza, abriendo de par en par las puertas de su alma a la presencia y poder del Dios que no podía sentir ni ver, pero que siempre podía tocar en su alma y en los pobres.

Estas convicciones de fe sencillas, pero sólidas, marcaron la diferencia; rigieron la persona en la que se convirtió y los logros que consiguió. Y estas convicciones, que nos conectan con el mismo Dios y el mismo poder divino, están abiertas a todos nosotros.

No necesitamos haber llegado a ellas por nosotros mismos, mediante nuestro estudio y oración independientes de Madre Teresa, a fin de beneficiarnos de su poder en nuestras vidas. Sea cual fuere su procedencia, lo que importa son las convicciones; empiezan a cambiar y forjar nuestro mundo interior tan pronto como las adoptamos. Moldean nuestras actitudes, nuestras decisiones, nuestro sentido de nosotros mismos y de Dios, y, lo que es más importante, nos abren a *la realidad del Dios que describen*. A través del acceso directo a Dios abierto por la fe de Madre Teresa, la sed de Jesús siguió siendo una realidad constante en su vida, una realidad que la colmó y la alimentó sin falta hasta cerca de los noventa años.

Cuando empecemos a compartir las convicciones de Madre Teresa, igual que ella, comenzaremos a ver con una luz completamente nueva. Lo que pensábamos que sabíamos antes —sobre Dios o sobre nosotros mismos— surgirá de esta experiencia cambiado y expandido, igual que una mariposa de su crisálida. Nuestro mundo interior de actitudes, emociones y decisiones se irá reajustando gradualmente a esta visión de fe con cambios pequeños, pero significativos.

Para Madre Teresa el ciclo de la gracia transformadora iniciado en el tren continuaría a lo largo del resto de su vida, llevándola del encuentro al credo y del credo a un encuentro renovado. Por suerte, *tiene escasa importancia en qué punto entramos en este ciclo de gracia*: si comienza, como en el caso de Madre Teresa, con un encuentro que engendra un nuevo credo o si comienza «poniendo a prueba» sus credos que, cuando se llevan a la oración, engendran un encuentro. Al final, el Dios con el que nos encontramos y el resultado transformador son los mismos.

Amor más allá del sentimiento

La correspondencia personal de Madre Teresa muestra que no fueron oleadas de consuelo las que la ayudaron a superar sus retos. Ella también sufría la oscuridad y aridez que todos contenemos. Esto nos lleva a una importante cuestión sobre el proceso de transformación: que no necesitamos sentir la presencia de Dios, *no requerimos consuelo sensible*, para iniciar el viaje del cambio o para entrar en intimidad con Dios.

En el caso de Madre Teresa, aunque el componente sensible de su encuentro en el tren fue sin duda abrumador, no fue duradero. El componente emocional, el fervor y el consuelo de ese día de septiembre sirvieron para abrir su corazón y grabar ese encuentro y su mensaje en la memoria. Pero no fue la emoción la que la cambió o la sostuvo. Lo que cambió, formó y sostuvo a Madre Teresa no fue la emoción, sino un profundo contacto de fe diario con el misterio de la sed de Dios, una realidad divina que está por su misma naturaleza más allá del alcance de los sentimientos.

Al poder transformador del amor divino se accede sencillamente *creyendo en él y abriéndonos a él*, incluso en la aridez interior. Aunque nuestras convicciones de fe estén arraigadas en un acontecimiento pasado (la gracia del tren, los grandes acontecimientos recogidos en las Escrituras o esos momentos en los que hemos experimentado la cercanía divina), dichas convicciones nos encaminan hacia el mismo don original *y nos ponen en contacto con él*, siempre presente en el momento actual, brotando continuamente del corazón de Dios.

Nadie puede reproducir lo que sintió Madre Teresa ese día en el tren, ni siquiera ella tan sólo veinticuatro horas más tarde. Pero lo que sí podía hacer —y lo hizo fielmente— era acceder otra vez a *la gracia* (no a los sentimientos) de ese día, abriéndose nuevamente al anhelo de Dios por ella en cada momento. Y la luz de esas convicciones la abrió a lo mismo que nos abre a nosotros con tanta frecuencia como lo deseemos. El anhelo de Dios por nosotros no cambia de un día a otro, ni de una década a la siguiente, ni aún menos de un estado emocional a otro, pues Dios y su sed de nosotros son «los mismos ayer, hoy y por siempre» (Hebreos 13, 8).

La llamada a «subir más arriba» (Lucas 14, 10) suena incesantemente en nuestra alma, pues Dios nunca disminuye en su deseo de unión con nosotros. La vida de Madre Teresa es un recordatorio de que *nunca es demasiado tarde* para responder a esta llamada universal. Ella muestra que cada momento de nuestra vida (y no sólo la juventud) nos presenta una elección; y que nuestras decisiones presentes siguen teniendo el poder de determinar las restantes y el legado de nuestra vida. Todos hemos sido llamados para vivir *una existencia extraordinaria a través de medios ordinarios* o, en palabras de Madre Teresa, para «hacer grandes cosas con gran amor, cosas ordinarias con amor extraordinario».[9]

No importa quiénes seamos o lo que haya pasado antes; no importan las oportunidades malgastadas ni el tiempo perdido: a todos nos sigue llamando el Dios para el que nada es imposible. Nos invita a hacer cosas que ni siquiera Madre Teresa pudo hacer nunca, cosas que que-

darán sin hacerse en la historia si nosotros no las aco-
metemos. Nos aguarda un legado que no existirá a menos que decidamos aceptar nuestra llamada superior en
el momento presente, incluso en el último minuto. «El
ayer se ha ido; el mañana todavía no ha llegado. Sólo
tenemos el día de hoy. Comencemos, pues.»

Capítulo 12

LA BELLEZA DE DIOS EN NUESTRO INTERIOR

Estarían tan unidas a Mí como para irradiar Mi
amor sobre las almas.[1]

Jesús a Madre Teresa

En el último capítulo hemos contemplado la mezcla de lo ordinario y lo extraordinario en la vida de Madre Teresa: ordinaria en sus dones humanos, pero extraordinaria en los retos que afrontó en la llamada que recibió en su edad madura. También hemos identificado sus convicciones de fe, nacidas de la gracia recibida en el tren, como entrada a su transformación y luz.

Antes de examinar las prácticas espirituales mediante las que profundizó la gracia del encuentro, prácticas que nosotros también podemos utilizar, detengámonos un momento a contemplar con mayor detenimiento los frutos de su gracia transformadora. No sólo queremos comprender *cómo* Madre Teresa llegó a ser la persona que era, sino considerar precisamente *qué* había alcanzado Dios en ella. Demos un paso atrás y observemos el florecimiento pleno de su gracia, el panorama completo de la bondad y la bendición que Dios obró en ella y, por inferencia, que Dios puede obrar en toda vida que se le entregue.

Si Jesús pudo decir, sin exageración, que sus discípulos realizarían «las mismas obras» que Él (cf. Juan 14, 12), las mismas obras vistas en sus discípulos a lo largo de los siglos, tampoco exageraba Madre Teresa al mantener que la gracia que recibió y la santidad que produjo en ella iban dirigidas tanto *a nosotros* como a ella misma; que también nosotros podemos conseguir «las mismas obras» y alcanzar la misma transformación en medio de nuestra Calcuta particular. Su vida pinta un cuadro claro y convincente de cuánto es capaz de lograr la gracia y de la plena belleza de la santidad que genera.

«Ven, sé Mi luz»

Antes de examinar con mayor detalle el fenómeno de Madre Teresa y la luz que veíamos en ella, es preciso que nos preguntemos si no estamos atribuyéndole, sin advertirlo, una bondad y una luz que sólo pertenecen a Dios.

La respuesta es sencilla: no; no hay contradicción, ni competencia entre la luz de Dios y la luz que veíamos en ella. En lugar de exaltar a Madre Teresa, *el mismo Dios* era exaltado en ella, era *Su* luz la que contemplábamos en ella. Al igual que la Virgen María, Madre Teresa no estaba magnificando su alma, sino a su Señor (cf. Lucas 1, 46).

La belleza del alma de Madre Teresa le corresponde toda a *Él* más que de ella; y de nosotros, tanto como de ella. Su belleza refleja la dignidad de nuestro papel como *portadores de Dios* y nuestro pleno potencial como templos vivos. ¿Podría nuestra sorpresa, por la obra de Dios en Madre Teresa o en los santos, ser el resultado de que no conocemos «las Escrituras ni el poder de Dios» (Mateo 22, 29)? ¿No prometió Jesús que el que creyera en Él hará «las obras que yo hago y las hará aún mayores que éstas» (Juan 14, 12)? ¿No declaró Jesús a sus discípulos que ellos serían la luz del mundo (Mateo 5, 14)? Éste fue el mandato de Jesús a Madre Teresa: que fuera «su resplandor» ante los pobres y su luz en un mundo de oscuridad. Y ella lo hizo; o Él lo hizo en ella.

Madre Teresa cumplió su mandato magníficamente; brillando con la luz y el resplandor de Dios ante el mundo. La gente experimentaba en su presencia un inesperado estremecimiento de gracia y una nueva sensación de cercanía de Dios. Estos momentos de iluminación no sucedían sólo en su presencia física, sino con la misma frecuencia cuando se leía sobre ella o se la veía en una película. Malcolm Muggeridge contó la historia de un hombre que le escribió para darle las gracias por su libro sobre Madre Teresa, *Something beautiful for God (Madre Teresa de Calcuta)*. Sucedió que recogió por casualidad un ejemplar abandonado en el último piso de su edificio de oficinas, adonde había ido para suicidarse. El impacto inesperado de esas páginas dio a un hombre desesperado una razón para vivir.

Al escuchar a Madre Teresa hablar, la gente se conmovía, a menudo hasta las lágrimas. A veces ocurría incluso cuando no le entendían sus palabras. Tuve la oportunidad de traducir a Madre Teresa cuando habló en algunas de las grandes parroquias de Roma. Con frecuencia, mientras todavía hablaba y antes de que yo hubiera comenzado a traducir, me percaté de que ya había gente llorando, sólo por escuchar su voz y estar en su presencia.

Su mensaje contenía un poder evidente, que no sólo

atraía a los pobres y los devotos, sino a los auditorios más diversos. Entre quienes acudían a escucharla se contaban personas cultas, influyentes e incluso agnósticas. En sus palabras parecía haber unción, un magnetismo invisible que arrastraba a la gente hacia Dios, incluso a los que aparentaban ser más duros de corazón.

Una vez, a mediados de la década de 1980, un joven vino a visitar nuestra comunidad de sacerdotes en el South Bronx. Nos habló con bastante franqueza de su vida anterior como mensajero de la mafia, transportando armas y drogas por la costa oeste. Continuó contándonos su conversión inesperada, que atribuía enteramente a Madre Teresa. Iba conduciendo por la autopista una mañana en San Francisco con una carga de mercancía ilegal, cuando de pronto su emisora de música favorita interrumpió la programación. Madre Teresa estaba en la ciudad, anunciaron. Estaba visitando San Francisco después de que le hubieran concedido el Premio Nobel y el alcalde estaba a punto de ofrecerle la llave de la ciudad. Las emisoras de radio locales estaban retransmitiendo la ceremonia en directo, incluido el discurso de Madre Teresa al pueblo de San Francisco.

El joven continuó conduciendo, cada vez más enfadado por haberse quedado sin su música, y todo por culpa de una monja. Como no logró encontrar una cadena que no retransmitiera la ceremonia, decidió esperar a que terminara. Antes o después esa monja desconocida dejaría de hablar y podría disfrutar otra vez de su música. Así pues, siguió conduciendo, sin tener ni idea de quién era Madre Teresa y sin prestar atención a lo que decía, sólo enfadado porque, fuera quien fuese, estaba interrumpiendo su vida.

Inesperadamente, transcurridos algunos minutos, empezó a sentir que le invadía una extraña sensación. De pronto, las lágrimas anegaron sus ojos. Continuó conduciendo, pero la sensación de su corazón iba en aumento y enseguida se encontró sollozando irrefrenablemente. Acabó saliendo de la autopista, detuvo el coche y expulsó entre lágrimas todo el dolor y la oscuridad de su alma.

Una vez que hubo terminado esta intensa experiencia, sintió que había ocurrido algo profundo. Se sintió limpio y nuevo, y cambiado de algún modo. Fue a su casa, llamó por teléfono a la emisora de radio y preguntó el nombre de la persona que había escuchado hablar en el Ayuntamiento. Cuando le dijeron que era Madre Teresa, replicó: «¿Pero quién es?» Se lo explicaron como mejor pudieron y a petición suya le dijeron dónde se encontraba. El joven se dirigió al convento de las Hermanas, tocó el timbre y, para su sorpresa, enseguida lo condujeron a conocer a Madre Teresa en persona. Nos dijo que no podrían haberlo recibido con mayor esplendor si hubiera sido el mismo alcalde. Vació su corazón ante Madre Teresa, quien lo envió a confesarse. Más tarde, el joven continuó cambiando su vida. Todo esto solamente por la unción de su voz.

A veces se producían respuestas similares en personas con sólo escuchar su nombre o ver su imagen. Por ejemplo, en un experimento del que informó la prensa nacional, los voluntarios de un laboratorio registraron ondas alfa simplemente con la mención de su nombre. También recuerdo aquella vez que acompañé a Madre Teresa en un vuelo de Calcuta a Bombay y observé cómo empresarios hindúes y musulmanes con sus trajes de tres piezas comenzaban a salir del avión y se daban cuenta en el último momento de la presencia de Madre Teresa a bordo, sentada al lado de la puerta. Se sorprendieron mucho por su presencia, pero todavía más por el repentino humedecimiento de sus ojos mientras se afanaban en buscar fotos de sus hijos para que Madre Teresa las bendijera.

Esta respuesta se producía no sólo en personas de fe, sino a menudo en otras que no tenían ningún credo. Poco después de haber recibido el Premio Nobel, el artículo de portada de la revista *Time* hablaba de un joven, un ateo apasionado que, después de leer acerca de Madre Teresa, se había dado cuenta, en contra de sus convicciones sostenidas durante mucho tiempo, de que tiene que existir Dios. Hasta entonces, todos los argumentos habituales para la existencia de Dios no le habían hecho mella; pero el resplandor de su rostro, el amor de sus ojos y la belleza de su vida fueron algo diferente. Lo abandonó todo —amigos, carrera y futuro— y entró en un monasterio.

Relatos similares abundan; y aunque la mayoría no se contarán nunca, una cosa permanece clara. En medio de nuestras vidas apresuradas y llenas de inquietudes, en medio de un mundo distraído, autocomplaciente y a menudo ensimismado, Madre Teresa se abrió paso, y Dios y la bondad con ella.

Incluso en la noche, dicha

La presencia de Dios en su interior llenó a Madre Teresa de una dicha y una energía contagiosas, una dicha que venció el dolor de su oscuridad (como sus cartas testificarían), una dicha que impidió que incluso sus colaboradores más cercanos sospecharan de la existencia de su noche interior.

En Calcuta, como en otros lugares, tuve ocasión a menudo de aguardar a Madre Teresa mientras compartía una comida con sus Hermanas y de escuchar los sonidos de la risa y la alegría provenientes de su refectorio, de las jóvenes que se habían unido a Madre Teresa en no poseer nada salvo al mismo Dios, en levantarse todas las mañanas a las cuatro, en pasar los días lavando leprosos y cuidando a los moribundos, y en renunciar a la radio y la televisión, así como a las comodidades materiales que nuestra cultura considera esenciales.

Era evidente que la dicha de Madre Teresa procedía enteramente de su interior y no estaba ligada a las circunstancias. Esta dicha en medio del sacrificio era un claro signo de su arraigo en Dios incluso en la noche, de su comunión con Aquel cuya dicha consiste en amarnos.

Divinización

Madre Teresa parecía habitar otro reino,* inclinado hacia Dios y bañado en paz. Al sentir la presencia divina en ella, la gente se apiñaba a su alrededor dondequiera que fuera, no tanto para llegar a atisbar a una celebridad, sino para empaparse de la bondad y amor que emanaban de ella.

---

* Las cualidades extraordinarias y gracias especiales enumeradas en este capítulo no están en pugna con el «carácter ordinario» de Madre Teresa. Todas sus cualidades extraordinarias eran *dones de Dios* (aunque ella colaboró en alcanzar su plenitud cultivándolas, no fue su causa u origen) y, por lo tanto, no provienen de ella ni le corresponden a ella. Por esta razón, no se trata de si Madre Teresa es *ordinaria* o *extraordinaria*, sino de la humanidad ordinaria y la gracia extraordinaria de Dios que coexistían en armonía complementaria. Madre Teresa demuestra que los dones especiales de Dios no son coto ni recompensa de los grandes de la humanidad; se conceden preferentemente a los «pobres de espíritu», a quienes por prioridad *pertenece* el reino de los cielos (Mateo 5, 3).

Cuántos de nosotros, yo mismo incluido, después de contemplar la bondad divina en Madre Teresa, incluso desde lejos (como hice al principio en una librería romana) hemos tenido sentimientos similares a los narrados por esta mujer, pintora y madre de seis hijos:

> Siempre quise tocar a Madre Teresa. Como la mujer que sufría hemorragias del Evangelio de san Lucas que se abrió paso entre una muchedumbre sofocante para tocar el borde de la túnica de Jesús, yo quería agarrarme de la santa piadosa de Calcuta. Mi cuerpo no estaba quebrado, pero mi espíritu necesitaba un estímulo divino. Razoné que si tan sólo podía tocar a Madre Teresa, algo de su santidad se me pegaría, entrando en mi alma. Esta ambición se convirtió en mi ferviente plegaria durante el día y en mi sueño durante la noche.[2]

¿Cómo explicamos estas experiencias de lo inefable que ocurrían alrededor de Madre Teresa, esta sensación de lo divino tan a mano, esta transformación que no sólo ocurrió en ella, sino a través de ella. ¿Qué era este poder de cambio, esta habilidad para traer el cielo no sólo a la Tierra, sino incluso al infierno que era Calcuta? ¿Cuál era el significado de su atractivo y su extraordinaria transformación? ¿Cuál fue el proceso por el que la hermana Teresa llegó a convertirse en Madre Teresa?

Al final, todo se reducía a *santidad*, al esplendor y el poder de *Dios morando en el hombre*.

El atractivo constante de Madre Teresa tiene hondas raíces en nuestra relación ineludible con Dios y nuestro anhelo innato de Él. En su pleno florecimiento, esta capacidad humana para Dios es lo que llamamos santidad. No se trata del hombre que vive como Dios, obedeciendo sus leyes, sino mucho más: *el mismo Dios viviendo en el hom-*

bre. La santidad proclama y atestigua el valor supremo de cada ser humano como morada del Altísimo. Ésta es la misma definición del hombre que ofrece el gran Tomás de Aquino: *Homo capax Dei*, el «hombre capaz de Dios».

La transformación de Madre Teresa consiste en que «la luz y el amor de Dios» toman plena posesión de un ser humano y a través de ella (o a través de nosotros) se derraman en el mundo. Es casi tabú hablar de santidad hoy en día, en una sociedad que se avergüenza de las referencias públicas a Dios. Por desgracia, incluso en círculos religiosos, la santidad se menciona rara vez e incluso más escasamente se encuentra. Pero cuando se ve una bondad verdadera, incluso en el ámbito secular, entre quienes se mofarían de la religión, la gente se da cuenta y se siente atraída, del mismo modo que ocurrió con san Francisco y que todavía ocurre con Madre Teresa.

Si nuestro mundo secular, a pesar de sí mismo, acabó corriendo detrás de Madre Teresa, fue por la misma razón que corrió tras Francisco hace siglos. Al final, este fenómeno se reduce a una cosa: el poder, la belleza y la atracción de *Dios viviendo en el hombre*, de la mirada amorosa de Dios que brilla a través de ojos humanos.

Una nueva visión de la humanidad

La santidad enaltece la visión de lo que puede llegar a ser la humanidad, no sólo en teoría, como harían los políticos y los filósofos, sino en carne y hueso. La santidad señala la dignidad suprema de nuestra naturaleza humana y las cimas que todo ser humano es capaz de alcanzar, incluso cuando soporta la carga de la pobreza y el dolor. La santidad de los santos revela la cantidad de belleza y bien que pueden estar tejidos en una vida corta, y el impacto que puede tener la vida, incluso más allá de los años pasados en la Tierra.

Sin embargo, lo más importante es que la santidad levanta el velo de la magnitud inimaginable del amor de Dios por nosotros, de la belleza de su plan para la humanidad y de su poder para transformar cualquier vida, incluso en nuestra era moderna. Los santos de nuestra época, como Madre Teresa, proporcionan una oportunidad para presenciar el poder transformador de la gracia *en nuestros propios días*, «hecha carne» en nuestro propio tiempo.

El poder de la santidad

Tuve mi propio encuentro con la atracción de la santidad en Madre Teresa la primera vez que viajé con ella. Habíamos subido a un vuelo de KLM del aeropuerto de Fiumicino en Roma con dirección a Amsterdam y Nueva York. Poco después del despegue, Madre Teresa empezó a hablar del amor de Dios por los insignificantes, los pobres y los débiles, narrando algunos de los pequeños milagros de la ternura divina que había presenciado de primera mano.

Me habló de su época en Shishu Bhavan, su hogar para niños huérfanos en Calcuta, cuando sus Hermanas buscaban angustiadas determinada medicina fabricada sólo en Suiza. Uno de los niños estaba gravemente enfermo y necesitaba esa medicina particular. Sin tiempo para encargarla en el extranjero, preguntaron a Madre Teresa qué hacer. Justo entonces, una de las Hermanas llevó un paquete de medicinas donadas que acababa de llegar. Madre Teresa lo abrió y allí, en medio de un montón de frascos y cajitas, justo encima de donde había puesto la mano, estaba precisamente la medicina que el niño necesitaba.

Después de terminar su relato, con el orgullo que una

niña podría tener al celebrar otro de los grandes logros de su padre, se giró hacia mí y dijo: «¿No ve cómo nos quiere Dios? ¿Cómo cuida de nosotros?»

Una vez que hubimos aterrizado en Amsterdam, un agente de KLM de origen paquistaní vino a escoltarnos por la terminal. En determinado momento se giró hacia Madre Teresa y afirmó: «Madre Teresa, yo soy musulmán, y nosotros los musulmanes creemos muchas cosas maravillosas acerca de Jesús. Pero le digo, Madre Teresa, que en dos mil años nadie ha hecho lo que Jesús predica. Usted, Madre Teresa, hace lo que Jesús dice. Usted es el amor en acción.»

Aunque su conocimiento del cristianismo era limitado, estaba seguro de una cosa: que había visto a Jesús en Madre Teresa. Éste también fue el caso de otras muchas personas en muy diversos lugares: de algunos que conocían mucho más de Cristo y de otros que no lo conocían en absoluto. Por ejemplo, una vez en la Casa para los Moribundos, cuando Madre Teresa atendía a un hombre escuálido en sus últimos momentos de vida, en medio de sus cuidados silenciosos, el hombre la miró a los ojos y le preguntó: «¿Es Jesús como tú?»

En efecto, Jesús era como ella. O, más precisamente, Madre Teresa había llegado a ser enteramente como Jesús.

La vida de Madre Teresa se había convertido en una transparencia de Dios. Su persona, su obra y su mensaje nos permitían ver algo del corazón de Dios a través del suyo: una sonrisa, un vendaje, una palabra de consuelo a tiempo.

Irradiando a Cristo ante el mundo secular

La ambición vital de Madre Teresa era otorgar a las personas de cualquier lugar, en especial a los pobres, la oportunidad de «mirar y ya no verla a ella», sino a Jesús en ella. No resulta sorprendente que su oración favorita, la que recitó todos los días de su vida, fuera *Cristo irradiador*, del gran clérigo inglés John Henry Newman:

Amado Jesús, ayúdanos a esparcir tu fragancia dondequiera
                                    [que vayamos.
Anega nuestras almas de tu espíritu y vida.
Penetra y posee nuestro entero ser hasta tal punto
que nuestras vidas no sean más que una emanación de la
                                    [tuya.
Brilla a través de nosotros
y mora en nosotros, de manera
que toda alma que se nos acerque
pueda sentir tu presencia en nuestras almas.
Haz que nos miren y ya no nos vean a nosotros,
sino sólo a Jesús.
Quédate con nosotros,
y entonces comenzaremos a brillar como brillas Tú;
a brillar para servir de luz a los demás;
la luz, oh Jesús, irradiará toda de Ti;
no de nosotros;
serás Tú, brillando sobre los demás a través de nosotros.
Así pues, permítenos alabarte de la manera que más te gusta,
brillando sobre quienes nos rodean.
Haz que te prediquemos sin predicar,
no mediante la palabra, sino con nuestro ejemplo,
por la fuerza contagiosa,
por la influencia beneficiosa de lo que hacemos,
por la manifiesta plenitud del amor que nuestros corazones
                                    [te profesan.
Amén.

Esta irradiación de santidad personal no sólo llega al mundo religioso, sino también al secular. Lejos de ser una anécdota que sólo interesaba a los creyentes, o una dimensión paralela en la que Madre Teresa se movía, su santidad fue la razón misma de su impacto en el ámbito secular. A lo largo de la historia, quienes han tenido la influencia más duradera en nuestro mundo han sido los santos. Políticos y celebridades vienen y van, pero los santos permanecen. ¿Quiénes rivalizaban por el poder político en la época de Francisco de Asís? ¿Quiénes eran los expertos de la alta sociedad en los tiempos de Teresa de Ávila? ¿Quiénes habrían ocupado los primeros puestos de *Fortune 500* en la era de san Agustín? Es la santidad, Dios como creador obrando a través de nosotros, la que nos permite ser productivos de manera duradera, ocasionar una abundancia *de fruto que perdurará* (Juan 15, 16) en el tiempo y hasta la eternidad.

La influencia secular de Madre Teresa fue reconocida incluso por dirigentes mundiales. Cuando el secretario de la ONU Javier Pérez de Cuéllar presentó a Madre Teresa en las celebraciones del cuadragésimo aniversario de la institución, lo hizo ante los diplomáticos reunidos como «la mujer más poderosa de la Tierra». A lo largo del gran salón las cabezas asentían reconociéndolo. Aunque todos percibían que así era, acaso pocos podrían señalar el motivo, el hecho de que *ella nos recordaba a Dios*. Hacía de mediadora para que nuestra generación tuviera la oportunidad de experimentar algo de Dios más allá de nuestra suerte común y cotidiana. De un modo palpable y vigoroso, había logrado llevar a Dios y su amor a nuestro mundo moderno, incluso a lo peor de nuestro mundo. Había conseguido conmovernos hondamente y cambiarnos a mejor, incluso donde los gobiernos y los organismos habían fracasado a menudo.

¿Pero qué importancia práctica, más allá de la estrictamente espiritual, podía tener alguien como Madre Teresa, atendiendo a los moribundos en tierras empobrecidas, para las personas sanas y con movilidad social ascendente del siglo XXI? Ahora que ya no está entre nosotros, ¿sigue teniendo algún valor práctico que enseñar a nuestro mundo secular?

Tal vez esta pregunta se responde mejor con otras: ¿no nos enfrentaremos todos algún día al espectro de la tragedia o de la enfermedad en nuestras vidas y las de los que están más cerca de nosotros? ¿No nos encontraremos algún día inclinados ante el lecho de un ser querido agonizante? ¿Estaremos preparados para afrontar estos momentos con dignidad y optimismo, para llevar luz y paz como hizo Madre Teresa con tantas personas? Cuando el dolor, la pérdida financiera o la edad avanzada degraden nuestra imagen y rebatan el culto a la juventud, la belleza y el éxito de nuestra cultura, ¿seremos capaces de encontrar un significado más profundo —e incluso dicha— en nuestras circunstancias limitadas, como ella hizo?

Incluso en medio del dolor y la pobreza, Madre Teresa nos mostró que la virtud triunfa sobre el placer; que genera su conjunto único de recompensas; y que, cuando la sostiene la perseverancia, la virtud vencerá cualquier obstáculo. Madre Teresa tuvo la rara habilidad de arrastrarnos hacia aquello de lo que huíamos, de encontrar belleza donde preferíamos no mirar y de meterse de lleno en lo que preferíamos evitar. Nos enseñó a abrazar lo aborrecible dondequiera que lo encontráramos, en nosotros mismos y en el prójimo, en nombre de Dios. A través de ella, Dios colocaba una mano amorosa sobre nuestro dolor oculto y sobre nuestras heridas internas. Llevó la misma luz y curación a nuestra Calcuta del corazón que a las oscuras casuchas de la ciudad cuyo nombre adoptó.

La luminosidad de su vida irrumpió en las sombras oscuras de Calcuta, no sólo para los pobres del Tercer Mundo, sino para todos los que tuvieran ojos para ver. Sus cuidados demostraron que el sufrimiento humano no era un signo de abandono por parte de Dios, ni una prueba de que al Todopoderoso no le importara, sino justo lo contrario. Nos mostró que cuando más hondo es nuestro dolor, más profunda es la compasión divina y mayor la urgencia en Él que aún «deja a las noventa y nueve» para buscar a la oveja más necesitada.

Para las muchas personas que luchaban por creer, para quienes la experiencia del dolor había sembrado semillas de duda y un sentimiento de distancia de Dios, la compasión de Madre Teresa se convirtió en su estrella polar, que señalaba hacia visiones olvidadas de la bondad del corazón divino. Ella nos enseñó a un Dios mucho más cercano y tierno del que habíamos osado esperar. Su caridad con los más necesitados fue un púlpito atronador, aunque silencioso. Su compasión se convirtió en una puerta para que entrara lo divino en nuestro mundo herido, en un canal para que la luz de Dios penetrara en nuestra oscuridad.

En conclusión, la transformación que presenciamos en Madre Teresa —y el impulso, la atracción, la paz y el consuelo que incluso el mundo secular experimentaba a su alrededor— procedió enteramente de Dios. Madre Teresa no se propuso un día transformarse. La iniciativa y el poder para conseguirlo fueron por completo de Dios. No podemos cambiarnos, por lo menos no solos y con nuestra propia fuerza. Nadie puede trascenderse por sí mismo, ni siquiera Madre Teresa. Sólo podemos ser arrastrados más arriba por Aquel que ya nos trasciende y que nos ha creado para Sí.

Si la gente se sentía tan atraída por Madre Teresa y movida a vivir existencias mejores y más generosas, era porque algo en lo más hondo de nuestro ser reconocía a nuestro Creador en ella, alguna parte de nuestra alma intuía la presencia divina, como Juan Bautista desde el seno materno fue capaz de reconocer la presencia de Jesús en el vientre de su madre y regocijarse (cf. Lucas 1, 44).

¿Pero cómo puede cambiarnos de modo significativo la gracia que recibió Madre Teresa en el tren? No cabe duda de que posee belleza divina, pero meditar sobre la luz que contempló Madre Teresa, ¿confiere algún poder real? La respuesta corta es un rotundo sí.

Según la tradición cristiana, es la *contemplación*, una mirada amorosa de la bondad de Dios, la que desencadena el poder y pone en movimiento el proceso de la transformación divina del alma. Recordemos que la gracia que nos transformará en el reino de los cielos «en un abrir y cerrar de ojos» (1 Corintios 15, 52) se conoce como la *visión beatífica*. Nuestra visión mediante la fe de la luz divina, de los atributos divinos, nos aproxima cada vez más a nuestro encuentro con Dios, y ese contacto, incluso en la fe, el silencio y la oscuridad, posee el poder de cambiar y divinizar.

La clave para nuestra transformación y para ser capaces de tocar y transformar las vidas de quienes nos rodean, estriba en acoger de buena gana la chispa de la «luz y el amor» divinos, como hizo Madre Teresa en el tren, el fuego interior secreto cuyas brasas aprenderemos a «reavivar» (2 Timoteo 1, 6) en los capítulos siguientes.

CAPÍTULO 13

EL ENCUENTRO: BUSCANDO SU ROSTRO

Mi oración por vosotras [es] que podáis experimentar el amor sediento de Jesús por cada una de vosotras.[1]

En la fuerte gracia de Luz y Amor Divinos que Madre recibió durante el viaje en tren a Darjeeling el 10 de septiembre de 1946 es donde empiezan las M. C. [Misioneras de la Caridad]— en las profundidades del infinito anhelo de Dios de amar y de ser amado.[2]

MADRE TERESA

El encuentro

Ya estamos preparados para pasar de examinar las luces de Madre Teresa *acerca de Dios* (segunda parte) a entrar en su *experiencia real de Dios*. Vamos a pasar de la información a la transformación; de contemplar la luz que brillaba en su noche, la luz que revela el amor de Dios y nos arrastra a Él, a encontrar realmente la Fuente de esa luz y amor.

189

Según el propio relato de Madre Teresa, el 10 de septiembre fue sobre todo *un encuentro*. Como me confirmó en la conversación que mantuvimos en el Bronx en 1984, antes de ser un mensaje sobre la sed de Dios por nosotros, el 10 de septiembre fue un *encuentro con el Dios que tiene sed de nosotros*. Su mensaje, siendo esencial, surgió del encuentro y nos reconduce a él. Fundamentalmente, el mensaje de Madre Teresa sirve de invitación para compartir su encuentro.

Aunque nunca podremos reproducir la gracia extraordinaria de su encuentro en el tren (ni Madre Teresa tampoco), su esencia —la belleza, la gracia y el poder de la sed de Dios— siempre nos resulta accesible en la fe, del mismo modo que lo fue para Madre Teresa el resto de sus días, desde el 10 de septiembre hasta su fallecimiento.

Madre Teresa sólo tuvo *una* experiencia extraordinaria sobre la sed divina, un encuentro abrumador. Y debe señalarse que ese encuentro particular *no fue el que la transformó*, aunque la puso en un nuevo camino, provista de una nueva luz y designio. Su encuentro transformador, el que la imbuyó del poder divinizante del amor divino que cambiaría su vida, fue su *encuentro diario vivido en la fe*. A los dos días del fallecimiento de Madre Teresa, el papa Juan Pablo II indicó que la fuente de su fuego interior era su encuentro diario con la sed divina:

Todos los días, antes del amanecer [...]. En el silencio de la contemplación, Madre Teresa de Calcuta escuchaba el eco del grito de Jesús en la cruz: «Tengo sed.»[3]

Como veremos, éste es el mismo encuentro contemplativo, vivido en la fe, al que todos estamos invitados, y si somos fieles a él, obtendremos los mismos resultados transformadores.

Renovando el encuentro

Una vez revisados los efectos del encuentro de Madre Teresa, podemos pasar a explorar los *medios* con los que lo renovó y lo mantuvo vivo, incluso en la noche. Desde allí identificaremos los pasos necesarios para vivir y mantener nuestro propio encuentro, abriéndonos a este misterio que sigue moviendo montañas, sanando heridas y cambiando vidas.

Para Madre Teresa la sed de Dios era más que teoría, más incluso que una buena nueva; era un encuentro personal, cara a cara y cada vez más hondo, con el Dios que nos anhela. Continuó reviviendo su encuentro extraordinario de un modo «ordinario», en la intimidad de la oración diaria. Cada mañana, en la quietud de su alma, *renovaba la gracia recibida en el tren*. Allí recibía, día tras día, mes tras mes y año tras año, al mismo Dios que jamás cesaba de estar sediento de amar y ser amado, sin que importara lo que pasaba fuera de ella ni su oscuridad interior.

Para Madre Teresa todo dependía de ese encuentro. Era la fuente de la gracia y el camino sagrado a la cita con su Dios: «La cosa más importante es que debemos encontrarnos con la sed de Jesús...»[4] Puesto que estaba convencida de que su encuentro no se le había concedido sólo a ella, aseguró repetidas veces a sus hermanas que el mismo Jesús que le había revelado este misterio a ella haría otro tanto con las demás. Pedía a cada una de sus Hermanas que se plantearan esta pregunta:

¿He escuchado a Jesús directamente decirme esta palabra a mí en persona [...]: «Tengo sed», «Quiero tu amor»?[5]

Pero esta gracia no les fue otorgada exclusivamente a sus Hermanas. Se pretendía que fuera compartida por todos, y los pobres y los necesitados iban a ser los primeros en recibirla. Puesto que el nuestro es un Dios de misericordia, los más humildes y los descarriados siempre serán los primeros en recibir sus dones. Los pobres a los que Madre Teresa fue enviada eran los primeros que tenían derecho no sólo a su bondad, sino también a su gracia. Podemos incluirnos en sus filas, pero sólo en la medida en que aceptemos nuestra pobreza bien oculta. Madre Teresa no vaciló nunca en alentarnos a creer y buscar esa misma gracia, en el modo en que Dios nos la concediera:

> Tratad de escuchar ese «Tengo sed, tengo sed». Tratad de escuchar a Jesús en vuestro corazón.[6]

Madre Teresa insistía en que la realidad central de nuestro encuentro sería la misma que la del suyo; lo único que diferiría sería la modalidad. Respetando nuestra singularidad, Dios utilizaría medios diferentes, en momentos distintos, para propiciar el mismo encuentro. El encuentro concedido de manera extraordinaria a Madre Teresa se nos otorgaría a nosotros de otros modos más ordinarios, de la misma forma que el mismo Dios que llegó a Moisés, entre rayos y truenos, llegaría a Elías en el murmullo de una suave brisa (cf. Reyes 19, 12-13). El mismo Dios que llegó primero a Madre Teresa de un modo abrumador para convencerla de la realidad de su mensaje, regresaría más tarde a ella en una oscuridad silenciosa. Él suele llegar a nosotros en la intimidad tranquila de nuestro corazón, en la fe, en una «suave brisa» interior. Pero si tenemos «ojos para ver y oídos para escuchar» (Ezequiel 12, 2), también percibiremos su anhelo en nuestros momentos de silencio interior y seremos transformados.

Acercándonos al encuentro

Para compartir el encuentro de Madre Teresa es preciso que nos abramos lo necesario, que suspendamos el juicio crítico lo suficiente para recibir esta gracia que suavemente toca a nuestra puerta (cf. Apocalipsis 3, 20). Al hacerlo, empezaremos a sentir la sacudida interior, las primeras agitaciones de la «luz y el amor» que sacaron a Madre Teresa tan completamente fuera de sí misma.

Su gracia nos está esperando ya, dispuesta para empezar a obrar su transformación. La semilla de la gracia que resultó tan fructífera en el alma de Madre Teresa puede sembrarse para obtener resultados semejantes en la nuestra. Acaso el sustrato de nuestra alma no sea especial en modo alguno; pero la transformación de Madre Teresa no provino de su sustrato, sino del poder de la semilla. En el reino de la gracia, igual que en la naturaleza, *la misma semilla produce siempre el mismo fruto*. La misma gracia del encuentro vivido en nuestra existencia producirá los mismos frutos de transformación: «El treinta, el sesenta o el ciento por uno» (Marcos 4, 20).

Nuestro encuentro progresivo con el anhelo de Dios de amar y ser amado producirá nueva energía y luz, así como un nuevo entusiasmo para vivir, equipándonos para enfrentarnos a lo que pueda suceder. Nuestra percepción creciente de «la luz y el amor» que experimentó Madre Teresa será como levadura esparcida en todos los aspectos de nuestras vidas, divinizando, revitalizando y liberando nuestra existencia previa.

Capítulo 14

EL FUEGO SECRETO

La oración hace que tu corazón se haga más
grande, hasta que es capaz de contener el don
del mismo Dios.[1]

Madre Teresa

El misterio de la oración

El encuentro extraordinario de Madre Teresa en el tren
y nuestro encuentro ordinario en la vida cotidiana po-
seen en común algo esencial: ambos son *experiencias de
la oración.*

Fue precisamente la práctica de la oración personal la
que permitió a Madre Teresa renovar su encuentro con el
anhelo divino un día tras otro. La oración fue la llama
que reavivó el fuego secreto que portaba en su interior.

El poder del amor divino y la práctica de la oración llegaron a estar tan unidos en la experiencia de Madre Teresa
que pudo referirse a ellos como un misterio, un «secreto»
que explicaba cómo obtenía y lograba todo lo que hacía:

Mi secreto es sencillo... Rezo.[2]

Sabía que todo se mantiene o cae según la profundidad de la oración. Nuestra transformación depende enteramente de Dios y, por consiguiente, de nuestro contacto consciente con Él; así pues, «¿qué puede ser más importante que la oración?».[3]

Fe

Si la oración abre la puerta a nuestro encuentro, la llave que abre esa puerta a la oración es la *fe*, la suma de nuestras convicciones sobre Dios libremente elegidas y aplicadas de forma activa. Pero la fe es más que el contenido total del credo; es sobre todo *el acto* de creer. Es el acto de aferrarse en la noche a un sol invisible y, mediante ese acto sencillo, llevar la plenitud de ese sol a nuestro interior. Como escribe san Pablo, «y que Cristo habite en vuestros corazones por la fe» (Efesios 3, 17). La fe es una virtud; es la fuerza otorgada por Dios más allá de lo humano (*virtud*, del latín *virtus*, que significa «fuerza») que, lo sintamos o no, nos pone en contacto directo e íntimo con el mismo Dios en quien creemos:

La oración es el fruto de la fe. Si tenemos fe, querremos rezar.[4]

La fe es una brújula que indica el norte de manera infalible, iluminando la presencia y la personalidad de Dios, incluso en la noche más oscura:

El amor [es el] fruto de la unión con Dios a través de la fe.[5]

La profunda fe de Madre Teresa tal vez fuera su cualidad más impresionante, más aún que su caridad. Su honda fe poco común podía traspasar toda dificultad, abriendo la puerta para que el poder de Dios pasara a todas las experiencias y acontecimientos y la llevara en todas las cosas ante Aquel a quien su corazón buscaba.

Abundan los ejemplos de la fe inquebrantable e ingenua de Madre Teresa. Un día, una joven novicia llegó a informarla de que no quedaba comida en la despensa de la cocina de las Hermanas en Calcuta. Era media mañana, y en unas horas más de trescientas monjas regresarían desde todos los puntos de la ciudad y no encontrarían nada para comer. Madre Teresa se giró hacia la novicia y dijo: «Hermana, ¿usted se encarga de la cocina?» La hermana replicó: «Sí, Madre.» Con total tranquilidad, Madre Teresa le indicó: «Entonces, vaya a la capilla y cuéntele a Jesús que no tenemos comida.»

Madre Teresa no sintió la necesidad de ir ella misma, convencida de que en su bondad Dios escucharía a esta pequeña novicia igual que a ella. Prosiguió con sus tareas cotidianas de la mañana como si todo estuviera resuelto, sin pensar en ningún momento en levantar el teléfono para efectuar algunas llamadas solicitando ayuda. Entretanto, la novicia se dirigió nerviosa a la capilla, como Madre Teresa le había mandado. Transcurrido cierto tiempo, sonó la campana de la puerta principal y Madre Teresa acudió a abrir. En el umbral había un hombre con una hoja de pedido en la mano. Era un camionero que anunció que las escuelas de la ciudad estaban en huelga y habían mandado a los estudiantes a casa antes de tiempo. A las autoridades de la ciudad les sobraban cientos de bolsas de pan. ¿Podía Madre Teresa aprovecharlas?

Contacto de fe

Al menos en parte, la fortaleza de la fe de Madre Teresa fue el resultado y la concreción de sus convicciones del 10 de septiembre. Sabía que lo que había llegado a comprender sobre Dios ese día nunca cambiaría, ni siquiera cuando los acontecimientos variaran o su cielo interior se ennegreciera. La fe se convirtió en su forma de ver en la oscuridad, de ver una realidad divina omnipresente e inamovible, por mucho que estuviera más allá de la percepción sensible. Su fe vislumbró la gloria del Dios invisible, en los buenos y en los malos tiempos, oculta, pero nunca ausente, bajo cada «angustioso disfraz».

A pesar de los contratiempos e incluso las tragedias, Madre Teresa nunca se asustó, su fe nunca flaqueó ni se apartó de su visión divina en todas las cosas. Y fue así por la elección pura y libre de creerlo, como se sigue creyendo en el sol aun de noche. Una vez, mientras Madre Teresa visitaba a sus Hermanas en Tanzania, el pequeño avión que la transportaba se salió de la pista después de aterrizar y se abalanzó trágicamente contra la multitud. Las hélices mataron a algunos aldeanos que habían acudido a recibirla, así como a dos Hermanas. Madre Teresa sabía que era responsable indirectamente, pero a pesar de su inmenso dolor, a pesar de sentirse abatida por la tragedia involuntaria y afligida por el dolor que la rodeaba, cuando bajó del avión y contempló la angustiosa escena, se limitó a susurrar: «Es la voluntad de Dios.»

Como señala santo Tomás de Aquino, el acto de fe supone algo más que limitarse a creer en lo que no vemos. Como una de las virtudes teologales,* el ejercicio de la fe se convierte en un medio de *contacto directo* e inmediato con Dios. Cada acto de fe pone al alma en contacto con la plenitud del Altísimo. La fe no es sólo la decisión de creer; es el portal por el que nos acercamos y tocamos a Dios, aferrándonos a Él en su integridad y totalidad.

La fe determina las fronteras y el horizonte de nuestra vida espiritual completa. No precisamos más información *sobre* nuestra fe, sino más fe real, más contacto consciente con la fe durante nuestros encuentros cotidianos con Dios en la oración. Las dimensiones de nuestra fe se convierten en las dimensiones exactas, grandes o pequeñas, a través de las que Dios y su amor deben pasar para alcanzarnos. Los dones divinos no son una recompensa por nuestra fe; son más bien la *consecuencia* directa de nuestra fe, el resultado de abrir de par en par el portal de la fe entre nuestra alma y el Todopoderoso.

El divino morador interior

La visión de fe que tuvo Madre Teresa reveló la presencia de Dios no sólo en lo que la rodeaba, sino sobre todo en su interior. Dios no habita en un reino distante e inaccesible; no debemos buscarlo fuera de nosotros, pues mora en lo más profundo de nuestro ser: «Está aquí o allí, porque el reino de Dios está dentro de vosotros» (Lucas 17, 21). Para encontrar a Dios, Madre Teresa nos

* Llamadas *teologales* (del término griego *Theos*, que significa «Dios») porque estas virtudes provocan el contacto directo con el Altísimo.

invitaba a no mirar en otro sitio que no fuera nuestro propio corazón, convencida de que Él y su amor nos aguardan ahí:

Jesús, que estás en mi corazón, creo en tu tierno amor por mí...[6]

Puesto que Dios mora en nuestro interior, la comunión consciente con Él es más que una posibilidad; es nuestro derecho de nacimiento bautismal. Nunca somos más auténticamente humanos, nunca vivimos mejor nuestra dignidad como templos del Todopoderoso, que cuando comulgamos con el Dios de nuestro interior. Esta convicción, esta conciencia de que Dios mora en nuestro interior, es el *punto de partida para la oración* y el primer paso hacia nuestro encuentro con su sed de nosotros (puesto que su presencia en nuestro interior es prueba de su anhelo). En palabras de la gran mística española santa Teresa de Ávila:

Todas nuestras dificultades en la oración pueden seguirse hasta una sola causa: rezar como si Dios estuviera ausente.[7]

Y en palabras de su contemporáneo san Juan de la Cruz:

Porque ni la alta comunicación ni presencia sensible es cierto testimonio de su graciosa presencia; ni la sequedad y carencia de todo eso en el alma lo es de su ausencia en ella; [...]. Oh, pues, alma hermosísima entre todas las criaturas, que tanto deseas saber el lugar donde está tu Amado para buscarle y unirte con Él; ya se te dice que *tú misma* eres el aposento donde Él mora y el retrete y escondrijo donde está escondido.[8]

Sólo amor

Madre Teresa es un ejemplo de la transformación que ocurre cuando alguien vive plenamente abierto al amor divino. Una vez que un amor de esta magnitud entra en nuestra vida, nos permite irradiar ese amor por todas partes, superar nuestra debilidad humana y llevar consuelo y sanación a los demás. Como la fuente de este amor divino no está fuera de nosotros, nuestra transformación comienza *yendo al interior*, entrando en la presencia del amor radiante de Dios, «cerrando la puerta» para rezar a nuestro Dios en secreto (cf. Mateo 6,6).

> La presencia de Dios está en nuestro interior, reventando de energía y vida creativas. Si fuéramos capaces de conectar con esta fuente interna de amor no creado, cambiaría radicalmente nuestra personalidad completa.[9]

No podemos cambiarnos a nosotros mismos, por mucho y muy duro que lo intentemos. El amor nos cambia. Sólo podemos ser *amados* en una vida nueva y con mayor fuerza por Aquel que es amor. La fuente de todo amor, fuente de toda la bondad que vimos en Madre Teresa, habita dentro de cada uno de nosotros. Si fuéramos capaces de interrumpir nuestras vidas apresuradas y dedicar el tiempo necesario a profundizar en nuestro interior, poco a poco nos sentiríamos atrapados por esta marea de amor divinizador, transformador.[10] Pero este proceso sólo se iniciará mediante la oración. Únicamente en la oración accedemos al amor ilimitado de Dios, que desencadena sus efectos transformadores en nuestras vidas.

Este proceso transformador empieza en los recovecos más recónditos del alma y avanza hacia fuera para abarcar pensamientos, emociones, actividades y al ser completo.

El hecho de que la transformación de Madre Teresa se produjera a través de la oración quedó confirmado en sus propias palabras: «Mi secreto es sencillo—rezo.»[11] Mientras Madre Teresa vivía, era muy habitual verla en la casa madre sentada en el suelo, en el fondo de la capilla, sola y absorta en Dios. Estaba allí para renovar su encuentro con la sed divina, algo que no sólo hacía a diario, sino durante toda su jornada, mediante esta sencilla práctica de oración interior.

Nadie puede experimentar ser amado del modo que lo hizo Madre Teresa en el tren, o del modo que ella amaba al prójimo, y continuar siendo la misma persona. Pero fue así en su caso porque primero lo fue en el del mismo Jesús. Lo que se convirtió en el fuego interior secreto de Madre Teresa fue primero el secreto de Jesús de Nazaret, quien, según nos cuentan los Evangelios, pasó noches enteras en oración con el Padre, la fuente suprema de todo amor:

El Evangelio [...] nos muestra una y otra vez los efectos del Amor ilimitado cuando invade de forma progresiva una naturaleza humana, la naturaleza humana de Jesús [...]. Ningún hombre había experimentado nunca tal calado o intensidad de amor antes; ni había estado tan absolutamente seguro de su presencia continua y duradera. Seguir [a Jesús] no significa que debamos limitarnos a imitar la manifestación externa de la luz interior que ardía en Él; significa que debemos exponernos a esa mismísima luz que puede prender también en nosotros.[12]

Propósito: *tocar el borde de Su túnica*

Ningún contacto ocasional con Dios puede cambiar-nos. Ningún contacto rutinario con Dios puede igualar la eficacia del más breve de los momentos de oración col-mada de fe. Recordemos el relato evangélico de la mujer que sufría hemorragias (cf. Lucas 8, 42-48). Mientras Je-sús caminaba, la muchedumbre lo zarandeaba de un lado para otro, miles de personas tocaban la fuente de la Vida, pero sin efecto alguno. Una mujer de la multitud alargó el brazo y apenas consiguió tocar el borde de su manto, pero con profunda fe, y al instante quedó sanada. Jesús se volvió de inmediato y dijo: «¿Quién me ha toca-do?» (Lucas 8, 45). No preguntaba quién le había tocado físicamente, sino quién le había tocado *con fe*, pues con ese simple roce Jesús *había sentido que salía poder de Él* (Lucas 8, 46).

Ese mismo poder también se comunica hoy, esa mis-ma energía divina «sale de Él» siempre que es tocado con fe. Jesús quería que esa mujer supiera que la razón por la que se había curado no era que se lo mereciera más que los demás, sino que era sólo el resultado de su fe, porque al rozar el borde de su túnica había tocado su divinidad con el alma.

Hay una clave sencilla para que la oración resulte pro-vechosa. Se debe primero dedicar un tiempo a *tocar a Dios en la fe* antes de ocuparnos en la oración, hallarnos en un estado de contacto con Él antes de «recitar» las oraciones. Expresado llanamente, se trata de orar antes de rezar.

Esta práctica sencilla puede cambiar nuestra experien-cia de la oración. Aunque parezca que se trata de un ajuste pequeño, nos abre a una realidad tan grande y poderosa como el mismo Dios. Sin una fe consciente, nuestra oración no constituye un contacto verdadero, no es en absoluto una oración, sino simple meditación. La transformación es un don gratuito de Dios, pero es nuestro acto libre de contacto en la fe el único que hace posible dicho don. Seguiremos enfrentándonos a luchas y distracciones, pero al menos seremos capaces de tocar el borde de su túnica, aunque sea brevemente, todos los días de nuestra vida.

El misterio de la gracia

Madre Teresa sabía que su encuentro diario en la oración era un don de Dios. No era fruto de sus esfuerzos ni una recompensa por su servicio a los pobres. Era y es gracia pura:

> La cosa más importante es que debemos encontrarnos con la Sed de Jesús, pero el encuentro con la Sed de Jesús es una gracia.[13]

Nuestra fuente de transformación no es una energía cósmica carente de nombre que se puede aprovechar a voluntad, ni tampoco «el universo» (como sugeriría la literatura popular poscristiana). Es *el amor dinámico de un Dios personal*. Así pues, su concesión no es algo mecánico o automático, como sacar un producto de una máquina expendedora, sino que sólo se otorga en un estado de *relación* con Él. Puesto que Dios es amor, es más que una fuerza anónima cuyos principios, una vez descubiertos, se pueden doblegar a nuestra voluntad, o usarse sencillamente para «manifestar» nuestros deseos: Dios es una *Persona* infinita, eterna y autónoma.

El don del amor divino es fruto de una decisión libre y personal; no puede ser obligatorio ni manipulado, sino sólo solicitado, anhelado y esperado en la oración. Puesto que, como Madre Teresa insiste, este encuentro «es una gracia», sólo puede recibirse, no ganarse, y mucho menos alcanzarse, mediante nuestro artificio o esfuerzos. Recibirla, imitar el encuentro de Madre Teresa, no requiere más que una cosa: *espíritu de humildad* cuando entramos en oración para encontrarnos con el Señor, aceptación de nuestra pobreza y vacuidad. Dios siempre tornará todo esto en nuestro favor, haciendo de nuestra pobreza ineludible el terreno bendecido, el espacio sagrado en el que derramar su amor, sus dones y su mismo Ser:

Ama la oración, siente a menudo durante el día la necesidad de rezar y preocúpate de rezar. Si quieres rezar mejor, debes rezar más. La oración agranda el corazón hasta que es capaz de contener el don del mismo Dios. Implora y busca, y tu corazón crecerá lo necesario para recibirlo a Él y guardarlo como tuyo.[14]

Capítulo 15

ATRAÍDOS HACIA LA LUZ

Él nos ha creado para amar y ser amados, y éste
es el principio de la oración—saber que Él me
ama, que he sido creada para cosas más
grandes.[1]

Madre Teresa

La genialidad del símbolo de la sed divina, brindado a
Madre Teresa en el tren, radica en su habilidad para
ocupar la mente y el corazón, la totalidad del hombre.
Debido a dicha habilidad, el mensaje de Madre Teresa
arrastra al alma hacia Dios por su propia belleza. Así lo
señaló el profeta Jeremías, en palabras que podría haber
hecho suyas Madre Teresa: «Tú me has seducido, Señor,
y yo me he dejado seducir» (Jeremías 20, 7). Una vez que
nos hemos encontrado con el Dios vivo y hemos sido
atraídos por su bondad (descrita en la segunda parte de
este libro), nos hallamos cada vez más *atraídos a la oración*. Lo que antes era un simple deber, ahora se convierte en un placer.

«*Enséñanos a orar*»

Jesús introdujo a sus discípulos en la oración mediante el ejemplo y la atracción, así como mediante la enseñanza. Él, que se había sentido atraído por la belleza y la bondad del Padre desde toda la eternidad, comunicó a los discípulos esa misma *experiencia de ser arrastrado*. Al despertarse en la casa de Pedro, los apóstoles descubrieron que Jesús se había escabullido durante la noche para dirigirse a la montaña y rezar (Lucas 6, 12). Por la mañana lo encontrarían todavía allí, recogido en oración, envuelto en la presencia del Padre. Esto los impresionó tanto que en una de esas ocasiones le imploraron: «Señor, enséñanos a orar» (Lucas 11, 1).

Al igual que su Señor, Madre Teresa enseñó a rezar tanto mediante la atracción como mediante la exhortación. Una atmósfera de oración la envolvía dondequiera que estuviera, incluso fuera de los momentos formales de plegaria. La presencia palpable de Dios era tan pronunciada a su alrededor y se dirigía a Él con tanta naturalidad, que incluso en medio de una multitud era como si se hallara sola en la capilla. Deseaba que sus seguidores adquirieran también esa facilidad y gusto por el rezo, invitándolos a buscar grados más profundos de oración incluso en medio de sus exigentes servicios a los pobres, para convertirlos en «contemplativos en el corazón del mundo».[2]

La misma Madre Teresa había llegado a ser una oración viva, y la gente se sentía instintivamente encantada de rezar en su presencia. Contemplativa por naturaleza y siempre sensible a la presencia de Dios, se hallaba en estado constante de devoción y contacto con Él. A pesar de las luchas que le causaba su oscuridad, observarla en oración era presenciar un alma entregada, un alma en reposo, un alma enamorada, envuelta en Dios.

Todas las mañanas y todas las tardes, personas de todas las confesiones o de ninguna se apiñaban en la capilla de las Misioneras de la Caridad en Calcuta, con el único objetivo de rezar con Madre Teresa. La reverencia de su espíritu evocaba un anhelo en los demás, un recuerdo de contacto con Dios olvidado desde hacía mucho tiempo y un hambre de divinidad que los arrastraba a unirse a ella en el viaje de la oración. La quietud, el aroma del incienso en el aire cálido, las cuentas del rosario pasando silenciosamente entre sus dedos, viéndola dedicar tanto de sí misma a la comunión con Dios, todo ello evocaba en los que la rodeaban una atmósfera de veneración y un deseo creciente de rezar.

Como Madre Teresa vivía su existencia en estado de oración, quienes se le acercaban no sólo experimentaban su bondad, sino la bondad y la presencia de Dios a través de ella. Una joven profesional que había estado apartada de la fe durante muchos años llegó a nuestra comunidad de Tijuana para encontrarse con Madre Teresa por primera vez. Había esperado ver a una ganadora del Premio Nobel, pero en su lugar le sorprendió hallarse de improviso en la presencia de Dios. Reflexionando sobre su experiencia, escribió:

Me di cuenta de que cuando la conocí, lo vi a Él. Eso me cambió para siempre. Vi en ella lo que yo podría ser, un lugar en la Creación donde Dios vive libremente, libre de moverse y expresar su Ser. Ella hizo ese lugar para Dios dentro de sí y lo puso de manifiesto para los demás. Ella nos mostró lo que podríamos llegar a ser. Cuando ella hablaba, las personas se quedaban tranquilas. Llegaban angustiadas y curiosas, sufriendo y agotadas, y se calmaban en su presencia piadosa. Veían a Dios en Madre Teresa, y Madre Teresa veía a Dios en ellas.

Muchas son las personas de todo el mundo a las que Madre Teresa ha dirigido, tanto en vida como después de su muerte, al umbral de la intimidad con Dios y a una nueva vida: «Cuando la conocí, lo vi a Él. Eso me cambió para siempre.» Madre Teresa estaba convencida de que la oración era algo sencillo, de acceso fácil, vivificante y que nos transformaba como ningún otro esfuerzo de autosuperación podía lograr. En su experiencia, el único requisito para alcanzar el éxito en la oración era dedicar el tiempo preciso, dedicar más tiempo, a rezar realmente. Así como se aprende a nadar o a montar en bicicleta, haciéndolo mediante la práctica más que mediante el estudio, ocurre lo mismo con la oración:

Si quieres rezar mejor, debes rezar más.[3]

El misterio de Madre Teresa no es más que el misterio de la capacidad que nos ha otorgado Dios para acceder a las profundidades de la divinidad, para llegar a un cara a cara con Dios, sólo con entrar en lo más recóndito de nuestra alma. Es allí donde descubrimos la luz que Madre Teresa contempló en el tren y la seguimos en el abrazo divino, pues cada vez que entramos en oración, «sus manos se extienden para abrazarnos; su corazón está abierto de par en par para recibirnos».[4]

El «silencio del corazón»

Madre Teresa no enseñó un método particular de oración. Aunque alentó mucho a sus Hermanas, nunca practicó ni recomendó una técnica específica. ¿Cómo rezaba ella? Puede deducirse de la observación cuando lo hacía y de los temas recurrentes que trataba en sus charlas sobre la oración:

> Necesitamos encontrar a Dios y Él no puede ser encontrado en el ruido ni en el desasosiego. Mirad cómo en la naturaleza los árboles, las flores, la hierba, crecen en perfecto silencio; mirad las estrellas, la luna y el sol, cómo se mueven en silencio...[5]

Dos temas sobresalen en su enseñanza y se reflejaron en su ejemplo: *rezar con el corazón y en silencio interior*. A quienes acudían a rezar con ella les impresionaba el comportamiento de Madre Teresa en oración, sobre todo la quietud profunda de su espíritu y la profundidad evidente de su oración. Esta profundidad y quietud interiores se hallaban en el núcleo de sus enseñanzas: «En el silencio del corazón, Dios habla.»[6] Ésta se convirtió en su fórmula para la oración, una fórmula que examinaremos en sus dos componentes, la oración del *corazón* y el *silencio* interno, que juntos producen la quietud profunda e interior en la que Dios puede comunicarse y entregarse al alma.

La oración del corazón

Examinemos primero *la oración con el corazón*. Para Madre Teresa, rezar, y en realidad toda la vida, era un asunto del corazón. Referencias al corazón de Dios y del hombre aparecen a lo largo de sus cartas y charlas, sobre todo cuando describe la naturaleza de Dios y nuestra relación con Él.

Puesto que Dios es amor, el camino hacia Él es el del amor, el camino del corazón, no en el sentido de la emoción, sino de la profundidad del amor que surge del centro de nuestro ser. La relación consciente con Dios en la oración se convierte en esencia en una *restitución de amor* y, por tanto, en un ejercicio del corazón.

El uso del término *corazón* que hace Madre Teresa, más allá de significar el reino de lo afectivo, señala a su sentido bíblico más amplio. Como el corazón simboliza lo más profundo de la persona humana, la oración verdadera, como ejercicio del hombre interior, tiene lugar en el corazón. En la Biblia el corazón representa nuestro templo interior, la sede de la interioridad e intimidad humanas, el terreno propio del espíritu y, por tanto, el lugar de nuestro encuentro con Dios.

Orar profundamente

Si queremos seguir el ejemplo de Madre Teresa de rezar con el corazón y ponernos en silencio ante el Dios que tiene sed de amarnos, es preciso comprender primero lo que entiende la tradición cristiana por oración del corazón.

Rezar «con el corazón» hace referencia ante todo a la profundidad de la oración. Rezar *desde el nivel del corazón* requiere el esfuerzo de traspasar la superficie de nuestra conciencia, donde pasamos la mayor parte de nuestras vidas conscientes, para encontrar al Dios que habita en nuestro interior, en el centro de nuestro ser.

En su obra clásica *Castillo interior* o *Las moradas*, santa Teresa de Ávila describe el peregrinaje del alma a sus profundidades, al santuario interior donde reside Dios, como un rey dentro de su castillo, con fieras y forajidos, así como todo tipo de distracciones que habitan los anillos exteriores del alma en la superficie. El peregrinaje de la vida y el camino diario de la oración suponen dejar atrás las distracciones que deambulan por la superficie y después buscar nuestras profundidades, donde sólo se puede encontrar y experimentar a Dios y su amor.

Nuestra primera tarea es aprender a *traspasar la superficie* en la oración para «encontrar el lugar del corazón», como los padres orientales de la Iglesia recomendaban. Al entrar en oración, «entramos como somos», lo que quiere decir que entramos manteniendo el centro de nuestra conciencia en el nivel de la *cabeza*. Así es como debe ser; tenemos que estar centrados en las facultades de la cabeza, en las vistas y sonidos que nos rodean, para relacionarnos con el mundo. Pero esta actividad autorreflexiva es de escaso uso en la oración, donde nuestra meta pasa a ser precisamente la contraria.

Desde que huimos del paraíso, una parte de nosotros sigue guardando una honda nostalgia de Dios, mientras que la otra sigue alejándose de Él. Una especie de fuerza centrífuga nos impulsa lejos de nuestro centro, aun cuando nos proponemos buscar a Dios. Como hijos de Adán y Eva, el pecado original nos ha hecho huir del lugar vacío interior, donde Dios nos aguarda con la sanación y la salvación para nosotros, pronunciando dulcemente nuestro nombre.

En la superficie del alma, donde podemos distraernos con mayor facilidad, no sólo habita *el olvido de Dios* (que los primeros padres consideraban la raíz de todo pecado), sino también la conmoción de nuestro egoísmo, recelo, ira y todo lo que nos mueve a resistirnos a Él. El Señor tiene que volver a llamarnos, como a Adán, para invitarnos a emprender este peregrinaje de regreso a nuestras profundidades. Pero aun cuando lo evitemos, Él está ahí, en nuestro centro, esperando derramarse en amor.

Buscamos que algo o alguien sacie nuestra sed interior para llenar el vacío que Dios creó como lugar sagrado para sí, un hueco lo bastante grande que sólo Él puede llenar, pero no encontramos nada. O, más bien, encontramos demasiadas cosas que no nos satisfacen ni nos llenan, sino que sólo nos estimulan y distraen. Mientras tanto, en las profundidades, nuestra «alma tiene sed de Dios, del Dios vivo» (Salmos 42, 2), aun cuando montemos nuestra tienda en la superficie, agonizando de sed.

Pero Dios ya ha preparado un banquete para nosotros, ya ha dispuesto un manantial interior para sostenernos a lo largo de esta vida y llevarnos a la otra. «Pero el que beba del agua que yo le dé [...] se convertirá en el manantial que salta hasta la vida eterna» (Juan 4, 14). O en las sublimes palabras de san Ignacio de Antioquía: «Hay un agua viva en mi interior diciendo: "Ven al Padre."»

Yendo hacia dentro

Toda oración profunda se sustenta en el *silencio interior*. Por su misma naturaleza, la oración silenciosa llega más hondo, nos lleva más allá de la petición, de la alabanza, de nuestra propia actividad, hasta la comunión profunda y sin palabras en la que Jesús descansaba su alma cada noche. Permanecemos en silencio y ante Dios, cuya iniciativa divina es primordial en la oración, al igual que en la vida. Ante Él no somos más que mendigos, temblando ante su palabra, una palabra que puede recrear nuestra alma, como creó los cielos. El secreto es el silencio:

El primer medio que debe usarse es el silencio. Las almas en oración son almas de gran silencio. No podemos ponernos directamente en la presencia de Dios si no practicamos el silencio interior y exterior.[7]

Sumirse en oración profunda se parece mucho a bucear en busca de perlas. Un buceador requiere un esfuerzo mínimo para superar su flotabilidad natural, para llegar a las profundidades donde se encuentra el tesoro, y quedarse allí por largo tiempo. También en la oración actúa una especie de flotabilidad natural, que nos arrastra de nuevo a la superficie. Al igual que el buceador, necesitamos un esfuerzo sencillo y constante para mantenernos en las profundidades, donde todo es quietud y paz en la presencia de Dios.

Una tormenta de pensamientos y distracciones puede sucederse encima de nosotros, pero mientras proporcionemos ese mínimo movimiento interno que nos permite permanecer abajo, la tormenta no nos tocará; no afectará ni interrumpirá nuestra oración. Cuando experimentamos turbulencias, cuando nos encontramos acosados por pensamientos, es señal de que hemos regresado imperceptiblemente a la superficie. No necesitamos más que ese pequeño esfuerzo una vez más para volver abajo, como el pequeño impulso de las aletas del buceador, y de nuevo nos hallamos en paz en un Edén interior. Lo que esto significa para la oración y nuestra perenne batalla con las distracciones es que los pensamientos y las distracciones *ya no son un obstáculo*, nos limitamos a permanecer debajo de ellos, buscando constantemente ese «lugar del corazón» más profundo.

Como todos sabemos por experiencia, *la oración superficial no puede satisfacernos* ni satisfacer al Dios que tiene sed de nosotros. En realidad, limitarnos a la oración superficial, a la oración que no va más hondo que la mente, conduce de forma inevitable a la aridez interior y a menudo al abandono total de la oración. Como se obtiene poco de ella, cada vez invertimos menos.

Aunque nuestra transformación comienza con la mente, al meditar con fe sobre la luz divina, es el *corazón* la sede verdadera del cambio. Es el corazón el que se abre al amor divino señalado por la fe en el encuentro de la oración profunda. Por más que el contenido de nuestros pensamientos sea de vital importancia (como hemos visto al estudiar las convicciones de fe de Madre Teresa) y actúe como una brújula en la búsqueda de Dios del corazón, *una vez que comienza la oración más profunda, más contemplativa, los pensamientos han terminado su trabajo* y ya no son de ayuda.

Los pensamientos e imágenes en la oración son como los postes indicadores de la carretera que señalan el destino: a pesar de ser útiles, pueden convertirse en sustitutos e ídolos si se tratan como la meta. Por muy bellos y útiles que resulten, las tarjetas y las señales que anuncian Roma *no son Roma*; y detener nuestro viaje, quedar cautivados en su admiración y no avanzar más, no nos acerca a la meta. Como insiste san Juan de la Cruz, por devotos que sean, «nuestros pensamientos acerca de Dios no son Dios». Dios habita más allá de ellos y debajo de ellos, en el centro del alma. Por esta razón, Madre Teresa invitaba a sus Hermanas a «esforzarse en vivir solas con Jesús en el santuario de lo más profundo de nuestro corazón».[8]

Necesitamos crear nuestra propia ermita interior, un lugar sagrado donde nada ni nadie más que Dios pueda entrar, donde Dios habite solo, «frente a frente» con el alma. Éste es el motivo subyacente en la enseñanza de Jesús: «Tú, cuando reces, entra en tu habitación, cierra la puerta y reza a tu Padre [...] en lo secreto» (Mateo 6, 6).

Encontrar el «lugar del corazón» se basa en la práctica de establecer un contacto en la fe con Dios al inicio de la oración. Antes de entrar en oración, debemos dedicar un breve instante a establecer contacto consciente y deliberado no con un Dios oculto arriba entre nubes, ni flotando en las cavilaciones de la mente, sino con el Dios vivo que mora en las profundidades de nuestra alma.

Una vez que hemos dado este primer paso y establecido de forma consciente contacto con Dios, no hay más que empezar a *trasladar la atención de nuestra conciencia* de la superficie hacia el centro del alma. Cambiamos nuestra atención del plano de la cabeza al plano del corazón. No tiene nada de difícil ni misterioso. Aunque el «corazón» al que se hace referencia aquí no es el corazón físico en sí, existe una conexión tan íntima establecida por Dios entre alma y cuerpo que al cambiar nuestra atención al interior, a un plano que corresponde a la zona del corazón, nos encontramos avanzando también hacia un plano más profundo del alma.

Sosegar el corazón

¿Qué hacemos una vez que hemos centrado nuestra atención hacia el interior? Entonces nuestro encuentro empieza en serio, atraídos por el poder del «infinito anhelo de Dios de amar y ser amado». Ahí es donde comenzamos a ver que las convicciones de fe de Madre Teresa se hacen «carne» en nuestra propia experiencia; éste es el terreno interior en el que las semillas de la fe fructifican en oración profunda.

A diferencia de la iluminación de Madre Teresa, que se produjo en un instante en el tren, su *transformación* se llevó a cabo a lo largo del tiempo, en oración profunda e incluso en la «oscuridad» de la fe desnuda.

Pero aunque este tipo de contacto profundo no se basa en sentimientos, ello no significa que no haya nada que experimentar. Muy al contrario.

Del mismo modo que las personas con deficiencia visual desarrollan al máximo sus restantes sentidos, cuanto más tiempo pasemos en este plano más profundo en la fe, más allá de nuestros sentidos externos, más desarrollaremos nuestros sentidos *espirituales* internos. Cuando seguimos el camino de Madre Teresa, nuestra experiencia de la oración no es de tedio o «insignificancia», sino de una plenitud oscura que nos baña en amor y nos bendice más allá de todo lo que hemos conocido o podríamos conocer con nuestros sentidos corporales.

Bajo nuestra conciencia externa, en la noche silenciosa y tranquila, sólo con indicios del tacto profundo y suave de Dios, algo está ocurriendo. «Mediante la oración profunda, el poder inspirador y sanador requerido para una vida diaria positiva puede descubrirse en las profundidades del alma, donde reside Dios.»[9] Podemos detectar su presencia, su actividad y su infusión de amor incluso sin nuestros sentidos. Esto es enteramente real y se convierte en algo de lo que estamos más seguros que del sol en el cielo de mediodía; y sin embargo, no podemos describirlo ni controlarlo. Pero está siempre ahí, a nuestra disposición:

> ¡Oh, todos los que estáis sedientos,
> id por agua,
> aunque no tengáis dinero!
> Venid [...].
>
> ISAÍAS 55, 1

Salimos de este tipo de oración profunda con todo nuestro ser sosegado y en paz, sabiendo más allá de toda duda que hemos estado con Dios y que nos ha tocado en nuestro ser más íntimo.

Esta oración es fundamentalmente trabajo de Dios, obra de Dios. Mientras que el Verbo Encarnado «expresa» su amor dentro del alma, nuestro papel, nuestra respuesta son un silencio y quietud interiores amorosos y atentos, centrados en Dios, pero sin interferir con su tarea sublime. En este plano, el silencio no se limita al pensamiento y la memoria, sino que también corresponde a la voluntad y al ser completo:

> Silencio del corazón, no sólo de la boca—que también es necesario—pero más que silencio de la mente, silencio de los ojos, silencio del tacto. Entonces puedes escucharlo a Él en todas partes: en la puerta que se cierra, en la persona que te necesita, en los pájaros que cantan, en las flores, en los animales—ese silencio que es admiración y alabanza. ¿Por qué? Porque Dios está en todas partes y puedes verlo y escucharlo. Ese cuervo está alabando a Dios. Puedo escuchar bien su sonido [...]. Podemos verlo y escucharlo a Él en ese cuervo, y rezar [...].[10]

Mediante la práctica de mantenernos abiertos en silencio ante la presencia de Dios en lo más profundo, resistiéndonos a los impulsos de la curiosidad y los apetitos del egoísmo y la obstinación, estamos devolviendo continuamente a Dios las riendas del control durante la oración. Una vez que nos centramos en el Dios que mora en nuestro interior más íntimo, buscamos dar nuestro «sí» como la Virgen María ante el ángel, consintiendo de manera consciente a la obra de la gracia divina y a la inundación de su amor. No basta con colocarnos en presencia de Dios por la fe; necesitamos *consentir* activamente su obra de amor en el alma y proseguir renovando ese consentimiento siempre que nos encontremos distraídos, siempre que dirijamos nuestro deseo hacia los pensamientos que van y vienen por la superficie.

La meta no es suprimir los pensamientos durante la oración, sino no prestarles atención, dejar que vengan y se vayan, y *preferir a Dios*, elegirlo de nuevo dondequiera que deambulemos. Nuestro objetivo no es una mente vacía obligatoria, ni un silencio interior porque sí, sino por la voz divina y por la plenitud divina, para estar «llenos con toda la plenitud de Dios» (Efesios 3, 19). Aunque la atención, la conciencia y el esmero son importantes en la oración cristiana, constituyen un medio y no un fin. La primacía absoluta del amor en la vida cristiana (puesto que Dios es amor) —a diferencia de nuestros hermanos budistas, cuyo foco es el esmero— significa que la atención que practicamos en la oración cristiana sea en aras de la *intención*, del amor, de la comunión con el Dios del Amor.

Así pues, el objetivo de la oración cristiana no es vaciar la mente, sino vaciar el corazón de todo lo que no sea Dios.

Consentimiento

¿Qué forma asume nuestro consentimiento a la acción de Dios? Observemos algunas imágenes sencillas, tomadas de las vidas de los santos, imágenes que ayudan a describir y practicar el consentimiento interior en la oración. Aunque no son de Madre Teresa, ayudan a aclarar e ilustrar su planteamiento de la oración.

La primera corresponde a la vida de santa Margarita María Alacoque.* Durante un período de dificultad en la

* Santa Margarita María Alacoque (1647-1690) perteneció a la

oración, escuchó a Jesús decir en su interior: «Abre tu alma ante mí como un lienzo vacío ante el pintor y mantente ahí mientras trazo mi imagen en tu alma.» La analogía del lienzo señala la importancia de ser *receptivo* ante Dios y nos recuerda que su obra divinizadora ocurre cuando estamos lo suficientemente calmados y deseosos para permitirla. San Juan de la Cruz describe esta actitud como «amorosa atención a Dios» y a su obra de amor en el alma.

Encontramos otro ejemplo en la gran mística florentina santa María Magdalena de Pazzi.* Un día, una de las novicias carmelitas acudió a quejarse de sus forcejeos durante la oración. Esta famosa guía de la vida espiritual, consultada por eclesiásticos de toda Europa, respondió con su sabiduría realista. «Durante la próxima semana —le aconsejó— en lugar de pasar el tiempo de oración en tu celda, ve al jardín y *aprende de las flores cómo rezar.*» Del mismo modo que las flores giran sus pétalos hacia el sol en receptividad silenciosa, sin que importe la temperatura o la hora, a pesar del viento o de la lluvia, esté nublado o despejado, así también el alma en oración debe girarse receptiva hacia el sol divino, paciente, pacífica y perseverantemente, pero sin tensión y sin agitación. «Aprende de las flores...»

En la oración sólo tenemos que descender al plano del corazón y abrir las grandes puertas de bronce de nuestro templo interior para recibir al Señor y mantenerlas abiertas para volver cuando sentimos la tentación de vagar. Él hace todo el resto. Esta sencilla práctica a

---

Orden de la Visitación y fue apóstol de la devoción al Corazón de Jesús.

* Santa María Magdalena de Pazzi (1566-1607) fue maestra de novicias del convento carmelita de Florencia.

veces puede resultar difícil (cuando se ve acosada por la aridez o la distracción), pero siempre es fácil, accesible a todos y muy satisfactoria; cuenta con la sencillez precisa para admitir al recién llegado, pero con la profundidad necesaria para cautivar al experto. Ésta es la simplicidad absoluta y la fuerza profunda del encuentro comunicado a Madre Teresa «en el silencio del corazón», que ella debía compartir con los pobres y los necesitados, entre los que Dios nos cuenta a todos nosotros.

Morando en el encuentro

Siempre que percibamos que nos estamos distrayendo, debemos retornar nuestra conciencia a la presencia de Dios en las profundidades, a *su* actividad (más que a la nuestra) en el alma. Incluso el acto de observarnos mientras oramos, de preguntarnos «cómo lo estamos haciendo» y comentar nuestro progreso, nos devuelve a la superficie.

Cuando tales distracciones ocurren, existen diversos modos de retornar nuestra atención a Dios y restablecernos en ese plano más profundo. El primero y más sencillo consiste en *proponérselo*, puesto que el poder de la intención reenfoca de inmediato nuestra atención sobre Dios.

Para algunas personas, recordar una imagen que representa nuestra postura de oración deseada sirve de ayuda, como la imagen del lienzo vacío que se mantiene abierta al trazo del Señor, o la imagen de las puertas interiores abiertas como bienvenida.

Otro medio de volver a concentrar el alma, extraído de los primeros padres del desierto, es repetir interiormente una *palabra de una oración* que represente nuestro deseo de Dios cada vez que sintamos el tirón de pensamientos o distracciones. Una vez que ha cumplido su objetivo de concentrar el alma en la presencia de Dios, en su actividad en las profundidades, la abandonamos y volvemos a descansar en Él. Esta práctica se ha utilizado y popularizado bajo formas diferentes y, aunque Madre Teresa nunca enseñó un método específico, sí inició en la práctica de emplear frases cortas para centrar el alma en Dios.

Este tipo de oración más profunda se convirtió en el medio cotidiano de Madre Teresa para encontrarse con el anhelo divino, para renovar y mantener viva la gracia que había recibido en el tren. Sin embargo, su planteamiento de la oración no se basaba sólo en la gracia de septiembre, sino también en las raíces milenarias de toda oración cristiana. En su esencia, se diera cuenta de ello o no Madre Teresa, *toda oración* es el encuentro del alma con el anhelo de Dios. En las palabras del *Catecismo de la Iglesia católica*:

Nuestra oración [...] es una respuesta [...] de amor a la sed del Hijo Único de Dios.[11]

La oración, sepámoslo o no, es el encuentro de la sed de Dios y la sed del hombre.[12]

La oración no es sólo nuestra respuesta a la sed de Dios, sino la expresión de la propia sed que siente el alma por Dios, un encuentro, como declara el *Catecismo*, entre nuestra sed y la de Dios. El alma asume una actitud receptiva, consintiente y deseosa, aseverando su «sí» al Dios interior que, en su humildad ilimitada, *solicita constantemente nuestro permiso* para abrazarnos, para colmarnos de Sí mismo. El alma en oración dice en respuesta al Dios que tiene sed de amar y ser amado: «Ven, Señor Jesús. Tómame a mí y a mi amor; ámame, lléname, cámbiame.»

Es la voz silente del lienzo ante el pintor, la voz de la flor ante el sol, la voz del amado ante el Dios que ama.

Esta sencilla práctica de encontrar las profundidades, de abrirnos en consentimiento receptivo y de renovar nuestra intención cuando nos distraemos, nos devuelve de manera infalible a Dios cuando divagamos, orientando nuestra brújula interior hacia la presencia de Dios mientras dura nuestra oración y en la tarea de vivir que viene, recién ungida, después de nuestra oración y más adelante.

Recapitulación

En este plano más profundo, no existe oración buena y oración mala; sólo oración. Por muy a menudo que necesitemos volver a concentrarnos durante un período de oración particular, lo que obtenemos es inconmensurable. En realidad, cuanto más nos asalten los pensamientos, más oportunidad se nos otorga de elegir a Dios sobre todas las cosas (representadas en nuestros pensamientos); más oportunidad tenemos para preferir a Dios ante todo lo demás y para centrar libremente nuestra sed interior en Él, lo que constituye la esencia de la oración.

Aprender a habitar nuestras profundidades en la oración y a reenfocar allí nuestra conciencia cuando surja la necesidad, acaba siendo bastante fácil, descansado y eminentemente deseable sólo con un mínimo de práctica. Con el tiempo, todo el proceso se convierte en una segunda naturaleza, como una cámara dispuesta en autoenfoque, que sólo necesita un ligerísimo toque para que el objetivo vuelva al encuadre. Estas profundidades serenas en las que mora Dios se convierten en nuestro entorno interior habitual, donde nos encontramos no sólo en oración, sino cada vez más, como Madre Teresa, incluso en medio de la vida diaria.

Empezamos a forjar un canal interno, un pasadizo entre la superficie y las profundidades de nuestra alma, de modo que incluso nuestra existencia superficial en el mundo cotidiano mantiene sus raíces bañadas y nutridas por la divinidad interior. Siempre que disponemos de un momento para la oración, tan breve como encontrarnos un semáforo en rojo de camino a casa, esas grandes puertas de bronce del castillo interior que otrora crujían y se resistían a abrirse, ahora ceden al más ligero toque, bien engrasadas por la práctica de la oración más profunda.

Los efectos en la vida de esta sencilla disciplina son profundos, como prueba el legado de Madre Teresa. La luz y la paz divinas comienzan a ocupar más nuestros días. Las cosas que antes nos molestaban, llenándonos de ira o preocupación, ahora pasan sin que apenas las percibamos. La impaciencia y el resentimiento comienzan a desaparecer. El mismo Dios se convierte en el compañero de nuestros días y noches, el centro verdadero y consciente de nuestra existencia. Como Madre Teresa nos invita a creer:

En el silencio encontraremos nueva energía y verdadera unidad. La energía de Dios será nuestra para hacer bien todas las cosas. La unidad de nuestros pensamientos con Sus pensamientos, la unidad de nuestras oraciones con Sus oraciones; la unidad de nuestras acciones con Sus acciones; de nuestra vida con Su vida.[13]

El tipo de transformación por la gracia que dio al mundo Madre Teresa empieza a convertirse en una realidad en nuestra propia vida: no es que estemos llamados a hacer lo que ella hizo, sino a vivir como ella vivió, a vivir nuestra propia llamada particular con tanta gracia y generosidad como ella.

La clave está ahora en nuestras manos; sólo necesitamos empezar a usarla:

El ayer se ha ido; el mañana todavía no ha llegado. Sólo tenemos el día de hoy. Comencemos, pues.

CAPÍTULO 16

NOMBRAR LA OSCURIDAD, ELEGIR LA LUZ

El demonio es el padre de las mentiras [...]
no vendrá como un león, sino
como un ángel de luz.[1]

MADRE TERESA

Luz y oscuridad

Abrirse a la luz de Cristo provoca descubrimientos que cambian la vida, pero también puede fomentar la oscuridad, pues los elementos oscuros que hay en nosotros y las fuerzas de la oscuridad que nos rodean se ven amenazadas por la luz. En la parábola del sembrador (cf. Mateo 13, 4, 19), tan pronto como la semilla de la Palabra es plantada y la luz de Dios es entregada al hombre, viene el Maligno y trata de arrebatarlas. Necesitamos estar preparados para la lucha, entonces, y para continuar eligiendo la luz que hemos contemplado, sobre todo en tiempos de debilidad y duda.

Esta oscuridad urdida por Satán es muy diferente de la «noche» que experimentó Madre Teresa. Su oscuridad no era la ausencia ni la antítesis de la luz, sino el resultado de una *sobreabundancia* de luz, de un resplandor demasiado grande para que el espíritu humano lo contemplara sin ayuda, al menos en esta vida. Este extremo de irradiación divina ciega temporalmente las facultades del alma, de modo que aunque llena el espíritu de gracia y buenas obras, los sentidos quedan privados.

En su oscuridad, luz

No pocos comentaristas, seglares y religiosos, se han esforzado por comprender la «noche oscura» de Madre Teresa, considerándola una crisis de fe o algo peor. Pero una lectura cuidadosa de la correspondencia que mantuvo con sus directores espirituales[2] muestra que, aunque, en efecto, su oscuridad constituyó un desafío para su fe (y también para la esperanza y el amor) —si bien un desafío que surcó con gracia y valor—, su fe nunca estuvo ni remotamente en crisis; justo lo contrario. A lo largo de ella, su fe ya robusta no hizo más que ahondarse y fortalecerse, como un árbol vigoroso en una tormenta que, en lugar de caer, echa raíces más profundas.

El hecho de que su experiencia de la oscuridad proviniera de un *exceso* de luz y no de su falta resultaba evidente por los efectos inconfundibles que produjo la luz en su alma: su paz, su amor a sus enemigos, su intenso anhelo de Dios, su dicha constante y contagiosa y el sentimiento de la presencia de Dios que la rodeaba. Todos estos eran signos más fiables de que Dios estaba vigorosamente presente en su alma que cualquier percepción o consuelo en sus sentidos.

La noche oscura de Madre Teresa, como nuestras propias pruebas de fe, serviría para hacer más espacio en su alma a Dios, a Aquel que servía sin verlo: «Dichosos los que creen sin haber visto» (Juan 20, 29). Este tipo de oscura morada del cielo no es una tumba, sino un seno sagrado del que emerge nueva vida. Su oscuridad fue el crisol bendito en el que Madre Teresa se convirtió en *santa* Teresa. Lejos de ser un impedimento, su fe incansable en la noche oscura pasó a ser un escalón para ascender a las alturas. Igual que en el caso de Jesús en el Calvario, en lugar de dejar a Madre Teresa sola o lejos de Dios, la oscuridad se convirtió en su camino a la generosidad suprema y al mismo cielo. El papa Juan Pablo II comenta sobre la experiencia de Jesús de la noche oscura en el Calvario, que Madre Teresa reflejaría y compartiría:

Dominando en su mente, Jesús tiene la visión neta de Dios y la certeza de la unión con el Padre. Pero en las zonas que lindan con la sensibilidad y, por ello, más sujetas a las impresiones, emociones, repercusiones de las experiencias dolorosas internas y externas, el alma humana de Jesús se reduce a un desierto, y Él no siente ya la «presencia» del Padre, sino la trágica experiencia de la más completa desolación.[3]

Aun cuando gritó: «¡Dios mío, Dios mío!, ¿por qué me has abandonado?» (Mateo 27, 46), Jesús se negó a bajarse de la noche de la cruz, hasta que fue elevado por el mismo Padre cuya presencia ya no podía sentir. Del mismo modo, a pesar de las expresiones de dolor que encontramos en sus cartas, Madre Teresa nunca buscó alivio o escape, sólo los medios para continuar. Su perseverancia, durante cincuenta largos y fructíferos años, nos muestra que hay significado en la cruz que portamos y en un Dios que nos observa a todos, incluso cuando no se le ve ni se le siente. Hasta en las profundidades de nuestra oscuridad, como ha prometido, Él traerá el amanecer:

> Como el sol que nace de lo alto,
> para iluminar a los que yacen
> en tinieblas y en sombras de muerte.

LUCAS 1, 78-79

La oscuridad interior se convirtió para Madre Teresa en un *laboratorio de mayor amor*, igual que lo había sido la oscuridad exterior de los barrios pobres de Calcuta una vez que abandonó el convento. Su noche oscura fue una escuela del espíritu donde aprendió a aferrarse a Dios, incluso en su dolor, mientras se ocupaba del dolor de los demás en lugar de abandonarse al propio. Como el carbón transforma su negrura en diamante, los rigores de su noche interior tornaron su frágil amor humano en algo robusto y divino.

Varios siglos antes que ella, san Juan de la Cruz describió esta oscuridad interior que esculpe el amor propio y pule el alma para que se convierta en el templo de Dios, libre de las garras del egoísmo. Al investigar las maravillas de gracia y transformación obradas en su alma en el seno oscuro de la noche, no pudo más que exclamar: «¡Oh, dichosa ventura!»,[4] noche dichosa que trae en su vigilia silenciosa tales bendiciones. Todos los años en la Pascua de Resurrección la Iglesia entera canta la «bendita noche» en la que Israel salió de Egipto y la noche aún más dichosa que prefiguraba, cuando Jesús salió triunfante de la tumba. Por esta noche bíblica, cargada de vida, tenemos que pasar todos de camino a la casa del Padre. Al final, todo son bendiciones, pues la luz de Dios brilla infaliblemente a través de la oscuridad, una oscuridad que nunca la vencerá (cf. Juan 1, 5).

El dominio y el triunfo de Dios sobre la oscuridad se ve a lo largo de las Escrituras: desde el Espíritu suspendido sobre la oscuridad del abismo en la Creación, hasta Jesús, Señor de la nueva creación, caminando sobre el mar tempestuoso por la noche. Jesús resucitado, victorioso sobre la oscuridad, compartió su triunfo con Madre Teresa, al igual que con nosotros, una conquista obtenida enfrentándose a la oscuridad, abrazándola y dándole la vuelta. En concordancia con la misión encomendada a Madre Teresa de portar la luz divina, lo que surgió de su prueba de fe no fue en absoluto oscuridad, sino *una luz nueva y más brillante*, una luz celestial, más allá de las garras de la oscuridad. Como declaran las Escrituras sobre Dios y sobre todo lo que le pertenece, «tampoco las tinieblas son tinieblas para ti, ante ti la noche brilla como el día» (Salmos 139, 12).

Un faro en nuestra noche

Una lectura de las cartas de Madre Teresa revela que no obtuvo su victoria sobre la oscuridad en su nombre, sino en el de todos nosotros, para una humanidad que todavía moraba en las «sombras de la muerte» (Mateo 4, 16), a la que prometía dejar su lugar en el cielo para ayudar a iluminarnos el camino a casa:

> Si alguna vez llego a ser santa—seguramente seré una santa de la «oscuridad». Estaré continuamente ausente del cielo—para encender la luz de aquellos que en la tierra están en la oscuridad.[5]

Dios guió a Madre Teresa por delante de nosotros con objeto de que pudiera iluminar nuestro viaje oscuro. La colmó de la luz de la fe y la hizo su faro. Incluso en una edad moderna que ansía, como Israel, «la carne y las cebollas» de Egipto (cf. Números 11, 5), le gusta poco el maná y muestra escasa paciencia en el viaje, Madre Teresa logró mantener nuestra atención. Ha ido delante de nosotros para iluminar el camino, como la «columna de fuego» (Números 14, 14) que de noche guió a Israel, marcando el camino a la Tierra Prometida. Gracias a la obra de Dios en ella, no sólo los pobres de Calcuta, sino el resto de nosotros a lo largo del mundo podemos decir:

> El pueblo que vive en las tinieblas
> ha visto gran luz
> y para los que viven
> en la región tenebrosa de la muerte
> ha brillado una luz.
>
> MATEO 4, 16

Madre Teresa es una santa de la oscuridad así como de la luz, pues las dos son inseparables aquí abajo; de hecho, la una está al servicio de la otra. La lucha de Madre Teresa nos ha mostrado que la oscuridad humana sirve para *atraer nuestros ojos a una luz más elevada*, una luz divina que ilumina todas las noches, haciendo de toda Calcuta una Jerusalén, y de todo lugar oscuro y vacío, un templo de Dios.

Don de luz

Los tesoros de luz contenido en la senda de Madre Teresa a través de la oscuridad tiende a escaparse a primera vista, como los diamantes brutos que esperan ocultos a ser extraídos. Sus cartas no sólo hablan de sus luchas: hablan de su amor y devoción, su anhelo de Dios, su disposición a sufrir por Él y por los pobres, y de la dicha que descubrió brotar de su interior a pesar de la oscuridad.

La oscuridad no fue la última palabra, ni mucho menos la única que definió su relación y experiencia de Dios. Sus escritos y conferencias públicas reflejan la luz poco común que habitaba su alma, una luz que los pobres de Calcuta, a pesar de estar rodeados de la peor de las oscuridades, podían ver con claridad. La belleza de su visión espiritual es de por sí prueba de que nunca estuvo privada de la luz de Dios. En realidad, su iluminación sobre el Altísimo (como vimos en la segunda parte) es tan profunda que algunos han sugerido que acaso un día Madre Teresa se cuente entre los doctores de la Iglesia.*

En su núcleo, la luz de Madre Teresa es el misterio del anhelo de Dios de amar y ser amado, la irradiación de su sed infinita por el hombre. Esta luz era de tal importancia para Dios, estaba tan cerca de su corazón y reflejaba tanto la esencia de su ser, que pudo lamentarse de nuestra ignorancia ante Madre Teresa: «No me conocen—por eso no me quieren...» Ésta fue la razón por la que envió deliberadamente a Madre Teresa a los confines más oscuros de nuestro mundo, para que la luz de su anhelo brillara donde era menos conocido y más necesitado. Madre Teresa derramó esta luz sobre aquellos

---

* *Doctor*, en latín, significa «maestro» (de *docere*, «enseñar»). Doctor de la Iglesia es un título concedido a aquellos santos cuyas enseñanzas están reconocidas como de particular importancia para la comprensión de la fe. Entre los Doctores de la Iglesia se incluyen Orígenes, santo Tomás de Aquino y san Agustín. Entre los ejemplos más modernos se cuentan mujeres como santa Teresa de Ávila, santa Catalina de Siena y santa Teresa de Lisieux.

cuya oscuridad aceptó compartir, para que nosotros, que vagamos en la oscuridad, también la pudiéramos compartir.

Oscuridad tóxica

Al brillar con la luz de Dios ante el mundo, Madre Teresa ha señalado de manera indirecta la oscuridad que es su opuesta; nos ha ayudado a *nombrar la oscuridad*, a desenmascarar la gran mentira.

Cada vez que hablaba en público, después de hacer el signo de la cruz sobre sus labios, Madre Teresa repetía esta línea del Evangelio de san Juan: «Porque tanto amó Dios al mundo...» (Juan 3, 16). Recordaba a su auditorio que cada uno de nosotros es precioso para Dios, elegido entre incontables otros que podían haber existido en nuestro lugar. Proseguía diciendo que cada uno de nosotros es valorado, apreciado como «la niña de sus ojos» (Deuteronomio 32, 10) y que mientras tengamos aliento, este amor nunca nos abandonará. Ésta fue la luz que sostuvo ante el mundo, reflejada en sus palabras y obras. Ésta es la verdad que nos libera para levantarnos cuando caemos, para esperar un amor que no podemos ganarnos y para convertirnos en aquello para lo que fuimos creados.

Mientras que quienes escucharon a Madre Teresa tal vez hayan olvidado o ignorado su verdad, o incluso dudado de ella, Satanás la conoce demasiado bien «y tiembla» ante sus implicaciones (cf. Santiago 2, 19). El amor fiel de Dios, su imperecedera sed de nosotros, representa la perdición del reino de Satanás. Hace temblar los mismos cimientos y sacude los apuntalamientos del imperio del Maligno. Puesto que Satanás no puede conseguir que Dios deje de amarnos —aunque lo intenta, acusándonos «día y noche ante nuestro Dios» (Apocalipsis 12, 10)—, recurre al siguiente ardid. Como este «enemigo de nuestra naturaleza humana»[6] no puede cambiar el corazón de Dios, hace cuanto está en su mano para cambiar el corazón del hombre, centro de su estrategia desde el Jardín del Edén. Puesto que no puede impedir que Dios nos ame, intenta *impedir que el hombre lo crea*. Al final, el resultado es el mismo. En lo que nos atañe, al no creer en su amor, resulta como si Dios no nos quisiera, y de todos modos acabamos perdidos.

Utilizando cualquier giro de la lógica, cualquier injusticia sin reparar desenterrada de nuestro pasado, cualquier sueño roto y herida sin curar en un panteón del dolor, Satanás roe nuestra creencia en el amor y cuidado de Dios. Aunque hay una «noche dichosa», una oscuridad sagrada que oculta una luz demasiado brillante para ser contemplada, también existe una noche impura, una oscuridad que es *la ausencia de toda luz*, y aún peor, lo opuesto a toda luz, una especie de antiluz demoníaca. Si toda luz verdadera es el aliento del Espíritu Santo, existe, por otra parte, una oscuridad tóxica que es el aliento del Maligno. Su único deseo es anular la luz y el poder del amor de Dios, distanciarnos de ese amor, neutralizar su impacto en nuestras vidas conscientes. Sabe que cuanto menos percibamos el amor de Dios, menos entraremos en contacto con Él y más probable será que nos olvidemos o dudemos de Él, con lo que será mucho más fácil que nos incite al pecado, a vivir en el egoísmo.

Las tácticas del paraíso

La estratagema de Satanás con la humanidad, que no ha variado desde el paraíso hasta el día de hoy, es lograr que pongamos en entredicho las intenciones de Dios. Sugiere que al tratar con nosotros, Dios actúa de forma tan interesada como hacemos nosotros; que sus mandamientos sólo existen para mantenernos bajo el poder de Dios, sometidos y serviles. Si le dice a Adán que no coma del árbol, es por la más abyecta de las razones: Dios tiene miedo de que seamos «como dioses» (Génesis 3, 5). El Dios que nos vende Satanás es un donante mezquino, variable y poco de fiar, un señor que da sólo para obtener, con el único objetivo de exigir nuestra adoración y servidumbre.

Sin embargo, una vez que empezamos a poner en duda las intenciones de Dios, una vez que dudamos de que se preocupe por nuestras necesidades o escuche nuestras oraciones, ¿qué fuente de provisión y protección nos queda más allá de la confianza en nosotros mismos? No nos queda más opción que *tomar nosotros mismos* lo que nos falte, puesto que Dios, o así lo creemos, no se ocupa de nadie más que de sí mismo. Satanás nos convence de que no tenemos más remedio que tomar lo que queramos y por los medios que sean, prescindiendo de las implicaciones morales. El enemigo nos conduce al pecado, no tanto porque disfrute de su perversión, como para distanciarnos del Todopoderoso. Al separar al Creador de la criatura, mantiene a raya el amor de Dios por nosotros, impidiéndole alcanzarnos de la única forma posible: mediante nuestra libre elección y por nuestra propia mano.

Satanás apela a los más infames impulsos de nuestro amor propio. Estimulando nuestros deseos egoístas y superficiales, espera sofocar nuestro más profundo anhelo otorgado y colmado por Dios. Sólo nos ofrece, a cambio de los dones más profundos que Dios nos ha prometido, excitación y distracción: oro falso, chupetes y sucedáneos colgados delante de nosotros como chucherías. Son pobres sustitutos para el don del amor divino, impostores que nos privan de nuestra felicidad verdadera y duradera en Dios.

Al hacer un ídolo del ego y cometer pecados sin freno, pagamos un alto precio en la pérdida de la relación con Dios, con los demás y en definitiva con nosotros mismos. En lugar de ascender a las alturas para rivalizar con el Creador, para «ser como dioses», como hemos intentado desde el paraíso hasta Babel y a lo largo de toda la historia, lo que al final conseguimos es no sólo no ser como Dios, sino tampoco como nosotros mismos, viviendo más abyectamente que los animales inferiores. Éstas son las nuevas cotas que la humanidad ha alcanzado; ésta es la nueva pobreza; éstas son las profundidades que nos hemos fabricado sólo para nosotros.

La vergüenza

Después de acusar a Dios de duplicidad, Satanás pasa a justificar la desobediencia del hombre sugiriendo a Adán (y a sus hijos) que *el pecado no existe*, que no hay absolutos morales ni normas éticas más allá de lo que nos convenga en el momento. Las advertencias de Dios no son más que poses y propaganda, dice, pues no hay consecuencias reales del pecado: «No moriréis», afirmó la serpiente a la mujer (Génesis 3, 4).

Pero Satanás sabe que una vez que se nos tienta al pecado, su amargura y su mordedura empezarán a surtir efecto. Puede que el pecado satisfaga los sentidos, pero siempre es amargo e inquietante para el alma. Mediante el simple proceso de eliminación, descubriremos que la experiencia de la gracia y de la virtud siempre vencen el amargo regusto del pecado, en todos los planos. Pero una vez que comenzamos a sospechar el engaño, una vez que nos damos cuenta de que el pecado y su dolor son reales, y una vez que experimentamos los primeros impulsos del arrepentimiento, Satanás cambia de táctica.

En lugar de tentarnos a pecar cada vez más, en lugar de minimizar la gravedad del pecado, Satanás hace justo lo contrario: comienza a llenarnos de vergüenza por nuestra caída de la gracia. Una vez que se da cuenta de que «se han abierto nuestros ojos» (Génesis 3, 7) tras probar la amarga fruta prohibida, Satanás se burla del vacío que nuestras elecciones han causado. Sostiene ante nosotros el espejo de nuestra desfiguración autoinducida para que veamos que estamos desnudos (cf. Génesis 3, 7). Después de haber extendido la mano para participar de la ilegalidad, del amargo «fruto del árbol» (Génesis 3, 6), Satanás nos sepulta bajo el peso insoportable de la ley, la culpa y la vergüenza.

Como estrategia final para impedir que regresemos a Dios, Satanás hace uso del peso de la culpa para aplastar nuestro espíritu y bloquear nuestra huida a la misericordia divina. Aunque el corazón de Dios no está nunca cerrado, sus ruegos incesantes y amables para que volvamos son sofocados por la voz de la vergüenza y la duda. Y Satanás nos brinda vergüenza y duda con largueza, reprochándonos los mismos pecados que antes había instigado, insinuando que se nos han confiscado para siempre los dones de Dios y hemos perdido cualquier bendición de la que antes gozáramos.

Y con eso Satanás vence la batalla.

Entonces nos encontramos solos, lejos del abrazo del Padre, no porque Dios nos haya abandonado, sino porque no podemos soportar nuestra desnudez. Y por eso nos escondemos. Nos escondemos unos de otros y, si fuera posible, del mismo Dios: «Me entró miedo porque estaba desnudo, y me escondí» (Génesis 3, 10). Nos alejamos de nuestro único sanador y nuestra única esperanza, aduciendo excusas para desviar nuestra vergüenza ante Él: «La mujer que me diste por compañera me dio del árbol y comí [...]. La serpiente me engañó y comí» (Génesis 3, 12, 13). Entrelazamos una máscara de hojas de higuera para ocultarnos mutuamente nuestra desgracia. Pero en nuestro interior tememos que nuestra vergüenza no tenga remedio, que no pueda anularse, y la mantenemos a raya mediante la negación y la distracción.

En cuanto Satanás asume el control, Dios se convierte en un objeto de miedo, un juez nada más. Qué alejada se halla esta caricatura del Dios que se deleitaba paseando con Adán «por el jardín a la brisa de la tarde» (Génesis 3, 8). En lugar de vivir seguros «a la sombra de las alas [de Dios]» (Salmos 17, 8), libres de egolatría y envanecimiento, libres para cumplir nuestra vocación de «amar y ser amados», dirigimos nuestra atención a nosotros mismos, convencidos de que a Dios ya no le importamos.

Una vez que se pierde la fe, poco queda que nos retenga de huir precipitadamente a la satisfacción, a la distracción del enorme vacío interior. Nos coronamos como los dioses de nuestra existencia, pero acabamos convertidos simplemente en dioses falsos que «no pueden salvar» (Isaías 45, 20) de la muerte, la desolación o el dolor.

La trampa de la autosuficiencia

En cualquier forma de oscuridad tóxica —dudar de la bondad de Dios o no creer en más dios que nosotros mismos—, nuestro proyecto de vida pasa a ser uno en el que prima obtener sobre dar, en el que hay que batir a nuestros rivales a toda costa para hacernos con la parte del león.

Puesto que suponemos que hemos perdido la atención de Dios o que ese Dios que se cuida de nosotros no existe, acabamos teniendo que cuidarnos, protegernos y abastecernos por nosotros mismos, por encima y contra todos los demás. En este escenario, la violencia ganará la partida antes o después, y la ley del más fuerte se convertirá en el árbitro supremo. Adán y Eva no tienen que esperar mucho para presenciar la violencia que su pecado ha desencadenado. Ya en Caín, su primogénito, que mata a Abel sólo por celos (cf. Génesis 4, 8), vemos las consecuencias inexorables de ceder a la mentira de Satanás.

El gran plan de Satanás para que nuestro ego tenga autonomía de Dios no funciona y no puede sostenerse. Cuánta energía desperdiciamos en intentar convertirnos en el centro de nuestra existencia, el centro de nuestro universo, con todas las cosas girando a nuestro alrededor. No es menos absurdo que si Saturno o Júpiter intentaran convertirse en el centro del sistema solar, tratando de arrastrar al sol y a los planetas de su alrededor. El plan divino no era que nos convirtiéramos en *dioses* —separados, autónomos y autosuficientes—, sino que, mediante su amor transformador, llegáramos a ser *como Dios*: participando de la vida de Dios y amando como Él ama, libre y plenamente.

Dudar de la existencia de Dios y de la realidad del

pecado, por una parte, o temer no ser ya amados, por la otra: ésta es la espada de doble filo de Satanás, la mentira de dos puntas de la serpiente. De una u otra forma acabamos siendo errantes y vagabundos sobre la Tierra (cf. Génesis 4, 12), llevando la marca insoportable de Caín (cf. Génesis 4, 15). En esto «*todos* han pecado y están privados de la gloria de Dios» (Romanos 3, 23); todos hemos matado a nuestros hermanos por egoísmo: mediante la ira, la rivalidad y la venganza. Al aceptar el mensaje de Satanás, todos hemos perdido el camino.

«*Ven, sé Mi luz*»

Pero la historia no termina con las hojas de higuera y el desamparo. Dios nos busca y nos llama para que salgamos de nuestra desesperanza: «¿Dónde estás?» (Génesis 3, 9). Nos promete un camino para salir de nuestra oscuridad y cumple su promesa con el don de su luz. Sin embargo, la estrecha entrada (cf. Mateo 7, 13) a través de la que debemos pasar a la nueva vida *está enmarcada por nuestro credo*, por nuestras convicciones sobre quién y cómo es Dios, y por las actitudes y elecciones que fluyen de nuestras convicciones.

Jesús, que vino «para destruir las obras del diablo» (1 Juan 3, 8), para sanar nuestros quebrantos y remediar nuestros apuros, lo cumple *deshaciendo primero la gran mentira* mediante su luz. Al iluminar el rostro del Padre y nuestra verdadera identidad como sus hijos heridos pero amados, Jesús ha alumbrado nuestro camino de vuelta al paraíso.

Es preciso que la luz extienda y amplíe constantemente nuestras convicciones sobre quién es Dios y cómo ama (no sólo en general, sino cómo me ama *a mí*). Cada vez que aumenta nuestra fe, nos acercamos más a la realidad, la belleza y las bendiciones de Dios. Cuanto más precisa sea nuestra imagen y más cerca estemos de captar su «deseo infinito de amar y ser amado», más nos veremos atraídos a la «luz y el amor» de Dios, y nos acercaremos más a experimentar el mismo fuego interior de Madre Teresa.

Ahí radica la importancia de contemplar aunque sea la luz refractada que se le otorgó a Madre Teresa en el tren, brillando a través de sus palabras y obras de amor. Ella ha compartido con nosotros una luz que eclipsa toda oscuridad, una fe que «vence al mundo» (1 Juan 5, 4) y una visión evangélica de Dios y el hombre que nos transforma y libera. Su luz era el mensaje del anhelo infinito de Dios; su candelabro, el amor derramado sobre las personas carentes de amor de las calles de Calcuta y el mundo.

Con este reflejo doble de la bondad de Dios en el mundo y su obra, ha ofrecido una nueva comprensión del corazón de Dios para las generaciones venideras y ha abierto de par en par el camino de nuestro corazón al suyo.

CAPÍTULO 17

CONVERSIÓN: SED DE DIOS

«Tengo sed». ¿Qué significan estas palabras en
tu vida, en tu corazón?[1]

MADRE TERESA

Nuestro Dios es un fuego devorador

Además de consolarnos, la apertura a la luz divina es
una gracia que lenta, pero inevitablemente, remodelará
nuestras vidas, una gracia capaz de remover y transformar los mismos cimientos de nuestra existencia.

El aliento del Espíritu Santo desencadena cambios
tectónicos dentro del alma, como cuando Dios echó su
aliento sobre el abismo el primer día de la Creación. Tras
contemplar la bondad divina y experimentar su amor
sin igual, no podemos seguir siendo los mismos.

Este fuego interior no sólo ilumina, sino que devora y
transforma, ejerciendo una fuerza divina que, un día,
causará la transfiguración de toda la Creación. La fuerza
de este amor continuará reestructurando nuestra vida,
como hizo en el caso de Madre Teresa, siempre que no nos

escabullamos de sus progresos divinos. Una vez que hemos contemplado esta luz, *nos hacemos responsables de que tenga una presencia continuada* en nuestras vidas. No podemos eximirnos de tomar las decisiones necesarias para vivir en armonía con la luz, reiterando nuestro «sí» a lo que hemos visto y a sus repercusiones en nuestra vida.

Como la columna de fuego que guió a Israel por el desierto, estamos llamados a avanzar en armonía con esta luz que nos guía: «Los que se *dejan guiar por el Espíritu de Dios* son hijos de Dios» (Romanos 8, 14). La luz no es sólo para saber, sino para *vivir*, para caminar. La autorrevelación divina es «una luz para mis pies y una antorcha para mi camino» (Salmos 119, 105). El saber que produce la luz no es ocioso ni teórico; es lo que las Escrituras denominan *sabiduría*, el saber que informa del arte de vivir.

Todas nuestras decisiones deben exponerse ante la luz y ajustarse o descartarse en consecuencia. Del mismo modo que todas las cosas de valor necesitan cuidado, también lo necesita esta llama interior. Requiere atención, protección y nutrición, no sólo mediante el tiempo que dedicamos a la oración, sino también en las *elecciones diarias* que efectuamos. La vida que hemos vivido antes, al igual que Madre Teresa cuando todavía era la hermana Teresa, no contenía las dimensiones expansivas de esta nueva gracia, de este «nuevo vino». Por eso Jesús insiste en que «el vino nuevo se echa en odres nuevos» (Marcos 2, 22). Dios nos está invitando a vivir una existencia completamente nueva, abandonados a Él, transformados por entero en Él. Anhela mucho más que los despojos de nuestra vida, sesenta minutos cada domingo y poco más. Anhela abarcar toda nuestra vida: nuestro trabajo, nuestro sufrimiento, nuestras esperanzas e incluso nuestros pecados.

El misterio del dolor

Nuestra cultura huye del sufrimiento, ideando elaborados medios de evitar o amortiguar toda forma de dolor. Esta huida es fruto de nuestra falsa visión de un mundo que insiste en que no se puede extraer ningún bien del sufrimiento. Asociamos esta huida del dolor con la modernidad y con el progreso, mientras disminuye la salud de nuestros espíritus y nuestro grado de felicidad.

Sin embargo, todos hemos descubierto que *no podemos* desarraigar el dolor de la experiencia humana. Y aunque lo hemos comprobado por nosotros mismos repetidas veces, seguimos intentándolo. El dolor al que impedimos el paso por la puerta principal entra por la puerta trasera, trayendo como secuelas desdicha, ansiedad y desesperación. En lugar de plantearnos cómo erradicar el dolor, la pregunta real debe ser: «*¿Qué vamos a hacer con nuestro sufrimiento?*[2] ¿Qué hacemos con el dolor que no podemos evitar?»

¿Lo desperdiciaremos, perdiendo gracia, tranquilidad y la ocasión de crecer, la ocasión de encontrarnos con un Dios que se envuelve en nuestro dolor? ¿Nos perderemos a un Dios que comparte nuestro sufrimiento, que utiliza un sufrimiento que no creó para atraernos a Él?

Madre Teresa nos enseñó a utilizar el dolor inevitable de la vida como *medio de centrar nuestro anhelo por Dios*, un Dios que es la única respuesta, la única fuente verdadera de paz y consuelo interior.

Por muy contrario a la lógica del ego que resulte, el dolor inevitable de la vida se convierte en un portal hacia lo divino, un portal que no puede ser rechazado sin consecuencias e incluso mayores pérdidas a largo plazo. Porque cuando se rechaza el dolor, se rechaza a Dios. Él requiere que seamos enteramente suyos, para lo que se precisa la renuncia a viejos hábitos, conductas y actitudes que acaso resulten bastante cómodos. La falta de disposición para desprenderse de todo lo que no sea Dios impide la plena absorción de la presencia divina. Sin el dolor de la renuncia, nos quedamos literalmente sin Dios. Un gran sufrimiento allana el camino para una sincera entrega a Dios:

> Con el abrazo del dolor llega la entrega a lo divino. Sufrir donde más nos duele, en nuestra naturaleza sensible y emocional, nos motiva a dirigirnos hacia Dios incondicionalmente. Tal sufrimiento interior propulsa al individuo hacia Dios en busca de consuelo y alivio. Los dolores y desdichas de la vida son absolutamente providenciales porque hacen que el alma corra de inmediato hacia el Padre, que es el consolador divino. Si este dolor es ignorado o mitigado, como sucede durante la embriaguez, tal vez se pierda la oportunidad de unión con Dios. El sufrimiento, en especial cuando más lastima, es el gran habilitador que motiva la unión con el Dios de toda ternura y compasión.[3]

Madre Teresa buscó esos mismos sufrimiento y pobreza de los que huimos (en nombre de su Dios), dichosa y transformada. Y ha de añadirse que ella misma fue *transformada por ellos*, como parte de la gracia recibida el 10 de septiembre que debía florecer, y lo hizo, precisamente en la árida tierra del sufrimiento inevitable. El sufrimiento parece ser el modo preferido por Dios para bendecirnos con la gracia de sobreponernos al egoísmo y sus exigencias individualistas:

Así pues, Jesús obra valiéndose del sufrimiento interior. El dolor espiritual y emocional no debe considerarse demoníaco. En realidad, por más que acaso se contemple de manera superficial el dolor como el Maligno oscuro, más tarde se reconocerá como un ángel de luz. Esa luz brilla en nuestro corazón sólo cuando se ha soportado la oscuridad [...]. Vemos a Dios más claramente después de tiempos de gran dolor. Como ocurre con toda comunicación con Dios, en el dolor «hacéis bien en poner vuestra atención, como en la lámpara que luce en lugar tenebroso hasta que alboree el día y el lucero de la mañana despunte en vuestros corazones» (2 Pedro 1, 19).[4]

El hecho de que el sufrimiento constituya una parte tan grande y ubicua de la condición humana *no debe desalentarnos ni atemorizarnos.* Esta mujer pequeña y sencilla nos lo mostró con creces. Y lo que es más, nosotros lo *reconocimos.* Respondimos. Incluso los incrédulos vieron su luz. Sus obras de caridad nos demostraron que, gracias al poder redentor del amor, *no necesitamos rechazar lo que no podemos remediar.* No debemos huir del sufrimiento, del fracaso ni de la debilidad humana, pues estamos llamados a amar sobre todo eso.

Por mucho dolor o privación que nosotros o quienes nos rodean padezcamos, en ellos y a través de ellos podemos elegir amar. Madre Teresa lo veía todo —cada barrio pobre, cada herida, cada suspiro— como una oportunidad para amar, un lugar para amar. Donde no había amor, ella lo puso. Y con él llegó la luz, y Dios, puesto que Dios es amor, y su luz es la luz del amor. Éste es el motivo por el que la luz verdadera, la luz divina, *puede brillar en cualquier oscuridad* y llenarla por completo, del mismo modo que la luz llenó a Madre Teresa y a todo lo que tocaba. Ella recordó a una generación absorta en sí misma que, incluso en medio del sufrimiento, podemos ser bendecidos y bendecir.

Mientras que la mayoría de nosotros nos despertamos pensando en lo que podemos conseguir hoy, dónde debemos comprar, cómo impulsar nuestras carreras o metas personales, el pensamiento al despertarse de Madre Teresa siempre era *cómo podía dar.* Nos invita a todos a emprender al menos pequeños pasos en esa dirección; a examinar *por qué y para qué* vivimos. *Por qué* vivimos se convierte en cómo vivimos, y cómo vivimos determina todo lo restante: nuestra felicidad en esta vida y la próxima, y en gran medida, la felicidad de quienes nos rodean.

Estamos creados «para amar y ser amados». ¿Lo sabemos? ¿Sabemos que la paz y la dicha que buscamos no pueden encontrarse en las cosas materiales ni en la liberación del dolor y el sufrimiento? ¿Hemos empezado a abrirnos a la invitación divina de vivir para el prójimo, manifestada en nuestros sufrimientos y fracasos, de vivir para *el Otro*? ¿O necesitaríamos el empujón interior de un barrio pobre de Calcuta para despertarnos? ¿O el Señor hará uso de nuestros comunes reveses cotidianos para sacudirnos de nuestros ídolos que «no pueden salvarnos» (cf. Isaías 45, 20)? Como en el relato evangélico de Pedro en la tormenta en el mar (cf. Mateo 14, 22-33), cuando el apóstol extendió las manos a Jesús para salvarse, Dios utiliza las tormentas de la vida para librarnos de soluciones que no nos salvan, de ídolos que nos traicionan en las batallas.

Sea cual fuere nuestra fe, el único Dios es honrado, más que mediante peregrinaciones a La Meca, Varanasi o el Vaticano, mediante el peregrinaje más trascendental de todos: nuestro éxodo personal de *obtener a dar,* del dominio al servicio, de vivir para nosotros mismos a vivir para los demás. Como señala el apóstol san Juan, nuestro vecino «a quien podemos ver» ocupa el lugar del Prójimo divino «a quien no podemos ver» y es nuestro camino hacia Él (cf. 1 Juan 3, 20-21). Como afirmó la gran mística florentina santa María Magdalena de Pazzi: «Aquel que toca a su prójimo, toca a Dios.» Si Dios es amor, no puede haber más vía hacia Él que el camino que más respeta y refleja su naturaleza: el camino del amor, un amor entregado incluso y de manera especial en medio del sufrimiento.

Girar hacia la luz

A Madre Teresa se le mostró previamente, en sus diálogos con Jesús durante los meses posteriores a la gracia que recibió en el tren, que el misterio de la sed de Dios no sólo contenía un mensaje de consuelo, sino también un llamamiento a la *conversión*. En este sentido, Jesús continuó invitándola a una generosidad creciente:

> Te has hecho mi esposa por amor a Mí—has venido a la India por Mí. La sed que tenías de almas te trajo tan lejos—. ¿Tienes miedo a dar un nuevo paso por tu Esposo? Por Mí—por las almas?—¿Se ha enfriado tu generosidad?—¿Soy secundario para ti?[5]

En la lengua griega original, el término *evangélico* para «conversión» es *metanoia*, que significa literalmente «cambio de actitud», puesto que nuestra conducta no es más que el reflejo exterior de nuestras actitudes internas. Y de este modo, la conversión, al cambiar la conducta, comienza por *cambiar nuestras actitudes básicas* hacia Dios, la vida, los demás y uno mismo. Cuando la mente y el corazón se forman de nuevo mediante la luz, nuestra vida y nuestras decisiones empiezan a cambiar a ritmo acelerado, transformadas a semejanza de la luz que contemplamos.

En su raíz latina, *conversión* proviene de *convertire*, que significa literalmente «girar». La conversión implica apartarse de la oscuridad y girar hacia esta nueva luz, incluso en la noche. Este giro cotidiano hacia la luz permitió a Madre Teresa continuar extrayendo la gracia del tren durante días, semanas y años, lograr la fuerza para superar e incluso sacar provecho de las pruebas a las que se enfrentaría. A partir de ese día de septiembre, vivió su vida «girada» hacia el Dios que había conocido en el tren, cara a cara con la luz y el amor divino. Del mismo modo, nuestra transformación empieza eligiendo la luz y girando hacia ella en la vida cotidiana, sobre todo en tiempos de dificultad o fracaso.

La fuerza de la Palabra

Del mismo modo que el apóstol san Pedro, desalentado tras haber pasado la noche pescando sin lograr capturas, se mostró dispuesto a echar de nuevo las redes por la fuerza de la Palabra de Jesús, nosotros también necesitamos valor y confianza para comenzar de nuevo, para asumir la tarea una vez más, a pesar de los fracasos pasados: «Maestro [...], ya que tú lo dices, echaremos las redes» (Lucas 5, 5). Puesto que el grito de sed de Jesús en el Evangelio es Palabra divina, imbuida del mismo poder creativo que elaboró el universo «cómo desde el principio existían los cielos y la tierra [...] por la Palabra de Dios» (2 Pedro 3, 5), nuestros esfuerzos para alcanzar la conversión y la transformación no están alimentados tanto por nuestra propia fortaleza como por la suya, pues respondemos a su palabra de sed y a una invitación que nos atrae. Al final, dudar de que podemos cambiar se convierte en una negación del poder creativo de Dios y en nuestro único obstáculo insalvable.

La sed de Jesús no es sentimiento, sino *poder* divino. Una vez levantado de la cruz desde la que proclamaría su sed, Jesús prometió que «a todos los atraeré hacia Mí» (Juan 12, 32). Nuestro primer encuentro con la energía y el dinamismo contenidos en el grito de sed de Jesús estará precisamente en su *poder de atracción*, el mismo poder que atrajo a Madre Teresa más allá de sí misma y las comodidades de su aula. Esta atracción, este poder para llevarnos más allá de los límites de nosotros mismos, se convierte en nuestra única gran esperanza.

Las elecciones y sus consecuencias

Nuestras elecciones cuentan, como pueden atestiguar Adán y Eva, así como todas las generaciones posteriores. Esas elecciones reflejan nuestras convicciones respecto a lo que es verdad y a lo que nos proporcionará felicidad, pero la solidez de dichas convicciones será confirmada en nuestra experiencia diaria.

Todas las elecciones arraigadas en la ilusión de servir al ego pueden producir una felicidad que acaba traicionándonos; no nos satisfacen. La satisfacción del ego nunca colma nuestro anhelo interior. La luz o la oscuridad que subyacen en nuestras elecciones se reflejará en la paz y satisfacción que produzcan, o en su falta: «No hay ningún árbol bueno que dé frutos malos, ni árbol malo que dé frutos buenos. El árbol se conoce por sus frutos» (Lucas 6, 43-44). Del mismo modo que la luz no puede producir amargura, nuestras oscuras elecciones egoístas no pueden producir dicha. Nuestros estados internos, sean de paz de alma o de desasosiego, atestiguan la calidad de nuestras elecciones.

La sed del alma humana, colocada ahí por el Creador, obedece a sus propias leyes y, por tanto, no puede ser saciada nada más que por las aguas vivas de Dios. El profeta Isaías habla con elocuencia de la misma lección que quiso enseñarnos Madre Teresa:

> ¡Oh, todos los que estáis
> sedientos, id por agua! [...]
> ¿Por qué gastáis vuestro dinero
> en lo que no es pan,
> y vuestro salario en lo que no llena? [...]
> Prestad oído y venid a mí;
> escuchad y vivirá vuestra alma.
>
> ISAÍAS 55, 1-3

Ésta es la otra gran lección de Madre Teresa, una verdad complementaria igual de importante que la Revelación de la sed de Dios. Toda persona ha sido *creada para desear a Dios*; el hombre es por naturaleza una sed encarnada. Como afirma Madre Teresa, «todo ser humano tiene anhelo de Dios».[6]

Siglos antes, san Agustín había expresado con elocuencia esta misma verdad: «Nos has creado para Ti, oh Señor, y nuestros corazones no tienen sosiego hasta que descansan en Ti.» Nada más que Dios puede llenarnos, o incluso satisfacernos. El mundo entero es incapaz de colmar el corazón humano, pues la única cosa más grande que el corazón humano es Aquel que lo creó.

Éstos son los atributos e implicaciones de haber sido

creados a imagen y semejanza de un Dios que *ansía la unión*. Es importantísimo para nuestra felicidad suprema recordar que nosotros, también, hemos sido creados para tener sed, para anhelar lo divino, para concentrar toda la fuerza de nuestro deseo en Dios. Las Escrituras nos lo recuerdan una y otra vez:

Oh, Dios, Tú eres mi Dios; desde el amanecer ya te estoy
[buscando,
mi alma tiene sed de Ti,
en pos de Ti mi ser entero desfallece
cual tierra de secano árida y falta de agua.

SALMO 63, 1

Mi alma tiene sed de Dios, del Dios viviente:
¿cuándo podré ir a ver el rostro del Señor?

SALMO 42, 2

Conversión y deseo

Pero sólo beberemos de las aguas vivas de Dios *en proporción a nuestro deseo*. No podemos anhelar lo que no conocemos y nunca conoceremos lo que hemos visto sólo de pasada, sin reflexionar jamás. Si no giramos hacia la luz una y otra vez, nuestro deseo de las bendiciones que revela se debilitará y dispersará. Nuestra fuerza del deseo innata se conformará con cosas inferiores a Dios, nuestro punto de mira, girando en su lugar hacia sustitutos que «no satisfacen», como advirtió Isaías.

Nuestra transformación y divinización dependen de que lo deseemos ardientemente, dependen de la fuerza de *nuestro* anhelo, no sólo del de Dios. Nuestra transformación no puede empezar en serio hasta que no seamos cautivados, como lo fue Madre Teresa, por la enorme belleza de «la luz y el amor de Dios», hasta que no seamos cautivados por el Dios que ya está cautivado por nosotros; hasta que no tengamos sed de Aquel que tiene sed de nosotros.

El papel del deseo

Somos en esencia *seres de deseo*, creados para tener sed de lo que se encuentra más allá de nosotros, bien reconozcamos nuestra inquietud interior como una sed de Dios, o bien dispersemos y despilfarremos equivocadamente la fuerza de nuestro deseo en cosas creadas. Cuando se convierten en el objeto de nuestros deseos, las cosas creadas pasan, sin que nos demos cuenta, a adueñarse de nosotros. Lo que más deseamos se convierte en «Señor» de nuestra vida, dueño de nuestros momentos de vigilia, nuestros pensamientos, decisiones y energías. Siempre que ponemos la vista de nuestra alma fuera de Dios, por debajo de Dios, sembramos semillas de desengaño y malestar en nuestro interior.

¿Qué es esta extraña fuerza del deseo que define nuestra humanidad? ¿De dónde provienen nuestros más profundos deseos innombrados y adónde nos conducen? El deseo de Dios por nosotros ha dejado su chispa en nuestra alma:

Cuando experimentamos el deseo «por no sé qué», es el Espíritu Santo de Dios atrayéndonos [...]. Este hondísimo deseo de nuestros corazones es por Dios.[7]

Madre Teresa comprendió que esta sed de Dios es la base de nuestra felicidad y dignidad humanas. Cuando este deseo de lo divino no se reconoce ni se le presta atención, su abandono se convierte en nuestra pobreza más profunda, interpretada en un desfile de falsa sed y hondos desengaños de todo tipo.

El reconocimiento de esta pobreza más profunda llevó a Madre Teresa a querer dar a los pobres algo más que un simple plato de arroz. Quiso despertar y dar respuesta a su anhelo innato de Dios, satisfacer su sed de una realización que las vicisitudes de la vida no pueden suprimir, que nos aguarda en el reino de los cielos, «donde ni la polilla ni el orín corroen, ni los ladrones socavan y roban» (Mateo 6, 20).

Madre Teresa descubrió esta misma pobreza en el mundo desarrollado y deseó proporcionar esta misma realización suprema a las personas de Occidente. El hambre interior presente en las naciones desarrolladas a menudo se pasa por alto y se olvida, libre del hambre física que actúa dolorosa y eficazmente como su metáfora y recordatorio. En el mundo desarrollado el único eco de un deseo más profundo es una inquietud interior persistente, una voz que, afortunadamente, no puede aquietar ningún bien material. Una vez que hemos adquirido los objetos de nuestro deseo, incluso los más legítimos, su incapacidad para saciar nuestro anhelo más profundo señala sutilmente hacia Dios.

Lo más probable es que primero descubras a una persona, visites un lugar, saborees un poco la vida [...] y todo resulte buenísimo [...], pero no será suficiente para satisfacer ese anhelo más profundo de tu alma. San Juan de la Cruz lo denomina «interrogatorio a las criaturas». Preguntas a esa experiencia, preguntas a esa persona: «¿Eres tú lo que busco?» Pero te responden: «No. Lo que andas buscando no está ahí, pero sí ha pasado a tu lado, esparciendo belleza por su camino.» Lo que nos atrae de las criaturas es el reflejo de la belleza de Dios. Las criaturas son honestas: nos dicen llanamente (porque no satisfacen por completo nuestro deseo) que no bastan para llenar ese hueco en nuestros corazones.

Dios utiliza este don del deseo potente y a veces consuntivo —que brota del mismo corazón divino— para conducirnos, como migas de pan, a una puerta que de otro modo acaso no habríamos elegido o ni siquiera reconocido en esta vida. Dentro de esa puerta está nuestro hogar.[8]

«Atizar para hacer llama»

Una vez que comenzamos a desear activamente la bondad que contempló Madre Teresa, sobre todo en la oración profunda, los resultados pueden ser intensos. Una paz que «sobrepasa toda comprensión» (Filipenses 4, 7) comienza a colmar nuestras horas de vigilia, mientras experimentamos las primicias de una nueva dicha, fruto de la presencia de Dios en nuestro interior. La presencia divina empieza a envolver incluso los aspectos mundanos de nuestra vida y a llenar nuestros corazones con más amor del que somos capaces de contener.

El secreto de la energía de Madre Teresa en su entrega a los pobres fue precisamente el amor incontenible con el que Dios había llenado su alma y que se derramaba sobre todos los que la rodeaban.

¿Pero cómo transformamos nuestro deseo? Basta con empezar a avivar y ejercitar el deseo de Dios que ya tengamos. Aunque parezca dormido, está en nuestro interior, es parte de nosotros desde el día de nuestro nacimiento. Nuestros deseos egoístas insatisfactorios son prueba y eco de nuestro deseo más profundo, sirven de recordatorio constante de que no estamos completos. Como tales, pueden ayudarnos a conectar, en un plano más profundo, con nuestro deseo olvidado de Dios.

Aunque nuestra conciencia acaso haga desfilar ante nosotros nuestras debilidades y fallos pasados, no definen nuestra verdadera naturaleza. Nuestros pecados y defectos no son lo más verdadero de nosotros. Nuestras flaquezas son un obstáculo, pero no nos definen. Lo más *verdadero*, lo que sí nos define y durará para siempre, es nuestro deseo innato de Dios. Nuestro anhelo otorgado por Dios y dirigido hacia Dios es más profundo que nuestro egoísmo, más que nuestras flaquezas, más que nuestras debilidades, más que todo lo demás que hay en nosotros. Todo eso es pasajero; nunca formó parte del plan original de Dios para nosotros; no estará allí en el reino de los cielos ni tiene por qué gobernarnos ahora.

¿Qué hacemos con nuestras debilidades, errores y deseos errantes? ¿Cómo los dirigimos hacia Dios? Nuestros deseos indignos producen la acumulación de desechos de nuestras vidas interiores, y obstruyen y atestan el templo interior, echando a perder nuestras buenas resoluciones e intentos de cambio. Por más que lo intentemos, no nos desharemos por nosotros mismos de nuestro anhelo egoísta.

Pero en las profundidades de nuestra alma, olvidada bajo las distracciones de la superficie, hay una *chispa divina*. Allí aguardan las brasas de nuestra sed de Dios, aunque en un plano consciente parezca que el fuego divino se ha extinguido, sofocado por los sucedáneos. Sin embargo, por suerte no es preciso que nos pasemos la vida intentando retirar las ruinas de nuestros ídolos rotos. Todo lo que necesitamos es traspasar la superficie de las distracciones y los planos del egoísmo para llegar al lugar donde todavía se encuentran esas brasas y atizarlas para hacer llama una vez más. Con un simple contacto consciente con el deseo divino colocado en nuestro interior hace mucho tiempo, nuestra sed de Dios comenzará de nuevo a «brotar [...] hasta la vida eterna» (Juan 4, 14).

No se trata de algo difícil y sólo se tarda un instante. En realidad, puede intentarse incluso mientras se leen estas líneas. Detente un momento para percibir tu interior; después ahonda hasta lo más recóndito de ti y *ponte en contacto con tu deseo de Dios*. Siempre está ahí, aguardando a ser despertado. A pesar de desear miles de cosas aparte de Dios, debajo de nuestros deseos egoístas más fuertes y llamativos, también lo deseamos a Él profundamente. Y eso basta para comenzar, justo desde donde estamos. Por más que el Tentador nos diga que ya no sabemos rezar, *desear a Dios es ya una oración*, una oración siempre a nuestro alcance. Cuanto más contacto consciente establezcamos con ese deseo, más se expandirá en nuestra conciencia y cobrará poder. A medida que esas brasas otorgadas por Dios vayan haciendo llama, este deseo más profundo irá desplazando poco a poco a todos los demás anhelos y deseos que son falsos. Y aún hay más: por su dinamismo propio, nuestra llama de deseo por Dios recién descubierta empezará a consumir todo lo demás, incluidas esas partes de nosotros que hemos querido cambiar desde hacía mucho tiempo.

Repitiendo este sencillo ejercicio, ahondando en nuestro interior para volver a prender el principio de deseo, nuestro anhelo renovado por el Dios vivo empezará a devolver al alma su belleza original.

Los principios de la transformación

Pero por más que este deseo recién despertado vaya creciendo en nuestro interior, para vencer el impulso del ego es forzoso un giro hacia la luz constante y renovada, pues de lo contrario volveremos a caer en el olvido de Dios y se apagará el fuego del deseo. Aquí se suscita una vez más la necesidad de la sabiduría bíblica: el arte de elegir la luz.

Resumiendo lo que hemos visto, hay dos principios rectores que guiaron las elecciones de Madre Teresa, aplicables también a nuestras vidas. Ella nos invita a convencernos de que...

— **Todo egoísmo es vacuo y, en definitiva, inútil.** Reconozcamos que cada vez que nos entregamos a nuestras existencias egoístas, nos quedamos más vacíos todavía. El objetivo del Espíritu Santo es reunir nuestros deseos dispersos y *reorientarlos* hacia Dios. El deseo de Dios nos integra, pues nuestra vida se centra en el Único que puede colmarnos.

— **Sólo Dios puede satisfacernos.** Sin embargo, en determinado plano (como consecuencia de nuestras malas elecciones desde el paraíso), hay una parte de nosotros que todavía no está convencida del todo. Las dudas del Tentador reverberan y persisten, inquietando el alma. Como hemos perdido el don de la visión directa de Dios, tenemos que tomar decisiones críticas sin ver ni sentir. Y debemos elegir, sabiendo, sin embargo, que nuestras decisiones y sus consecuencias confirman la lección de Madre Teresa: que sólo Dios nos sacia plenamente. Pero mientras temamos que el océano no puede llenar nuestra copa, seguiremos mendigando gotas de agua turbia de las cosas creadas que nos rodean, pasando de la esperanza a la desilusión en un ciclo interminable.

Pasos para la conversión

Una vez que hayamos vuelto a despertar nuestro deseo de Dios, seguirá siendo necesario advertir los signos de nuestro antiguo modo de ser —lo que las Escrituras llaman «el hombre viejo» (Efesios 4, 22)— y estar dispuestos a desarraigarlos de nosotros en cuanto los percibamos, como malas hierbas que acaban de brotar en un huerto recién plantado. Y de este modo:

— **Pretendemos descubrir las semillas y patrones del egoísmo en nuestro pasado.** Hay tendencias de autopromoción presentes en nosotros desde la infancia, nunca reconocidas ni encaradas. Estos patrones se llevan a la vida adulta, cuando nuestra sed falsa se cristaliza y dicta elecciones y conductas.

— **Desenmascaramos manifestaciones presentes de egoísmo, redirigiéndolas y sometiéndolas a nuestro deseo de Dios.** En este punto necesitamos ser sinceros con nosotros mismos. No podemos superar nuestras formas de egoísmo hasta que no comencemos a *ponerles nombre*, del mismo modo que Adán dio nombre a los animales salvajes. A partir de ahí iniciamos la tarea de domesticarlas e incluso transformarlas en recordatorios de nuestro deseo del Todopoderoso.

— **Decidimos perdonar por completo y de inmediato todos los agravios pasados y presentes.** Si una ofensa pasada sigue molestándonos, es signo de que todavía debemos liberarnos de ella o perdonarla de verdad. Cada vez que nos venga a la memoria, podemos elegir verla a la luz del poder de Dios para tornarla en bendiciones, quedar en paz y seguir adelante. Es preciso que rechacemos todo ánimo de venganza y mala voluntad persistente para volver a la luz.

— **Estamos dispuestos a aceptar cualquier medio que emplee Dios para cambiarnos.** Elegimos creer, como hizo Madre Teresa, que nada sucede dentro ni fuera de nosotros que no pueda entrelazarse con la providencia amorosa de Dios sólo con ofrecérselo, convencidos de que «Dios ordena todas las cosas para bien de los que lo aman» (Romanos 8, 28).

Las enseñanzas de Madre Teresa acerca de la sed del hombre por Dios arroja luz sobre la inquietud y la agitación interiores que todos hemos experimentado. La presencia de este deseo instalado por Dios significa que no necesitamos batallar solos, buscando la transformación con nuestro único esfuerzo. Este deseo otorgado por Dios y dirigido hacia Él es en sí mismo *la fuerza y la promesa* subyacentes en el fuego secreto que Madre Teresa nos invita a compartir:

> Hijas mías, una vez que hayáis experimentado esta sed, el amor de Jesús por vosotras, nunca necesitaréis, nunca tendréis sed de esas cosas que sólo pueden apartaros de Jesús, la Fuente verdadera y viva. Sólo la sed de Jesús, sentirla, escucharla, responderla con todo vuestro corazón, mantendrá vuestro amor [...] vivo.[9]

Capítulo 18

UNIENDO LA SED DE DIOS Y LA DEL HOMBRE

> Dios [...] tiene sed de que nosotros
> tengamos sed de Él.[1]
>
> Madre Teresa

A partir de la Caída, el anhelo de Dios por el hombre y la sed descarriada del hombre por Dios quedaron sin respuesta y sin saciar. Por primera vez desde el árbol del Edén, la sed de Dios y del hombre se unieron en el árbol del Calvario, en la persona de Jesús. El misterio y el mensaje revelados en el Calvario se convirtieron en la misión de la vida de Madre Teresa, proclamando y reuniendo la sed divina y la humana. La pobreza primordial a la que ella se dirigió fue la espiritual, la de una humanidad desesperanzada y perpetuamente pobre alejada de Dios, pero una humanidad que podía ahora verse saciada y enriquecida inmensamente tan sólo con abrir nuestra vacuidad al Creador, cuyas riquezas infinitas se muestran ahora delante de nosotros en la cruz.

¿Pero falta algo cuando nos abrimos a esta realidad?

Las palabras de Jesús: «Tengo sed» continúan siempre presentes, siempre activas, con la fuerza suficiente para transformar corazones y cambiar vidas. ¿Por qué, entonces, no hemos experimentado los mismos efectos que Madre Teresa? ¿Por qué nuestras vidas no han cambiado, si nos centramos en la misma luz y amor que ella? Sin duda, no falta fuerza en el anhelo divino. ¿Acaso falta algo en nosotros, entonces, y eso impide un plano más profundo de encuentro, el tipo de encuentro al que ella nos invita? ¿Qué hay en nosotros y qué había en ella que abre el alma más plenamente a esta gracia?

Hablando como el Hijo de Dios, Jesús en la cruz reveló la sed divina por el hombre; pero como hablaba al mismo tiempo como el «Hijo del Hombre», sus palabras revelan además nuestra sed humana de Dios. En las mismas palabras desde la cruz, el grito de Jesús revela las verdaderas profundidades de Dios y del hombre.

Milagros de Resurrección

Dios tiene sed de nosotros, pero a la vez anhela que, a cambio, nosotros tengamos sed de Él. Por eso ansía tanto que lo conozcamos para que podamos desearlo como Él nos desea a nosotros (recordemos la conmovedora queja de Jesús a Madre Teresa: «No me conocen—por eso no me quieren.») «Queriendo» a Dios reconectamos por fin nuestro deseo con el suyo, en una dinámica de atracción mutua, como dos imanes que se atraen irresistiblemente el uno hacia el otro. Por eso quiere Dios que lo queramos, por eso tiene sed de que nosotros tengamos sed de Él, para que la atracción mutua nos una. Dos de los grandes padres de la Iglesia, san Agustín en Occidente y san Gregorio Nacianceno en Oriente, proclamaron este mismo misterio con palabras similares, afirmando inequívocamente que «Dios tiene sed de que se tenga sed de Él».[2]

Toda oración es la unión del deseo de Dios y del nuestro. Como escribe el papa Benedicto XVI, la oración es el «encuentro de la sed de Dios con nuestra sed».[3] Y como ha mostrado Madre Teresa a través de las miles de vidas tocadas por su mensaje, cuando la sed de Dios y la del hombre se vuelven a unir, hay milagros de transformación. Como aseveró Jesús al ladrón agonizante, quien en esos momentos dirigió su deseo hacia el cielo: «En verdad te digo, hoy serás conmigo en el paraíso» (Lucas 23, 43). Cada vez que nos giramos hacia Él con nuestra insignificancia, con nuestro pecado, nuestros deseos egoístas y la devastación que han causado, todo se transforma; nuestro tormento interior pasa a convertirse en el umbral de un «nuevo cielo» (2 Pedro 3, 13).

Poner en contacto el anhelo de Dios y el nuestro es comparable con reconectar líneas de electricidad separadas: una vez que se tocan, hay un flujo inmediato de energía. La clave para nuestra transformación personal es tan sencilla como unir una y otra sed en nuestros corazones. Dios ya tiene sed de nosotros; el elemento que falta para completar la unión es *nuestra propia sed consciente de Dios*. Vemos esta dinámica confirmada en Madre Teresa: una de sus características más destacadas, junto con su fe y caridad heroicas, era su anhelo constante e intenso de Dios:

> Noche tras noche el sueño desaparecía—y sólo pasaba aquellas horas anhelando Su llegada. Esto comenzó en Asansol[4] en febrero—y [...] me he dado cuenta de que desde las once hasta la una, el mismo deseo interrumpe mi sueño.[5]

Un deseo tan profundo de Dios [...].[6]

Cuando estoy sola en las calles—Te hablo durante horas—de mi anhelo de Ti.[7]

Anhelo a Dios. Anhelo amarlo con cada gota de la vida que hay en mí.[8]

Estas primeras expresiones del anhelo de su alma no se desvanecen, no disminuirán en frecuencia ni en intensidad, incluso cuando la noche comienza a caer dentro de su alma. Este deseo divino-humano fue el verdadero fuego que la quemaría y consumiría, incluso en la noche. Su ansia profunda, su sed del Dios que la anhelaba, continuaría invariable hasta el final.

Yo presencié muchos signos y expresiones de su hondo anhelo, si bien uno en particular destaca en mi memoria. Había vuelto a Calcuta en 1996 para estar con ella cuando inició la espiral descendente de su enfermedad final. Nadie esperaba que pasaría todavía un año hasta su fallecimiento, pues ya estaba entrando y saliendo de los hospitales locales en estado grave. Una mañana, muy temprano, con tubos que le impedían hablar y vías intravenosas en ambos brazos, pidió por señas un papel a la hermana Gertrude, que la estaba atendiendo. Sin una palabra, Madre Teresa se las arregló para sujetar el lápiz y comenzó a garabatear con pulso débil (por lo tanto, tan distinto de su vigorosa escritura habitual) unas líneas que todavía reflejan su dolor y esfuerzo. En su anhelo porque alguien le llevara la sagrada comunión de la capilla de la casa madre, garabateó el número de teléfono y estas conmovedoras palabras: «Quiero a Jesús.»

Para nosotros también esta dinámica del deseo es la

única entrada para profundizar y mantener nuestro encuentro con la sed divina. Supone una renovación diaria de nuestra sed de Dios, mientras creemos en su sed de nosotros y nos abrimos a ella, convencidos de que...

> Ahora mismo, hoy y siempre [Jesús] tiene sed de mi amor. Él me anhela en mi alma.[9]

Jesús hace de nuestro anhelo explícito una condición para ser atraídos a su encuentro: «El que tenga sed, que venga a Mí; el que crea en Mí, que beba» (Juan 7, 37). Parafraseando la expresión clásica de san Juan de la Cruz, «amor con amor se paga», cabe afirmar de manera similar con Madre Teresa que «la sed con sed se paga», el anhelo con anhelo se paga. En realidad, *nuestra sed de Dios sacia su sed de nosotros.*

La sed de Dios sólo puede pagarse con la nuestra. ¿No es lo que todo amante desea del amado, ser querido a su vez? Nuestro deseo de Dios nos llena del mismo Dios al que anhelamos. Al final, puesto que Dios ya tiene sed del hombre, el cierre de este círculo depende por entero de nosotros, de nuestro anhelo libremente elegido de Dios (no sólo desde el sentimiento, sino también desde la fe y en nuestras decisiones), saciando a la vez su deseo y el nuestro.

La mujer samaritana

Desde el principio, Madre Teresa parece haber comprendido la importancia no sólo de nuestro encuentro con la sed de Jesús, sino de responder a esta sed con la nuestra. Una de las primeras alumnas de Madre Teresa en Saint Mary School cuenta el regreso de Madre Teresa a Calcuta tras su retiro en Darjeeling y después de haber recibido la gracia todavía desconocida del 10 de septiembre.

Sin compartir abiertamente todavía su descubrimiento de la sed de Jesús, Madre Teresa encontró un modo de referirse a este misterio y de compartir sus lecciones con su clase. Tan pronto como regresó a Calcuta, guió a sus alumnas en una meditación sobre el relato evangélico de la mujer samaritana (Juan 4, 1-42). Por los paralelismos claros entre este relato y la experiencia de Madre Teresa, parece más que evidente la razón para proponer esta lectura en concreto. Baste con recordar que dos mil años antes la mujer samaritana había vivido su propio encuentro que le cambió la vida con la sed de Jesús.

Si Madre Teresa reconoció una conexión entre este relato evangélico y la gracia que recibió en el tren, utilizándola para comunicar el misterio que había descubierto, lo mejor que podemos hacer es seguir su ejemplo. Al igual que sus primeras alumnas, nosotros también sacaremos provecho al abrir el Evangelio y leerlo de nuevo, buscando la misma luz que Madre Teresa impartió a sus alumnas como su legado de despedida, antes de abandonarlas para lanzarse a su obra en los barrios pobres.

El impacto de este pasaje del Evangelio en su vida se confirma en las muchas referencias que hace en sus charlas a sus Hermanas a lo largo de los años. En una ocasión cogió una página de calendario que representaba a la mujer samaritana ante Jesús y escribió debajo: «Dame de beber.» A Madre Teresa le impresionó tanto el comentario que hizo sobre este pasaje evangélico su santa patrona, Teresa de Lisieux, que a menudo lo citaba:

Este mismo Dios no tiene miedo de pedir un poco de agua a la samaritana. Tenía sed [...], pero al decir: «Dame de beber», era el amor de su pobre criatura lo que el Creador del universo estaba pidiendo. Tenía sed de amor.[10]

Conocemos la vergüenza inicial de la mujer samaritana, antes de encontrarse con la sed de Jesús, y la santa en que se convirtió después. La meditación siguiente, basada en el Evangelio de san Juan, nos permite seguir todo el proceso de conversión y transformación personales paso a paso, como lo vivieron la mujer del Evangelio, Madre Teresa milenios después, y se nos ofrece a nosotros hoy en día.

MEDITACIÓN SOBRE LA MUJER SAMARITANA

«Si conocieras el don de Dios» (Juan 4, 10). La maravilla de la oración se revela precisamente allí, junto al pozo donde vamos a buscar nuestra agua: allí Cristo va al encuentro de todo ser humano, es el primero en buscarnos y el que nos pide de beber. Jesús tiene sed, su petición llega desde las profundidades de Dios, que nos desea [...]. Dios tiene sed de que el hombre tenga sed de Él.[11]

Catecismo de la Iglesia católica

Paso 1

Llegó a un pueblo llamado Sicar [...]. Allí estaba el pozo de Jacob. Jesús, cansado del camino, se sentó junto al pozo. Era cerca del mediodía.

Juan 4, 5-6

Como Madre Teresa nos recuerda, fuimos creados «para amar y ser amados», creados para el amor duradero que todo ser humano anhela. Este anhelo se representa en las Escrituras como *sed* (véase «Apéndice 1»). En este episodio particular del Evangelio de san Juan, la mujer samaritana nos representa a todos. En consonancia con la imaginería bíblica de la sed, el pozo del pueblo de Sicar es usado como eje central y telón de fondo, como el símbolo para apagar nuestra sed y la culminación de nuestra búsqueda.

Advirtamos que esta escena evangélica ocurre en Samaria, país vecino de Israel, una tierra cuyo pueblo vivía aislado de Israel. Los profetas solían señalar a Samaria como símbolo de la infidelidad de la humanidad (por ejemplo, «Samaria y sus imágenes [ídolos]»),[12] y como símbolo de nuestro distanciamiento de Dios. No obstante, antes de que la mujer samaritana inicie su búsqueda del Dios que ha perdido, incluso en medio de sus tareas egoístas, *Jesús ya está allí*, aguardándola.

Él viene, el Buen Pastor, no sólo siguiendo a los que se descarrían, sino siempre delante de ellos. Lo asombroso es que nos aguarda en el mismo lugar y en el mismo acto de nuestro descarrío, y sin una palabra de condena, sólo de invitación. No viene a denunciar, sino a levantar y transformar, y comienza el proceso de nuestra restauración *atrayéndonos primero al diálogo*. A pesar de nuestras repetidas infidelidades, sigue inamovible en nuestra búsqueda, sin que importe cuánto pueda durar el proceso (en esta escena, Jesús llega al pozo cansado del viaje).

Paso 2

Llegó una mujer de Samaria a sacar agua, y Jesús le dijo: «Dame de beber»; los discípulos habían ido a la ciudad a comprar provisiones. Díjole la mujer samaritana: «¿Cómo tú, siendo judío, me pides de beber a mí, una samaritana?» Porque no se tratan judíos y samaritanos.

Juan 4, 7-9

271

La mujer samaritana simboliza nuestra pobreza humana en su máxima expresión. Como samaritana, réproba y hereje aislada del pueblo elegido, había perdido toda dignidad religiosa; como mujer, disfrutaba de escasa dignidad civil; y como pecadora pública, había perdido su dignidad como persona. Representa el estado de pérdida de la humanidad, habiendo abdicado de los dones otorgados por Dios.

Llega a «sacar agua» —es decir, llega buscando satisfacer su anhelo incumplido— «a mediodía», cuando la sed es mayor. En ese momento, en el lugar que representa su búsqueda mal dirigida, Jesús está allí, aguardando.

«Dame de beber», pide Jesús. En lugar de arremeter contra la condición herética de la mujer o su pecado público, como los profetas de la Antigüedad, Jesús se siente profundamente conmovido por su pobreza y su ignorancia del Dios verdadero, y toma la iniciativa de remediar su condición. No puede evitar revelarle a ella, mucho antes de la «hora» de su proclamación pública en el Calvario, el misterio de su anhelo divino, cumpliendo su promesa de que «los últimos serán los primeros» en recibir las bendiciones del reino de los cielos.

Los discípulos no están allí cuando Jesús habla con ella, puesto que este encuentro sólo puede ocurrir *a solas*, junto al pozo de nuestro corazón.

«¿Cómo tú, siendo judío, me pides de beber a mí, una samaritana?» Sin darse cuenta, la samaritana está dando voz a nuestras vacilaciones y dudas ante la invitación de Dios. ¿Puede Él realmente quererme? A Madre Teresa tal vez, ¿pero a mí? *Tú eres judío y yo soy samaritana.* Tú eres el Hijo de Dios y yo no soy nadie, un pecador. *¿Cómo puedes pedirme de beber?* ¿Cómo podría *yo* saciarte? Entre las personas que Jesús se encontró en sus viajes, nadie habría sido más exteriormente *inmerecedor* que esta mujer de Samaria, marginada y cinco veces adúltera, y sin embargo, ahí está Él, revelándole los secretos más íntimos del corazón de Dios; por lo tanto, sí, puedo creer que Él desea revelarme lo mismo a mí. Él viene en nuestra búsqueda, precisamente donde pecamos y flaqueamos; no para condenarnos, sólo para prometernos un agua mejor, viva; sólo para pedirnos: «Dame de beber» del amor que tenemos.

Paso 3

> Respondió Jesús y dijo: «Si conocieras el don de Dios y quién es el que te dice: "Dame de beber", tú le pedirías a Él, y Él te daría a ti agua viva.»
>
> JUAN 4, 10

Darle de beber no es tanto un don nuestro para Dios como suyo para nosotros: «Si conocieras el don de Dios.» Su sed de nosotros es, en efecto, un don, pues es sólo la gracia del encuentro con su anhelo la que puede saciar por completo nuestra necesidad de ser amados y de amar a cambio. «Y quién es el que te dice: "Dame de beber [...]."» El que pide de beber es, de hecho, Aquel que sacia, que llena nuestro vacío y aplaca el anhelo más profundo del alma humana.

Si la samaritana hubiera comprendido que el que pedía era en realidad el Dador, «le pediría a Él» primero. Con estas palabras Jesús pretende despertar el anhelo de la mujer por Aquel al que ha olvidado. Toda la conversación ha estado encaminada a ese fin; ése es el objetivo de Jesús al revelar su sed por ella y por nosotros: despertar nuestro anhelo por Él.

Si hubiéramos comprendido «el don de Dios» y quién

es, presente a nuestro lado incluso en nuestro descarrío, habríamos sido nosotros los que le habríamos pedido. De forma infalible, la experiencia de la sed de Dios por nosotros *despierta y revive nuestra sed por Él.*

Paso 4

Señor, no tienes cubo con que sacar el agua y el pozo es hondo: ¿de dónde, pues, te viene esa agua viva? ¿Acaso eres Tú más grande que nuestro padre Jacob, que nos dio este pozo?

JUAN 4, 11-12

La mujer samaritana vuelve a dar voz a nuestras dudas. Lleva mucho tiempo buscando amor y realización, y aunque su estado presente está lejos de ser satisfactorio, se muestra cautelosa ante las promesas de Jesús si no le puede ofrecer alguna seguridad.

«El pozo es hondo.» El vacío en mi corazón no tiene límites. ¿Eres capaz de llenarlo? ¿Puede un Dios al que no puedo ver satisfacerme por completo?

Y lo que es más, «no tienes cubo con que sacar el agua». No comprendo cómo puedes conseguirlo. No ofreces ninguna de las vías de *sacar agua* —de encontrar amor y significado en la vida— a las que he recurrido hasta ahora. ¿Cómo te propones hacerlo?

«¿Acaso eres Tú más grande que nuestro padre Jacob, que nos dio este pozo?» ¿Puedes darme más y más grande amor del que he encontrado hasta ahora; más del que he obtenido por mis propios medios, sacándolo por mí mismo?

274

Quien bebe de esa agua volverá a tener sed; pero el que beba del agua que Yo le diere no tendrá jamás sed, que el agua que Yo le daré se hará en él una fuente que salte hasta la vida eterna.

Juan 4, 13-14

«Quien bebe de esa agua volverá a tener sed.» Jesús declara que todo aquel que recurre a medios humanos para aplacar su sed interior, no sólo «volverá a tener sed», sino que la tendrá siempre; pues nada creado puede satisfacer una sed concebida y dispuesta para el Creador.

Pero «el que beba del agua que Yo le diere no tendrá jamás sed». El que busque ese amor en Dios, jamás le faltará, jamás estará vacío; y nunca tendrá sed en vano. En realidad, cuanto más avivamos nuestra sed dirigida a Dios, *más* somos saciados.

«El agua que Yo le daré se hará en él una fuente que salte hasta la vida eterna.» Dios no necesita medios exteriores para comunicar su amor. No depende de otras personas o acontecimientos externos para transmitirlo. Su amor, a través del don de su Espíritu que mora en nuestro interior, se convertirá en una *fuente viva dentro de nosotros*; siempre allí, siempre creciendo, derramándose hasta la vida eterna.

El último día, el día grande de la fiesta, se detuvo Jesús y gritó, diciendo: «Si alguno tiene sed, venga a Mí y beba. El que cree en Mí, según dice la Escritura, ríos de agua viva correrán de su seno.» Esto dijo del Espíritu, que habrían de recibir los que creyesen en Él.

Juan 7, 37-39

Y me mostró un río de agua de vida, clara como el cristal, que salía del trono de Dios y del Cordero [...]. «Ven. Y el que tenga sed venga, y el que quiera tome gratis el agua de la vida.»

Apocalipsis 22, 1, 17

Paso 6

Señor, dame de esa agua, para que no sienta más sed ni tenga que venir aquí a buscarla.

Juan 4, 15

«Dame de esa agua [...].» La táctica de Jesús está empezando a funcionar. Por primera vez, la mujer samaritana expresa su deseo de lo que Jesús ha prometido. Esto representa un momento crucial, no sólo en su conversión, sino en la nuestra. Aunque ha descubierto la sed divina al comienzo de la escena, nada cambiará en ella hasta que permita que la sed de Dios despierte *su propio anhelo por Él*, por un agua mejor, viva, por el amor mejor que ofrece. Una vez que el amor de Dios ha tocado y despertado la sed del hombre, empiezan los milagros de transformación y vida nueva.

«Para que no sienta más sed.» Éste ya es un paso hacia la transformación de la gracia. La mujer samaritana no sólo está dirigiendo su sed hacia Dios, sino que está empezando a considerarlo superior a todo lo que ha probado antes y a todo lo que ha seguido dejándola sedienta y, de este modo, comienza a concentrarse en este *único* deseo unificador. Espera, como nosotros, no volver a tener sed en vano, verse finalmente libre del vacío del pasado. La conversión en esta transición gradual de tener sed de lo que no es Dios a tener sed de otras cosas *junto con Dios*, para al final no tener más que una sed duradera y general que sólo satisface Dios.

«Mi alma sólo descansa en Dios, mi salvación viene de
Él» (Salmo 62, 1).

«Ni tenga que venir aquí a buscarla.» La mujer samaritana ha empezado a darse cuenta de otra gran verdad.
Cualquier otra sed no sólo no satisface, sino que además
fatiga el alma. Tener sed de Dios, por otra parte, *proporciona energía*, llenando el alma de vitalidad y nueva
vida.

PASO 7

> Él le dijo: «Vete, llama a tu marido y ven acá.» Respon-
> dió la mujer y le dijo: «No tengo marido.» Díjole Jesús:
> «Bien dices: "No tengo marido"; porque cinco tuviste, y
> el que ahora tienes no es tu marido [...].» Díjole la mu-
> jer: «Señor, veo que Tú eres profeta. Nuestros padres
> adoraron en este monte [...].»
>
> JUAN 4, 16-18, 19-20

Jesús destaca *la individualidad del deseo* que busca de
nosotros y el vínculo de alianza que crea, constituyendo
nuestra relación con Dios en términos conyugales, como
los profetas antes que Él. Ésta es la profundidad de unión
que Dios pretende establecer con cada alma humana.

«Vete, llama a tu marido.» Jesús no la está conde-
nando, sino invitándola a examinar y poner nombre a
su falsa sed. Al principio, la mujer samaritana sólo reconoce su estado general: «No tengo marido», pero Jesús quiere que descubra la naturaleza específica de su
falsa sed, poniéndole nombre una por una («cinco tu-
viste»). Hasta que no se ven y admiten tal como son,
como deseos sucedáneos, permanecen invariables.
Hasta que no vamos más allá y admitimos nuestro estado general de deseo egoísta y empezamos realmente

277

a poner nombre a dichos deseos, efectuamos escaso progreso.

«Y el que ahora tienes no es tu marido.» Las cosas que anhelamos en el presente fuera de Dios no son simples *errores*, no son sólo infracciones morales o legales, sino *infidelidades de amor* hacia Aquel que se ha hecho el Esposo del alma humana:

> Como un joven se casa con su novia,
> así tu constructor se casará contigo;
> y como el esposo se recrea
> en la esposa,
> así tu Dios se recreará en ti.
>
> ISAÍAS 62, 5

> ¿Es que los compañeros del esposo pueden estar tristes mientras el esposo está con ellos?
>
> MATEO 9, 15

> El Espíritu y la esposa dicen: «Ven [...]. ¡Ven, Señor Jesús!»
>
> APOCALIPSIS 22, 17, 20

Al aferrarnos a nuestras ataduras humanas y ambiciones egoístas, los *esposamos*: «Porque donde está tu tesoro, allí está también tu corazón» (Mateo 6, 21). Y Jesús nos recuerda de cada uno de ellos: «No es tu marido.» Sea cual fuere la sed falsa que hemos abrazado, no es nuestra verdadera esposa. El Señor mismo nos lo aclarará, como hizo con la mujer samaritana. Es preciso que no nos distraigamos de este examen con otras consideraciones meramente especulativas (aunque sean espirituales) que no trascienden el tejido de nuestra vida y nuestras decisiones: «Nuestros padres adoraron a Dios en este monte, y vosotros decís que el sitio donde se ha de adorar es Jerusalén» (Juan 4, 20).

Paso 8

> Díjole la mujer: «Yo sé que el Mesías, el que se llama Cristo, está por venir, y que cuando Él viniere nos hará saber todas las cosas.» Díjole Jesús: «Soy yo, el que contigo habla.»
>
> JUAN 4, 25-26

La mujer samaritana sabe que va a venir el Mesías, el único que puede cumplir las antiguas promesas. Está profundamente conmovida por lo que Jesús le ha dicho, pero sigue buscando más allá, en el futuro, su realización, cuando la respuesta a su búsqueda está justo ante ella, en el momento presente de un Jesús presente.

Sabe que el Mesías *nos hará saber todas las cosas*, que Él revelará todo lo que hay que saber acerca de Dios. «Soy yo, el que contigo habla.» El Dios de ahora, el Dios que *tiene sed de nosotros en el momento presente*, es ya nuestra realización. No necesitamos mirar más allá del horizonte, porque *nos está hablando ahora*. No hay necesidad de esperar, aguardar una situación diferente o mejores condiciones, esperar algún tiempo futuro cuando seamos más capaces de sentir la presencia divina. El tiempo de Dios y nuestro tiempo de encontrarlo es ahora.

La Revelación de la sed de Jesús cumple nuestro deseo de amor y conocimiento. «Él nos hará saber todas las cosas.» Su sed de nosotros arroja luz sobre quién es Él, sobre quiénes somos nosotros en nuestra dignidad plena, y sobre nuestra relación con Él.

Paso 9

Dejó, pues, su cántaro la mujer y se fue a la ciudad, y dijo a los hombres: «Venid a ver.»

Juan 4, 28-29

«Dejó, pues, su cántaro la mujer [...].» La gracia ha triunfado. La samaritana ya no necesita sus viejos medios de sacar agua, simbolizados por el cántaro que carga todos los días. Confía ahora en Jesús y renuncia a todo lo que constituía su vieja vida, marchándose dichosa a compartir su invitación con los demás: «La mujer [...] se fue a la ciudad.»

«Venid a ver [...].» Su invitación, al igual que la de Madre Teresa, no consiste sólo en escuchar la Buena Nueva, sino en *experimentarla por nosotros mismos*. A nuestra vez, cuando compartamos este mensaje, invitaremos a otros a la misma experiencia, a «venir a ver» lo que nos ha impresionado tan profundamente, los invitaremos a mantener su propio encuentro.

Paso 10

Muchos samaritanos de aquella ciudad creyeron en Él por la palabra de la mujer [...]. Pero así que vinieron a Él le rogaron que se quedara con ellos; y permaneció allí dos días [...]. Y decían a la mujer: «Ya no creemos por tu palabra, pues nosotros mismos hemos oído [...].»

Juan 4, 39, 40, 42

El encuentro lleva a la misión, a compartir lo que hemos recibido; y la misión lleva otra vez al encuentro, en un círculo expansivo de gracia. Nosotros también estamos llamados y equipados para transmitir esta luz de Dios, del mismo modo que el ejemplo de la samaritana se convirtió en una invitación para Madre Teresa y que Madre Teresa se ha convertido en un ejemplo para nosotros.

¿Qué nos ha enseñado este relato evangélico? Hemos visto que al revelar su sed de nosotros, Jesús espera despertar nuestra sed de Él, de Dios. Y una vez que empezamos a expresar nuestro anhelo por Él, una vez que ponemos estas dos formas de sed en contacto y comunión, se inicia el proceso de verdadera conversión y transformación.

¿Cómo tenemos sed de Dios? Madre Teresa nos diría que no es un sentimiento, sino un deseo, una dirección, *una dirección de la voluntad* y, por lo tanto, siempre es posible que nos encontremos con la consolación o con la aridez. Nuestro ser ya es una sed encarnada de Dios, así pues nuestra sed necesita sólo ser dirigida a Él. Nuestras debilidades humanas son una expresión de tal sed, un grito por lo que nos falta. La fuerza del deseo ya actúa en nuestro interior. Sólo necesita ser purificada, unificada y centrada de nuevo en Dios.

Madre Teresa dedicó su vida a enaltecer las palabras de Jesús «Tengo sed» no sólo sobre los muros de sus capillas, sino en todas sus expresiones y acciones. Ha procurado alrededor del mundo que todos, y en especial los más necesitados, escucháramos estas palabras para sanarnos y colmarnos. Las palabras «Tengo sed», que ya describen el corazón de Jesús, van a describir también nuestro corazón y nuestro ser más íntimo. Sólo cuando se da respuesta a la sed de Dios con la nuestra a cambio, las palabras de Madre Teresa colocadas sobre la pared de la capilla estarán completas. Como hemos visto junto al pozo de Sicar y de nuevo dos mil años después en el tren de Darjeeling, el matrimonio de una sed y otra produce transformación y resurrección, incluso aquí abajo.

El que tenga sed, que venga a Mí; el que crea en Mí, que beba.

CONCLUSIÓN

PORTADORA DE LUZ A NUESTRA CALCUTA

«Sois preciosas para Mí, os amo.»
Éstas no son palabras humanas, Hermanas.
Así es como nos habla Dios [en las Escrituras]:
«Sois preciosas para Mí.»[1]

MADRE TERESA

Vivir como amados de Dios

Ahora que llegamos al final de nuestro viaje con Madre Teresa, un viaje que nos lleva al umbral de nuestro divino encuentro, dediquemos un momento a alcanzar una perspectiva general de esta santa que ha bendecido nuestro mundo y nuestra Calcuta particular con nueva luz. Una vez que hemos sabido su secreto y hemos encontrado respuestas a las preguntas planteadas al comienzo de este libro, podemos intentar resumir lo que ella significa para nuestro mundo.

Madre Teresa fue enviada entre nosotros para hacerse eco de las palabras de Jesús «Tengo sed» ante los pobres y los abandonados, y para traspasar nuestra oscuri-

283

dad con «la luz y el amor» todopoderoso de Dios. Y lo hizo en nombre de Dios y su poder, actuando de mediadora para todo el que se le acercaba en la experiencia transformadora de *saberse amado*, de experimentar que el Todopoderoso lo apreciaba:

Aunque una madre olvide a su hijo, yo no te olvidaré. Te he grabado en la palma de mi mano. ¡Eres precioso para mí! Te amo.[2]

Lo más importante que debemos recordar es que Cristo nos llamó a cada uno por nuestro nombre y que Él dijo: «Eres precioso para Mí, te amo.» Si recuerdas esto, marcará verdaderamente la diferencia.[3]

Experiencia fundamental

Más allá del consuelo humano que nos proporciona, la experiencia de ser amados y valorados por Dios es importante en un plano aún más profundo, en un plano espiritual. Saber que somos libres e inmensamente amados se convierte en la experiencia cristiana fundamental. Y es así para nosotros porque primero lo fue para Jesús, de quien el Padre proclamó en el Jordán: «Tú eres mi hijo amado, mi predilecto» (Marcos 1, 11). Este amor predilecto, del que Madre Teresa habló y que imitó, es el cimiento sobre el que se construye nuestra entera relación con Dios.

Los Evangelios dan a entender que *esta conciencia de ser amados* fue el pan cotidiano que sostuvo a Jesús a lo largo de su vida y en particular durante la Pasión. Ésta fue su línea de fondo, el tejido de todos sus días y de cada noche que pasó en el abrazo divino, solo en las colinas de Galilea. Éstas son las profundas raíces evangélicas que sustentan la conciencia de Madre Teresa de ser amada, una conciencia a la que se aferró «sólida en su fe» (1 Pedro 5, 9) a lo largo de su noche oscura.

Misión y mensaje

El máximo deseo de Madre Teresa era lograr que los pobres, los olvidados por la sociedad y los que parecían olvidados por Dios se vieran como Dios los ve, como *amados*. El hecho de que alguien medie por nosotros en la experiencia de ser amados divinamente, como hizo Madre Teresa con tantas personas, prepara al alma para creer en la sed de Dios por nosotros y abrirse a ella.

En los detalles más pequeños y ordinarios, Madre Teresa nos mostró el mismo amor que había conocido de manera tan extraordinaria en el tren. Y lo hacía con una sonrisa, una mirada, una mano gentil en la frente de un moribundo, una palabra de consuelo, cada gesto se hacía eco elocuente de las divinas palabras: «Tú eres mi hijo amado, mi predilecto» (Marcos 1, 11).

Frente a nuestra pobreza y debilidad, Madre Teresa se dio cuenta de que nuestro mayor sufrimiento no es esa necesidad o flaqueza en sí, sino el sentimiento de inutilidad, de carecer de valor, de no ser apreciados ni amados. Éste es el antievangelio del egoísmo, la voz en nuestra cultura que insiste en que *sólo la belleza es digna de ser amada*. Añadámosle los susurros de nuestra conciencia con su carga de culpa, y al Tentador le costará poco convencernos de que hemos sido abandonados por el amor de Dios.

Y entonces aparece Madre Teresa, quien dedicaría su vida entera a *demostrar lo contrario*, que el amor de Dios confiere belleza a todas las cosas, y a invitar incluso al mundo desarrollado a encontrar la misma sed divina que su amor por los pobres proclamaba. Ella se vació de egoísmo para que todo lo que le quedara fuera el mensaje de Dios. Sabía que el remedio para nuestra sensación de no ser amados estaba en descubrir, como ella había hecho, que somos apreciados, no sólo aceptados tal como somos, sino amados. Su gran deseo era ayudar a que las palabras de Dios a través de Isaías, que ella repetía con tanta frecuencia, reverberaran en cada corazón:

> ¡Eres precioso para mí! Te amo. Aunque una madre olvide a su hijo, yo no me olvidaré de ti. Te he grabado en la palma de mis manos.
>
> Isaías 49, 15-16

Madre Teresa no sólo nos lo dijo; nos *mostró* que somos amados. Nos ha facilitado el acercamiento al misterio de la sed divina por nosotros y nos ha invitado a compartir su fuego interior; a hacer lo mismo unos por otros.

Vivir para amar

Sin embargo, no basta con saber que somos amados y recibir el amor divino en la oración, ni con apartar nuestro deseo de los apetitos mundanos y empezar a tener sed de Dios. Esto es esencial y el primer paso, pero sólo el primer paso. Estamos llamados a devolver y esparcir el amor que hemos recibido, a amar a Dios con más y más de nuestro ser, en los buenos y en los malos tiempos. Todo lo que ocurre en nuestra vida, en el plan de Dios, es en nombre del amor, es una escuela de amor. En palabras de William Blake: «Y por corto espacio se nos ha puesto en la tierra / para que aprendamos a resistir los rayos del amor.» Y como san Juan de la Cruz nos recuerda (como hace Jesús en la parábola de los corderos y las cabras), «al atardecer de la vida nos examinarán de amor».

El ciclo de gracia al que Madre Teresa nos invita no está completo hasta que nuestro deseo por el Dios del amor se convierte en amor por el Dios que deseamos, hasta que *amamos al Señor nuestro Dios con todo nuestro corazón, con toda nuestra alma y con toda nuestra fuerza* (cf. Deuteronomio 6, 5).

Ésta es la meta final de nuestra conversión y transformación, el único florecimiento de nuestro anhelo por Dios. En ello radica nuestra dignidad suprema, en amar como ama Dios, porque «el amor es de Dios y todo el que ama ha nacido de Dios» (1 Juan 4, 7). Recordemos que Dios no sólo tiene sed de amarnos, sino que también tiene sed de *ser amado por nosotros*: como Madre Teresa nos recuerda, el deseo de Dios es «amar y *ser amado*».

Amar al Dios que es amor unifica y eleva todas las operaciones del alma y cada uno de los aspectos de nuestra vida. San Juan de la Cruz explica en su *Cántico espiritual:*

Ya todos estos oficios están puestos en ejercicios de amor de Dios; es, a saber, que toda la habilidad de mi alma y cuerpo, memoria, entendimiento y voluntad, sentidos interiores y exteriores, y apetitos de la parte sensitiva y espiritual, todo se mueve por amor y en el amor haciendo todo lo que hago con amor, y padeciendo todo lo que padezco con dulzura del amor.[4]

El amor no sólo es el final y la meta de nuestro proceso de transformación; es nuestro camino y puerta de acceso. El amor en sí es el proceso, pues el camino hacia el Dios del amor es sólo el amor. El amor es una empresa siempre a nuestro alcance, siempre una elección a mano. Como nos asegura Madre Teresa, siempre es temporada para el fruto del amor, siempre aguardándonos e invitándonos, llamándonos desde las profundidades de nuestras almas, donde mora su gloria, y desde las heridas y necesidades de nuestro prójimo, donde su sed crucificada por amor es más impresionante y urgente:

> El amor es una fruta siempre del tiempo y siempre al alcance de cualquier mano. Cualquiera puede recogerlo y no se establece ningún límite.[5]

Lo que esto significa es que no hay necesidad de esperar, no hay necesidad de mejorar para devolver un poco del inmenso amor que hemos recibido y continuamos recibiendo en la oración. Nada se interpone en el camino de experimentar la plena «dicha de amar»[6] y completar el círculo del amor divino recibido y entregado. Un autor anónimo se hizo eco sin saberlo del mensaje de Madre Teresa, dando voz a la sed del Todopoderoso por nuestro amor, cualquiera que sea nuestra condición:

> Ámame tal como eres. Conozco tu miseria, la lucha interna de tu corazón y las tribulaciones de tu alma, la debilidad y los padecimientos de tu cuerpo. Conozco tus pecados, tus flaquezas; y te sigo diciendo lo mismo, dame tu corazón. Ámame *tal como eres*.
> Si esperas a convertirte en un ángel para entregarte al Amor, nunca me amarás. Aunque caigas a menudo en esos pecados que preferirías no haber conocido jamás, aunque seas perezoso en la práctica de la virtud, no te permito que no me ames. Ámame tal como eres, en todo instante y en cualquier disposición en que te encuentres, estés en fervor, aridez o tibieza; estés en fidelidad o infidelidad, ámame *tal como eres*.

Quiero el amor de tu pobre corazón, tu corazón indigente. Si decides esperar hasta que seas perfecto para amarme, nunca me amarás [...]. Cierto es que pretendo formarte, pero mientras tanto, te amo tal como eres. Y tú ámame tal como eres. Deseo ver este amor que has elevado y acrecentado desde el fondo de tu miseria. Amo en ti hasta tu debilidad, amo el amor de los pobres.[7]

Palabra de amor

Cuando nos acercamos al final de nuestro viaje, no podemos hacer nada mejor que honrar a Aquel que «ama el amor de los pobres» sosteniendo sus palabras «Tengo sed», como hizo Madre Teresa, sencillamente como «palabra de amor».[8] Madre Teresa ha centrado de nuevo nuestra atención en este misterio pasado por alto durante generaciones, un misterio que Dios ha vuelto a enaltecer a través de ella, en estos días en los que el amor del mundo se ha enfriado.

Podemos preguntarnos por qué Dios esperó dos mil años para alzar estas palabras ante el mundo. Si existe una respuesta discernible, acaso sea porque estas palabras nunca han resultado tan urgentes como en la actualidad. Si, como observó el papa Juan Pablo II, *nunca en la historia ha rechazado el hombre tan sistemática y totalmente a Dios*, nunca en la historia ha sido la sed de Dios por el hombre, ni la díscola sed del hombre por Dios, más urgente o aguda. Tal vez ésta sea la razón por la que Madre Teresa tuvo tal sensación de urgencia acerca de su misión y mensaje, y quiso llevarlo «con presteza», como María de Nazaret (Lucas 1, 39), a los pobres y al mundo.

Aunque a lo largo de la historia ha habido santos y escritores espirituales que han tenido cierta intuición de este misterio (una breve antología de sus referencias sobre la sed divina se presenta en el «Apéndice 3», mostrando que el Espíritu Santo ha estado preparando este mensaje en el transcurso del tiempo), no hay ningún otro en la historia cristiana que haya tomado estas palabras como cimiento de una espiritualidad y una misión completas, como hizo Madre Teresa.

El testimonio de Madre Teresa

Al final, si queremos entender la sed de Dios, si queremos comprender el anhelo divino, sólo es preciso mirar a Madre Teresa.

Por muchos comentarios que se puedan hacer sobre este mensaje, en un sentido especial continúa siendo un don que Dios le hizo a ella y un don que nos hizo a nosotros por mediación de ella. Madre Teresa no deja de ser el mejor de los comentarios, y su vida, la luz más brillante que refleja la sed de Dios.

Como hemos visto a lo largo de estas páginas, su mensaje es infinitamente rico, pero también infinitamente sencillo. Nos ha mostrado que como el desierto ardiente ansía el agua, Dios nos ansía a nosotros. Y el Dios que tiene sed de nosotros no es difícil de encontrar, puesto que mora en nuestra alma como su templo y se presenta en el disfraz palpable de nuestro prójimo sufriente, facilitándonos el encuentro con el Dios inescrutable y colocándonos cara a cara con Cristo. Pues todo lo que hagamos por amor, sabemos que «se lo hacemos a Él». Nuestros más pequeños actos de amor revelan, *para que todo el mundo lo vea*, el misterio, la realidad de la sed de Dios por el hombre y la sed del hombre por Dios. Las palabras de Jesús desde la cruz están escritas suavemente en las heridas de todo corazón humano; son susurradas en todo grito humano. Madre Teresa ha escuchado, creído y amado, y nos ha enseñado a «ir y hacer lo mismo».

Así pues, ¿qué significa la sed de Jesús en la realidad de nuestras vidas cotidianas de modo práctico y vivible? Dios nos está esperando; Dios nos anhela; Dios siente *soledad* de nosotros. Pero recordemos: Dios nos espera en los que están desvalidos; Dios nos anhela en los que buscan consuelo; Dios siente soledad por nosotros, en todo corazón humano solitario.

Dios —cuyo amor es infinitamente humilde, infinitamente amable— oculta su poder en el dolor y la pobreza, para que sólo podamos encontrarlo POR MEDIO DEL AMOR, SÓLO POR MEDIO DE LA COMPASIÓN...

Jesús está crucificado en la cruz del mundo, la cruz plantada en todos los corazones, en especial en los más pobres. Que Madre Teresa obtenga para nosotros la luz y la gracia para escuchar y saciar Su grito de sed; para escucharle decirnos como a la mujer samaritana, incluso en nuestra condición pecaminosa, «Dame de beber [...]. Tengo sed de ti».

Al igual que esa invitación, ese *don de Dios*, cambió la vida de la mujer samaritana y la vida de Madre Teresa, que también cambie y moldee la nuestra, hasta ese día en que escucharemos con nuestros propios oídos lo que Jesús ya ha expresado a Madre Teresa cuando entró en el reino de los cielos: «Ven, bendita de mi Padre [...]. Porque tuve dolor y necesidad y tú me lo hiciste a mí», como si nos estuviera diciendo a nosotros: «Bebí de vuestro corazón en la tierra; venid a beber del mío en la eternidad...»

En efecto, debido a Madre Teresa y su mensaje, debido a este fuego interior que se le confió, incontables generaciones llegarán a conocer mejor a Dios. Debido a ella, la *dolorosa sed* de Aquel que se lamentó a Madre Teresa: «No me conocen—por eso no me quieren» se está enjugando, pues ella ha logrado que lo conozcamos mejor. Al conocer la «sed infinita del corazón de Dios de amar y ser amado» cuántos miles de personas llegarán no sólo a quererlo, sino a amarlo y a ser transformados por Él.

Mediante su encuentro, recibido en el tren de Darjeeling, vivido en los barrios pobres de Calcuta y compartido con todo aquel que la escuchara, Madre Teresa ha entregado al mundo su mayor don, pues de un modo nuevo y único, nos ha abierto una ventana en el corazón de Dios.[9]

PARA MADRE TERESA: SALMO GRADUAL
(1910-1997)

Una estrella de la antigua Macedonia,
elevada sobre la ciudad de Kali,
sesenta vueltas de cielo invernal iluminó.

Y al ascender hacia arriba,
y hacia otra Jerusalén,
ha dejado que este día
resplandezca con menor brillo
la bóveda que ilumina
la noche por muchos llorada.

APÉNDICES

APÉNDICE 1

«TENGO SED»: LA VOZ DE LA ESCRITURA

En este apéndice reconsideraremos con mayor detenimiento las intuiciones de Madre Teresa teniendo como
telón de fondo la historia de la Revelación, pues sus percepciones pierden su belleza y magnitud plenas fuera de
este contexto, igual que la tesela de un mosaico carece
de su verdadero significado fuera de él.

Madre Teresa comprendió el grito de sed de Jesús en
la cruz (cf. Juan 19, 28) de manera muy profunda, pero
—como hemos visto— también muy sencilla. Estaba
convencida de que más allá de su sed humana, física,
Jesús crucificado quería expresar una «sed» divina más
honda de unión con nosotros:

Cuando agonizaba en la Cruz, Jesús dijo: «Tengo
sed.»[1]

No tenía sed de agua, sino de almas, de amor.[2]

¿Se trata nada más de piedad religiosa, mera devoción, o existe alguna base bíblica para la interpretación
que hace Madre Teresa de estas palabras más allá de sus
propias luces e intuiciones? ¿Respalda el Evangelio sus

afirmaciones inusuales o la Palabra de Dios se limita a señalar la sed *física* de Jesús en la cruz?

Los evangelistas proporcionan una pista evidente que sugiere un significado más profundo y espiritual del grito de sed de Jesús. Es el hecho de que *en ningún lugar del Evangelio se queja Jesús de su incomodidad física*, y menos aún durante su Pasión, durante ese *bautismo* que *anhelaba con ansia* sufrir (cf. Lucas 12, 50). Recordemos que al comienzo de la crucifixión, cuando los soldados romanos ofrecieron a Jesús una mezcla de vino con hiel para aminorar su dolor (cf. Mateo 27, 34), Él la rechazó rotundamente. Sin embargo, al acercarse el final de su tiempo en la cruz, cuando la necesidad de agua aumentó debido a la pérdida de sangre, la sed física de Jesús alcanzó su punto culminante y se convirtió en el símbolo de *una sed interior que la sobrepasaba con creces*.

Como veremos, existe una copiosa historia bíblica sobre el simbolismo de la sed, como metáfora tanto del anhelo del hombre por Dios, como de Dios por el hombre. Sabiendo que nos hallamos sobre terreno firme, que contamos con suficientes precedentes bíblicos para atribuir más que una sed física a las palabras de Jesús en la cruz, podemos comenzar a extraer de las Escrituras toda la riqueza que aportan las percepciones de Madre Teresa.

La sed en las Escrituras

Existe una larga historia de anuncios en las Escrituras que llevan al grito de sed de Jesús. A través de la Revelación, el Espíritu Santo ha optado por representar el anhelo del hombre por Dios en el lenguaje más accesible posible, el lenguaje de la experiencia humana. Como pueblo nómada en búsqueda constante de agua, Israel entendía fácilmente la sed como metáfora. A lo largo de los siglos, la conexión simbólica entre la sed espiritual y física llegó a insertarse tanto en la mente hebrea y en su lengua, que la misma palabra *(nefesh)* acabó significando tanto «sed» como «alma». El alma, más que la garganta corporal, se consideraba el «origen de la sed»,[3] por lo que la simple y llana experiencia cotidiana de sentir sed de agua ya comportaba un significado espiritual más profundo.

Fue gracias al lenguaje de los Salmos como el misterio del anhelo del hombre por Dios, expresado allí justamente como «sed», ofreció una primera clave bíblica para entender al ser humano. En la visión de los Salmos, el hombre era una sed viva de Dios. Esta elección del lenguaje de la experiencia muestra cómo la larga travesía de Israel por el desierto marcó su conciencia, produciendo un vocabulario propio, un léxico único surgido de la experiencia israelita de anhelo divino como sed de agua en una tierra seca.

Como la cierva busca corrientes de agua,
así mi alma te busca a Ti, Dios mío;
mi alma tiene sed de Dios, del Dios viviente.

SALMOS 42, 1-2

Oh, Dios, Tú eres mi Dios; desde el amanecer ya te estoy
  buscando,
mi alma tiene sed de Ti,
en pos de Ti mi ser entero desfallece
cual tierra de secano árida y falta de agua.

SALMO 63, 1

Tiendo mis manos hacia Ti;
sediento estoy de Ti como una tierra seca.

S<small>ALMO</small> 143, 6

Este simbolismo continuó desarrollándose en los profetas, en particular en Isaías, quien invita a todos los que anhelan a Dios: «¡Oh, todos los que estáis sedientos, id por agua!» (Isaías 55, 1). En el Nuevo Testamento la sed continuaría su connotación simbólica, indicando *ardiente anhelo espiritual* o, en el lenguaje de la erudición bíblica moderna, el «deseo apasionado de un bien espiritual»,[4] como la «sed de justicia» (Mateo 5, 6), de la que habla Jesús en las Bienaventuranzas.

El Evangelio de san Juan

Pero el simbolismo de la sed humana, presente tanto en el Antiguo Testamento como en el Nuevo, alcanzaría su cenit en el Evangelio de san Juan (véanse los capítulos 4, 7 y 19). En el capítulo 7 se presenta a Jesús asistiendo a la fiesta de los tabernáculos. Esta antigua celebración, que se remontaba al Éxodo, festejaba la cosecha anual como fruto de las aguas divinas dadoras de vida. Pero la fiesta también conmemoraba el tiempo de Israel en el desierto, cuando Yahvé moró en medio de su pueblo en una tienda ordinaria, lo que ya constituye un símbolo importante de su anhelo. La celebración de la fiesta, como se seguía practicando en la época de Jesús, abundaba en simbolismo:

> El flujo de agua de la roca en el desierto era celebrado por los israelitas, tras su establecimiento en Canaán,

con manifestaciones de gran regocijo [...]. Durante cada uno de los siete días de la fiesta, los sacerdotes iban con música y el coro de levitas a sacar agua en una vasija dorada del manantial de Siloé.

Los seguían multitudes de fieles, tantos como podían acercarse a la corriente para beber de ella, mientras se alzaban las expresiones de júbilo: «Sacaréis agua con alegría de la fuente de la salvación» (Isaías 12, 3). Después, el agua que habían sacado los sacerdotes se llevaba al templo en medio del sonido de las trompetas y los cánticos solemnes: «Ya estamos a tus puertas, oh, Jerusalén» (Salmos 122, 2). Entonces el agua se derramaba sobre el altar de las ofrendas quemadas, mientras proseguían las canciones de alabanza, uniéndose la multitud en coro triunfal con los instrumentos musicales y las trompetas de tono profundo.[5]

El simbolismo asociado con la fiesta de los tabernáculos se centraba en el agua y la sed, y Jesús se aplicaría a sí mismo estos temas, como Aquel que cumple las promesas y anuncios de la fiesta: «El último día, el día grande de la fiesta», la voz de Jesús se escuchó resonar por los atrios del templo: «Si alguno tiene sed, venga a Mí y beba. El que cree en Mí, según dice la Escritura, ríos de agua viva correrán de su seno» (Juan 7, 37-38).[6]

La sed interior de la que habla la Escritura es una dinámica de *dos direcciones*, que representa el deseo del hombre por Dios y el de Dios por el hombre. La sed de Dios que siente el hombre, de la que los Salmos hablan poéticamente, es un anhelo innato por la vida y el amor divinos, sin los que no podemos levantarnos de nuestro estado caído.

Por otro lado, la sed de Dios por nosotros es completamente diferente. Su sed es por *nuestro bien* y es un don gratuito que no indica necesidad ni carencia por su parte, sino sólo pura abundancia. Como ya se ha señalado, aunque nada en Dios nos necesita, todo en Dios nos quiere.

En el cuarto Evangelio en particular, Jesús se presenta como Aquel que no sólo revela, sino que une estas dos dimensiones de la sed bíblica, humana y divina, sed como gran don de Dios (Juan 4, 10) y como gran necesidad del hombre (Juan 7, 37).

Por tanto, para lograr una comprensión plena, el grito de sed de Jesús en el Calvario —y las percepciones de Madre Teresa— deben verse a la luz del Evangelio de san Juan. Resulta significativo que sólo en el Calvario Jesús pronuncie públicamente esas reveladoras palabras, pues, como aclara san Juan, su crucifixión es sobre todo la hora de *gloria* de Dios, no de derrota.

Puesto que la gloria de Dios no es nada menos que la iluminación, la Revelación clara de su naturaleza, y puesto que la naturaleza de Dios es amor, la manifestación máxima de amor divino en la cruz se convierte en el momento de gloria divina. Como tal, lo que Jesús hace y dice en la cruz se convierte no sólo en parte de la Revelación, sino que destaca como su cima y punto culminante.

En el nombre del Padre

Admitiendo la naturaleza simbólica de la sed de Jesús en la cruz, algunos han especulado, no obstante, con que sus palabras de sed se dirigen sólo al Padre y no a la humanidad. ¿Cómo podemos saber que el grito de Jesús no está expresando nada más su anhelo por el Padre (que constituye el núcleo de su ser) o el anhelo por Dios de la humanidad caída, que había tomado sobre sí deliberadamente (cf. Filipenses 2, 6 y ss.)?

Sin duda, Jesús en la cruz se está revelando como una «sed» viva por el Padre. Al mismo tiempo, está revelando nuestra pobreza humana —no sólo como criaturas, sino como pecadores—, así como su solidaridad total con esa pobreza, «incluso hasta la muerte». Ambas son verdades importantes.

Pero el objetivo principal de Jesús a lo largo de toda su vida, y en especial en el Calvario, fue *revelar al Padre*, «[hacer] al Padre presente como amor y misericordia».[7] Aun cuando está manifestando su amor por nosotros («como el Padre me ama, Yo os he amado»), sigue revelando al Padre, cuya imagen perfecta es.

Cada gesto de Jesús era un reflejo del Padre, cada una de sus palabras, el eco del Padre. Jesús declara que no ha venido a hablar en su nombre, sino en el nombre de Aquel que lo había enviado (cf. Juan 7, 16) e insiste: «Yo digo al mundo lo que le he oído a Él» (Juan 8, 26). Pero desgraciadamente, a lo largo de su vida y en especial allí en la cruz, esta fuente más alta de sus palabras no se entendió. San Juan se lamenta: «Ellos no entendieron que les hablaba del Padre» (Juan 8, 27). Jesús en la cruz proclamaría el anhelo del Padre por el hombre, hablando al «mundo» de la sed que había escuchado a Aquel que lo envió: «La doctrina que escucháis no es mía, sino del Padre que me ha enviado» (Juan 14, 24). Pero el mundo no lo entendió. Jesús no dijo las palabras «Tengo sed» sólo en su propio nombre. Sobre todo, las expresó en nombre de Aquel a quien vino a revelar.

En ese momento de amor ilimitado en el Calvario, Jesús estaba revelando el amor infinito de la Trinidad al completo. En especial allí en la cruz, Jesús se convirtió en la imagen, la expresión, la *Palabra* del amor del Padre, un amor más allá de nuestro entendimiento para el que, en esa hora suprema, la *sed* se convirtió en el símbolo elegido por la divinidad.

Si cada una de las palabras que pronunció Jesús le fueron entregadas por el Padre y revelaba al Padre, «haciendo presente al Padre como amor y misericordia», muchísimo más lo fueron *esas* palabras expresadas en la cruz, expresadas en el mayor momento de la Revelación, el único momento en que Jesús se refiere a él como «la hora del Padre» (Juan 12, 27) y la única hora que san Juan denomina de «gloria» (Juan 17, 1).

Jesús insiste en que «el que me ha visto a Mí, ha visto al Padre [...]. Las palabras que yo os digo no las digo por mi propia cuenta» (Juan 14, 9,10). En su humanidad, Jesús estaba revelando nuestra sed de Dios. Pero en su divinidad, como la Palabra eterna, estaba cumpliendo su tarea primordial de revelar al Padre, y mediante esta palabra simbólica de la sed, el anhelo del Padre por nosotros, sus hijos.

Prefacio doble

Aunque el contexto del Evangelio de san Juan en su conjunto sugeriría que la sed de Jesús es expresada en el nombre del Padre y dirigida a la humanidad, ¿ofrece el evangelista algunas pistas más directas? ¿Confirma el texto de manera específica que *nosotros* somos el foco de la sed divina revelada en el Calvario, como creía Madre Teresa?

De un examen minucioso del texto evangélico (cf. Juan 19, 28-30), se desprende que la interpretación de Madre Teresa no es sólo una entre varias otras, todas igualmente válidas, sino que refleja el mensaje principal que tanto Jesús como san Juan deseaban transmitir.

Para asegurarse de que las generaciones futuras no malinterpretarían el grito de sed de Jesús en la cruz, san Juan ha colocado dos valiosas pistas en el texto evangélico, en la forma de un prefacio doble. De todas las palabras de Jesús en el Calvario, éstas son las únicas tan cuidadosamente separadas, pues es el modo que tiene el evangelista de subrayar su intención e importancia verdaderas:

> Jesús, sabiendo que todo se había consumado, para que se cumpliera la Escritura, dijo: «Tengo sed.»
>
> JUAN 19, 28

Analicemos con mayor detenimiento este prefacio de dos partes. La primera oración, «sabiendo que todo se había consumado», muestra que las palabras de Jesús son una expresión de conclusión, que representan una especie de compendio, un resumen, incluso una declaración suprema. La segunda frase, «para que se cumpliera la Escritura», nos da una pista de la intención del Espíritu Santo al emplear las palabras «Tengo sed».

«Sabiendo que todo se había consumado»

Incluso antes de escuchar las palabras de Jesús desde la cruz, el evangelista quiere hacernos saber que las está pronunciando deliberadamente y con un objetivo específico. Era como si hubiera esperado mucho tiempo la hora adecuada para proclamar dichas palabras. Sabemos que Jesús había aguardado adrede ese momento, no permitiendo que lo detuvieran antes, como san Juan nos recuerda: «Querían prenderlo, pero nadie puso en Él las manos porque su hora no había llegado todavía» (Juan 7,

30). Del mismo modo, había aguardado y anhelado subirse finalmente a la cruz, para lo cual había venido al mundo: «Tengo que recibir un bautismo, y estoy angustiado hasta que se realice» (Lucas 12, 50). Y ahora, habiéndose subido a la cruz por nuestra salvación, ha esperado dolorosamente el fin de su «hora», «sabiendo que todo se había consumado» (Juan 19, 8), para lanzar su grito de sed. Tan pronto como lo hace y recibe vinagre, Jesús «inclinando la cabeza, expiró» (Juan 19, 30).

Ha cumplido todo aquello para lo que el Padre lo había enviado; ha revelado el amor de Dios, salvado al mundo de su pecado y está a punto de exhalar el último suspiro y entregar el don del Espíritu (en el Evangelio de san Juan, Pentecostés ya comienza en esta hora de gloria en la cruz). Al igual que un artista aguarda hasta que ha terminado su obra maestra para ponerle un nombre, Jesús ofrece sus palabras de sed casi como un título, una etiqueta para el gran mosaico acabado de su vida. Al pronunciar estas palabras de cierre, el misterio de su sed arrojará una luz unificadora sobre todo lo que Jesús ha dicho y hecho, de modo que el Evangelio entero se convierte en una expresión del anhelo de unión del Padre con el hombre pecador.

«Para que se cumpliera la Escritura»

Las palabras «Tengo sed» fueron pronunciadas no sólo al ver que todo se había realizado, sino también «para que se cumpliera la Escritura» (Juan 19, 28). La expresión de san Juan parece ambigua, y acaso lo sea deliberadamente, como lo son las lecciones y la luz en ambos modos de entender «la Escritura». Cumplir la Escritura puede significar «las Escrituras en general». En este sentido, la expresión del evangelista querría decir que todo lo que Dios deseaba revelar sobre Sí mismo en las Escrituras, a partir del Génesis, está en cierto modo resumido en el grito de sed de Jesús. En efecto, en Jesús se revela «el anhelo infinito de Dios de amar y ser amado» y la sed descarriada del hombre es por fin redimida y redirigida hacia Dios. Dios y el hombre vuelven a ser uno. En este sentido, todas las Escrituras se resumen en el grito de Jesús, y se cumple su objetivo, para que realmente «todo se haya consumado».

Al mismo tiempo, «cumplir la Escritura» puede indicar un pasaje bíblico particular. ¿Pero cuál?

Durante su pasión, desde el término de la Última Cena en adelante, como israelita devoto y en especial como Mesías, Jesús rezará los Salmos. Los eruditos bíblicos están de acuerdo en que, tras ser alzado en la cruz, Jesús citó el Salmo 22 («Señor, Señor, ¿por qué me has abandonado?» [Mateo 27, 46]), así como el Salmo 69. Este último, en el que se centra san Juan, es uno de los «Salmos mesiánicos», que anuncian la gloria futura, pero también los sufrimientos futuros, del Mesías. En lugar de limitarse a citarlo, Jesús cumple este Salmo —esto es, cumple esta Escritura particular— viviendo su mensaje: «Esperé compasión, pero fue en vano [...]. Cuando tenía sed, me dieron a beber vinagre» (Salmo 69, 20, 21).

La primera parte del pareado (Salmo 69, 20) habla del anhelo del Mesías por el amor de su pueblo, un amor generoso, un amor entregado, expresado como «piedad» o «compasión». La segunda parte compara el rechazo que soportará el Mesías con el acto de negar agua a un hombre sediento y la crueldad aún mayor de ofrecerle vinagre en su lugar: «Cuando tenía sed, me dieron a beber vinagre» (Salmo 69, 21).

Palabra y gesto

En los momentos importantes de su misión de comunicar la Palabra de Dios a Israel, los profetas (en particular Jeremías) expresaron el mensaje de Dios y lo representaron simbólicamente. Esta conjunción de palabra y gesto está tan afianzada en la mentalidad de Israel que el sentido hebreo de *palabra* tiene un doble significado, aunque se refleja en un único término, *dabar*, que significa tanto «palabra» como «hecho», puesto que los hechos son tan reveladores como las palabras. En el momento mayor de la Revelación, Jesús, el más grande de los profetas, hace lo mismo. La primera parte de esta *palabra* la pronuncia Jesús cuando proclama la sed divina; la segunda parte la representa, cuando recibe el vinagre.

Volvamos a la escena descrita por san Juan en el capítulo 19. Después de que Jesús dice «Tengo sed», los soldados alzan burlonamente una esponja hasta sus labios, pero no empapada en el agua que suponen que quería, sino en el vinagre sucio de un cubo utilizado para lavar la sangre y la inmundicia de sus herramientas. Aunque el vinagre causaría un intenso dolor a sus labios ya agrietados y sólo agravaría su sed, Jesús representa deliberadamente la segunda parte de esta palabra (Salmo 69, 21). Decide beber el vinagre (cf. Juan 19, 30) para poner más claramente de manifiesto el patetismo y la urgencia de la sed divina que acaba de proclamar. El Hijo de Dios ha aceptado con dolor el vinagre de nuestro rechazo, símbolo del pecado de la humanidad; ha conseguido redimir nuestro rechazo abrazándolo.

Cabe concluir este breve examen declarando que, aunque Jesús también anhelaba sin duda al Padre, éste no fue el impulso principal del verso del salmo que ha citado y aplicado a sí mismo, ni, por tanto, de su grito de sed. Este salmo que Jesús ha evocado mediante sus palabras y cumplido bebiendo el vinagre, habla del *anhelo del Mesías por el amor de su pueblo* y demuestra que la sed de Jesús en la cruz se dirige, en efecto, a nosotros.

Camafeo de la historia de la salvación

En el grito de sed de Jesús y en nuestra respuesta con vinagre vemos la iniciativa divina a lo largo de la historia y la respuesta de la humanidad, representada en un símbolo. Lo que ocurre en el Calvario se convierte en un camafeo de toda la historia de la salvación. En la cruz, el amor de Dios por el hombre alcanza su máxima expresión; y en la misma cruz el rechazo de la humanidad a Dios encuentra, asimismo, su máxima expresión. En Jesús crucificado, el amor de Dios llevado a su extremo y el rechazo del hombre llevado a su extremo se encuentran y funden en el mismo acontecimiento.

En esta breve estampa de palabra y gesto se representa la historia de la sed de Dios en el mundo, y por los mismos actores que han actuado desde la Creación: un Dios fiel y una humanidad infiel. Aquí se revela todo; el amor inconmensurable de Dios, desde la Creación hasta el Calvario se encuentra con el rechazo igualmente inconmensurable del hombre: «Vino a los suyos, y los suyos no lo recibieron» (Juan 1, 11).

Pero lo sorprendente es que, en su sed de nosotros, Dios no se aparta del rechazo del hombre. Jesús no «baja de la cruz» que le hemos preparado (cf. Marcos 15, 30), ni rechaza el vinagre que todavía llevamos hasta sus labios. Beber el vinagre no fue un acto inadvertido: era prueba de que el Hijo de Dios no se echa atrás, no nos rechaza, cuando nosotros lo rechazamos. En su lugar, entrega aún más de sí en respuesta a nuestro rechazo. Tal es la naturaleza imponderable del amor divino, subrayada por el símbolo doble de la sed de Jesús y el vinagre de la humanidad. No nos cabe más que sentirnos abrumados por un amor que es constante, libre e incondicional, en modo alguno una recompensa por la buena conducta del hombre. Irónicamente, este «mayor amor» llevado a tal extremo en la cruz es, en cierto sentido, la «recompensa» de *nuestro rechazo*. A lo largo de la historia, Dios nos ha mostrado más su amor cuando menos nos lo hemos merecido.

«*Todo está cumplido*»

La conclusión de esta escena, y del simbolismo que san Juan ha construido minuciosamente en torno al grito de sed de Jesús, llega cuando le traspasan el costado, acto al que la tradición cristiana confirió durante mucho tiempo un significado más profundo: «Uno de los soldados le traspasó el costado con una lanza, y al punto salió sangre y agua» (Juan 19, 34).

Nuestro rechazo del amor de Dios ha traspasado, literal y figuradamente, hasta la fuente del amor divino, revelando lo que Madre Teresa describió como *la sed de su corazón*, un corazón traspasado por un anhelo más allá de nuestra imaginación, abriendo las compuertas de las Aguas Vivas prometidas para saciar nuestra sed humana; y esto también más allá de lo que habíamos esperado. Isaías profetizó:

Los humillados y los pobres
buscan agua y no la hay;
su lengua de sed está reseca.
Yo, el Dios de Israel,
no los abandonaré.
Sobre cumbres peladas
haré brotar ríos,
y fuentes en medio de los valles.
Transformaré el desierto
en un estanque,
la tierra seca, en manantiales.

ISAÍAS 41, 17-18

Desde el corazón traspasado de Jesús, como la roca golpeada por Moisés en el desierto de la que fluyeron corrientes de agua, ahora fluiría sangre y agua, la *sangre* redentora para borrar el pecado que nos separa de Dios, saciando de este modo el *anhelo de Dios por el hombre*; y el *agua* viva del Espíritu, que a su vez aplaca la *sed del hombre por Dios*.

En efecto, todo está «cumplido» (Juan 19, 30) para que todo pueda comenzar una vez más. En la sed de Jesús en la cruz todo se ha cumplido; y en la sed de Jesús de derramar las aguas vivas todo comienza de nuevo. Esta percepción se convirtió en el tesoro de Madre Teresa, su mensaje y su gran esperanza: llevar a los pobres y a todos los que están sedientos a tomar «gratis el agua de la vida» (Apocalipsis 22, 17).

Recapitulación

Nada más profundo cabe afirmar sobre Dios o el hombre, o sobre su relación mutua, que lo que se dijo y representó en esta escena. Todas las Escrituras se reflejan en las palabras de Jesús «Tengo sed» y, a su vez, las palabras de Jesús «Tengo sed» son un comentario de todo lo que hay en las Escrituras.

Ahora todo está completo. Al revelar este drama en su plenitud, Jesús también lo ha redimido por completo. La cruz, la prueba del amor de Dios frente a nuestro rechazo, ha redimido nuestro rechazo. En la cruz la labor de Jesús de revelar la sed del Padre y de abrir las fuentes del Salvador (Isaías 13, 3) para aplacar nuestra sed humana por Dios se ha cumplido, en efecto. La *hora en la que reinan las tinieblas* (Lucas 22, 53) y la *hora de la gloria* se han fundido en una, pero es la luz de la gloria la que continúa brillando victoriosa en la oscuridad, la nuestra y la de Madre Teresa, pues las tinieblas «no la sofocaron» (Juan 1, 5).

Conclusión

Este misterio confiado a Madre Teresa, el misterio de la sed de Dios por el hombre incluso en nuestra peor situación, es tan grande que sólo este *dabar*, este gesto triple —Jesús subido a la cruz, el acto de beber el vinagre y el traspasamiento de su costado— podría transmitir adecuadamente el calado y el significado que encierran las palabras del Salvador: «Tengo sed.»

«TENGO SED»: LA VOZ DE MADRE TERESA
(Antología de citas)

En esta sed divina se ve cuánto quiere Dios
nuestro amor y cuánto necesitamos nosotros
Su amor [...]. Dios es amor y Jesús es Dios,
por tanto, el amor de Jesús y su Sed de amor
son infinitos.

Madre Teresa
Alocución ante el Sínodo de Obispos sobre la
vida consagrada, Vaticano, octubre de 1994

Introducción

Desde finales de la década de 1940 hasta su muerte en
1997, las conferencias y cartas de Madre Teresa mencio-
naron repetidas veces el tema doble del *anhelo de Dios
por nosotros* y el *anhelo de la humanidad por Dios*, un
anhelo que ella experimentaba acuciantemente y que se
convirtió en su mayor sufrimiento durante la noche oscura, pero que también fue su ancla más fuerte y su luz
más brillante.

313

Aunque pueden encontrarse cientos de referencias a lo largo de sus escritos y charlas, lo que sigue es una muestra representativa de sus pensamientos y dichos sobre la sed divina y humana. En su conjunto, pueden ofrecer una idea de la profundidad y evolución del genio espiritual de Madre Teresa cuando subraya para sus Hermanas (en la mayoría de los casos) y sus directores espirituales la que constituyó su percepción central sobre el corazón de Dios.

1947

Noche tras noche el sueño desaparecía—y sólo pasaba aquellas horas anhelando Su llegada [...], el mismo deseo interrumpe mi sueño.

MADRE TERESA, *Ven, sé Mi luz*, p. 112

1949

Jesús es Dios: por tanto, Su amor, Su sed es infinita. Nuestro objetivo es saciar esta sed infinita de un Dios hecho hombre [...], las Hermanas sacian incesantemente a Dios sediento, a través de su amor y del amor de las almas que lo llevan.

MADRE TERESA, *Ven, sé Mi luz*, p. 62

Su sed abrasadora de almas y de amor...

MADRE TERESA, segunda versión de la regla escrita a comienzos de 1949

1954

Llevamos en nuestro cuerpo y en nuestra alma el amor de un Dios infinito y sediento.

MADRE TERESA, *Ven, sé Mi luz*, p. 194

1957

Un deseo tan profundo de Dios...

MADRE TERESA, *Ven, sé Mi luz*, p. 211

1959

Cuando estoy sola en las calles—Te hablo durante horas—de mi anhelo por Ti...

Jesús oye mi oración—si esto te complace—si mi dolor y mi sufrimiento—mi oscuridad y mi separación Te da una gota de consuelo—Jesús mío, haz conmigo lo que Tú desees—el tiempo que Tú desees, sin una sola mirada a mis sentimientos y dolor. Te pertenezco.—Imprime en mi alma y mi vida los sufrimientos de Tu Corazón. No te preocupes por mis sentimientos.—No te preocupes ni siquiera por mi dolor. Si mi separación de Ti —lleva a otros a Ti y en su amor y su compañía encuentras alegría y placer—entonces, Jesús, estoy dispuesta con todo mi corazón a sufrir lo que sufro—no sólo ahora—sino por toda la eternidad—si esto fuera posible. Tu felicidad es lo único que quiero.—Por lo demás—por favor, no Te molestes—incluso si me ves desmayar de dolor.—Es mi voluntad—quiero saciar Tu Sed con cada gota de sangre que Tú puedas encontrar en mí.

MADRE TERESA, *Ven, sé Mi luz*, pp. 239 y 240

1960

Anhelo a Dios. Anhelo amarle con cada gota de mi vida.

MADRE TERESA, *Ven, sé Mi luz*, p. 249

1965

Aquí tenemos verdaderos barrios pobres espirituales. Del mismo modo que nuestra gente en la India tiene hambre y sed del alimento del cuerpo, nuestra gente aquí tiene hambre y sed de la Palabra de Dios.

MADRE TERESA, carta a las Hermanas Misioneras de la Caridad, 6 de agosto de 1965

1973

Él tiene un anhelo personal y profundo de tenerte como Suya. Permítele que lo haga.

MADRE TERESA a una religiosa 22 de diciembre de 1973

1974

El objetivo de los Colaboradores es propagar amor y compasión [...] para saciar esa sed de Jesús de amor de un modo muy sencillo y de un modo muy pequeño.

MADRE TERESA, comentarios en la Reunión de Colaboradores de Winona, Minnesota, 20-22 de junio de 1974

1977

Tenemos que aplacar la sed de otros de Jesús y de mí— del amor de los demás y de nuestro amor [...]. Por cada acción con los enfermos y los moribundos, aplaco la sed de Jesús del amor de esa persona, por mi entrega del amor de Dios que hay en mí a esa persona en particular

[...]. Así es como aplaco la sed de Jesús por los demás, entregando Su amor en acción hacia ellos.

También aplacamos la sed de Jesús por mi amor [...] mediante ese encuentro personal con Él cara a cara.

Madre Teresa, instrucciones a las Hermanas
Misioneras de la Caridad,
29 de septiembre de 1977

1980

La razón de nuestra existencia es saciar la sed de Jesucristo. Cuando Él pidió agua, el soldado le dio a beber vinagre [...]. Pero Su sed era de amor, de almas [...]. A los seres humanos se nos pide saciar la sed de Dios.

Madre Teresa, instrucciones a las Hermanas
Misioneras de la Caridad, abril de 1980

¿Cuál es la razón de nuestra existencia? Estamos aquí para saciar la sed de Jesús, para proclamar el amor de Cristo—la sed de Jesús de almas mediante la santidad de nuestras vidas [...]. Estamos aquí para saciar la sed de Jesús [...] ése es el motivo por el que debemos ser santas.

Madre Teresa, instrucciones a las Hermanas
Misioneras de la Caridad, enero de 1980

«Tengo sed»—estamos tan ocupadas en pensar en todo eso. Las palabras «Tengo sed»—¿tienen eco en vuestras almas? [...]. Tratemos hoy de revisar esas palabras, «Tengo sed».

Madre Teresa, instrucciones a las Hermanas
Misioneras de la Caridad, febrero de 1980

1981

Todo ser humano siente un anhelo por Dios. «Mi alma está sedienta de Dios.»

Madre Teresa, instrucciones a las Hermanas Misioneras de la Caridad, 16 de abril de 1981

Mirad a la cruz y ved las palabras, «Tengo sed».

Madre Teresa, instrucciones a las Hermanas Misioneras de la Caridad, 18 de junio de 1981

Saciad la sed infinita de Dios.

Madre Teresa, instrucciones a las Hermanas Misioneras de la Caridad, 13 de mayo de 1981

Del mismo modo que tengo sed de agua, debo sentir la sed de Jesús.

Madre Teresa, instrucciones a las Hermanas Misioneras de la Caridad, 18 de septiembre de 1981

1982

Hoy y siempre, Él está sediento de mi amor. Él me anhela, en mi alma.

Madre Teresa, instrucciones a las Hermanas Misioneras de la Caridad, 7 de diciembre de 1982

1983

[Nuestro objetivo es] saciar la sed infinita de Dios... [...]

La razón de nuestra existencia es saciar la sed de Dios. No digo siquiera de «Jesús» o «en la cruz», sino «de Dios». Intentad profundizar vuestra comprensión de estas palabras, «Sed de Dios».

MADRE TERESA, instrucciones a las Hermanas Misioneras de la Caridad, 16 de enero de 1983

Es muy importante para nosotras saber que Jesús está sediento de nuestro amor, del amor del mundo entero [...]. Preguntaos vosotras mismas: «¿He escuchado a Jesús directamente decirme a mí estas palabras? ¿He escuchado alguna vez estas palabras personalmente?» «Tengo sed.» «Quiero tu amor» [...]. Si no es así, examínate interiormente: «¿Por qué no las puedo escuchar?»

MADRE TERESA, instrucciones a las Hermanas Misioneras de la Caridad, 1 de diciembre de 1983

1985

Esa[s] palabra[s], «Tengo sed», ¿ha[n] penetrado en mi corazón? [...] Estamos llamados a saciar la sed de Dios.

MADRE TERESA, instrucciones a las Hermanas Misioneras de la Caridad, 23 de septiembre de 1985

1986

Le llevaremos esas almas para saciar esa sed del Dios infinito que muere de amor [...]. ¿Podemos vosotros y yo continuar soportándolo como simples espectadores? ¿O pasar al lado y no hacer nada?

MADRE TERESA, mensaje a la juventud de los Países Bajos, 14 de marzo de 1986

1992

¿Estamos buscando verdaderamente saciar la sed de Dios, nuestro Padre amoroso en el cielo, por nuestra santidad—la sed que Jesús expresó en la cruz cuando gritó: «Tengo sed»?

Madre Teresa, carta a las Hermanas Misioneras de la Caridad, 6 de marzo de 1992

Buscad con entusiasmo amar a Dios y desead encon-trarlo. De este modo saciáis la sed de Dios que tiene sed de que vosotros tengáis sed de Él.

Madre Teresa, mensaje a Juventud 2000,
Dallas, 23 de mayo de 1992

En ese momento dificilísimo, Él proclamó: «Tengo sed.» Y la gente pensó que estaba sediento de una manera ordinaria y de inmediato le dieron vinagre, pero no es-taba sediento de eso; estaba sediento de nuestro amor, de nuestro afecto, de ese apego íntimo a Él, y de que compartiéramos Su Pasión. Utilizó «Tengo sed» en vez de «dadme vuestro amor». «Tengo sed.» Escuchémosle decírmelo a mí y decírselo a cada una de vosotras.

Madre Teresa, instrucciones a las Hermanas
Misioneras de la Caridad, 9 de agosto de 1992

1993

Jesús mismo debe ser quien te diga: «Tengo sed.» Escu-cha tu nombre. No sólo una vez. Todos los días. Si atien-des con el corazón, lo escucharás, comprenderás. [...]

Recordad esto: «Tengo sed» es algo mucho más pro-fundo que Jesús diciendo: «Te amo.» Hasta que no com-prendáis en lo más hondo de vosotras que Jesús tiene sed de vosotras, no podéis empezar a saber quién quiere ser para vosotras. O quién quiere que seáis vosotras para Él. [...]

¿Cómo acercarse a la sed de Jesús? Sólo un secreto—cuanto más te aproximes a Jesús, mejor conocerás Su sed. «Arrepentíos y creed», nos dice Jesús. ¿De qué tenemos que arrepentirnos? De nuestra indiferencia, de nuestra dureza de corazón. ¿Qué tenemos que creer? Jesús tiene sed incluso ahora mismo, en tu corazón y en los pobres. Conoce tus debilidades, sólo quiere tu amor, sólo quiere una oportunidad para amarte. No está limitado por el tiempo. Siempre que nos acercamos a Él, nos convertimos en compañeros de Nuestra Señora, san Juan, Magdalena. Escuchadlo. Escuchad vuestro nombre. Haced mi dicha y la vuestra completas.

MADRE TERESA, carta a las Hermanas
Misioneras de la Caridad,
25 de marzo de 1993

Él os anhela. Él tiene sed de vosotras [...]. Hijas mías, una vez que hayáis experimentado esta sed, el amor de Jesús por vosotras, nunca necesitaréis, nunca tendréis sed de esas cosas que sólo pueden apartaros de Jesús, la Fuente verdadera y viva. Sólo la sed de Jesús, sentirla, escucharla, responderla con todo vuestro corazón, mantendrá vuestro amor [...] vivo. Cuanto más os acerquéis a Jesús, mejor conoceréis Su sed.

MADRE TERESA, carta a las Hermanas
Misioneras de la Caridad,
29 de julio de 1993

Este anhelo [de santidad] es oración.

MADRE TERESA, carta a los Colaboradores,
28 de noviembre de 1993

Jesús tiene sed de nosotros ahora mismo [...] ¿Le escuchamos decir «Tengo sed de vuestro amor»? Pensad nada más en Su sed. ¿Lo escuchamos realmente? Aquí en esta capilla Su boca está abierta y sabemos que lo está diciendo ahora mismo.

Creced en ese amor íntimo y no sólo comprenderéis «Tengo sed», sino todo. Hablando humanamente, no podemos comprender «amaos los unos a los otros como yo os he amado»; «Sed santos como yo soy santo». Pero todo se reduce a «Tengo sed». El fruto de la fe es la comprensión de «Tengo sed».

Deshagámonos enseguida del pecado para que podamos escuchar a Jesús decir: «Tengo sed de vuestro amor.» Lo más importante es que debemos encontrarnos con la sed de Jesús, pero el encuentro con la sed de Jesús es una gracia.

Ese chico y esa chica que se enamoran, ese amor es «Tengo sed». Tenéis que experimentarlo. Es lo mismo— hemos llegado a esa convicción [...]. Su amor es sed [...]. Amor y sed son la misma palabra. Somos muy afortunados de que Jesús haya revelado Su sed de nosotros.

Pregunta: ¿Cuándo fue la primera vez que experimentaste la sed de Jesús?
Madre: [En] la Primera Comunión.
Pregunta: ¿Pero como experiencia?
Madre: Es una realidad—no sólo una experiencia [que se siente], sino una realidad.

¿Sientes la sed de Jesús? ¿La sientes? ¿Escuchas Su voz? ¿Escuchas realmente su voz? Si no es así, nunca has conocido Su verdadero amor por ti. Pon todo tu corazón en saciar la sed de Jesús...

MADRE TERESA, instrucciones a las Hermanas
Misioneras de la Caridad, febrero de 1994
¿Qué significan las palabras «Tengo sed» para ti personalmente? ¿Qué conexión estableces en tu vida?

MADRE TERESA, instrucciones a las Hermanas
Misioneras de la Caridad, 8 de agosto de 1994

1996

En la fuerte gracia de Luz y Amor Divino [...] que Madre recibió durante el viaje en tren a Darjeeling el 10 de septiembre de 1946 es donde empiezan las M. C. [Misioneras de la Caridad]—en las profundidades del infinito anhelo de Dios de amar y ser amado. Cuán importante es esto para cada una de nosotras [...] desear profundamente compartir esta misma gracia.

MADRE TERESA, carta a las Hermanas
Misioneras de la Caridad,
24 de abril de 1996

Pero pedimos lo más importante, permanecer [...] bajo la Cruz de Jesús, escucharle decir «Tengo sed» [...]. Haz el esfuerzo de acercarte a Jesús para escucharle decirte «Tengo sed» a ti, individualmente, para comprender Su Palabra, amarla y vivirla. Igual que Jesús se lo dijo a la Madre, ahora te lo dice a ti. Intenta escucharlo debidamente.

MADRE TERESA, instrucciones a las Hermanas
Misioneras de la Caridad, 31 de julio de 1996

1997

En la cruz Él dijo muy claro: «Tengo sed.» ¿De qué tenía sed? ¡De amor, de ese tierno amor de todos nosotros! Para saciar la sed de Dios. [...]

Comprendamos esta sed lo mejor que podamos. Cuanto mejor la comprendamos, más nos acercaremos a Él. [...]

¿Hemos comprendido esta sed? [...] ¿La conocemos? ¿Hemos experimentado Su sed? [...] Jesús vino a este mundo para atraer a las almas más cerca de Su Padre [...]. Piensa esto, que Dios tiene sed de que tú y yo acudamos a saciar Su sed.

Madre Teresa, instrucciones a las Hermanas
Misioneras de la Caridad,
15 de febrero de 1997

Dios habló de su sed infinita por cada uno de nosotros y por todos Sus hijos, en especial por los más Pobres de los Pobres, a través de su Hijo amado, Jesucristo, muriendo en la Cruz [...].

Creo que Él dijo dos o tres veces: «Tengo sed.» ¡Terrible sufrimiento verlo sufrir! ¿Cuál es el significado de «Tengo sed»? Todos entendieron que era de agua, no de amor, de compasión. [...]

El mismo Jesús dijo «Tengo sed» desde la cruz. Palabra de amor. No dijo nada más después de eso. Trata de profundizar tu conocimiento de «Tengo sed».

Madre Teresa, instrucciones a las Hermanas
Misioneras de la Caridad, 30 de junio de 1997

APÉNDICE 3

LA VOZ DE LA TRADICIÓN CRISTIANA: SANTOS Y ESCRITORES ESPIRITUALES

Madre Teresa no fue la única que encontró un significado más profundo al grito de sed de Jesús. No es más que la última —aunque sin duda la más prolífica— en una larga fila de testimonios de este misterio, que abarca toda la historia cristiana.

Este apéndice contiene una recopilación de citas sobre la sed de Dios por el hombre en los escritos de santos y prominentes escritores espirituales. Aunque tal vez ninguno alcance la profundidad que encontramos en Madre Teresa, estos escritos demuestran que su interpretación no es nueva en la tradición cristiana, por más que no se cite con frecuencia. La singularidad de la contribución de Madre Teresa radica no sólo en la profundidad de sus percepciones, sino también en la importancia y atención sin precedentes que otorga a este misterio de la sed de Dios por el hombre.

La siguiente antología de citas se divide en dos secciones. La primera contiene las palabras de aquellos a los que se ha concedido el título de *padres de la Iglesia* (los exponentes destacados de la fe en los primeros siglos de la Iglesia) y *doctores de la Iglesia* (teólogos sobresalientes tanto en sabiduría como en santidad). La segunda sección presenta las voces más modernas de los santos y escritores espirituales que han aportado su comentario sobre la sed de Jesús.

Sección primera: padres y doctores de la Iglesia

SAN AGUSTÍN

Dios tiene sed de que se tenga sed de Él.[1]

En la cruz Jesús dijo: «¡Tengo sed!» Pero no le dieron aquello de lo que tenía sed. Tenía sed de ellos y le dieron vinagre.[2]

Él pide de beber y promete la bebida. Él está necesitado, como alguien que espera recibir, pero es rico, como alguien que está a punto de satisfacer la sed de los demás.[3]

SAN BUENAVENTURA

En Jesús se revela la sed de Dios de derramar vida. Tiene sed no por carencia, sino por sobreabundancia. El amor de Dios es de suyo difusivo.[4]

SAN BERNARDO DE CLARAVAL

Mediante su sed, nuestro Señor Jesús pone ante nosotros una imagen del ardiente amor que nos tiene.[5]

SANTO TOMÁS DE AQUINO

Vemos el ardiente deseo de Jesús por la salvación de la raza humana [...]. Ahora bien, la vehemencia de este deseo se expresa claramente con su sed.[6]

San Roberto Belarmino

Me parece que nuestro Señor ha dicho: «Tengo sed», en el mismo sentido en que se dirigió a la samaritana: «Dame de beber.» Pues al desvelar el misterio que contienen estas palabras, también dijo: «Si conocieras el don de Dios, y quién es el que te dice: "Dame de beber", tú le habrías pedido a Él, y Él te habría dado agua viva [...].» ¿No se refiere a sí mismo cuando dice: «Si alguno tiene sed, venga a Mí, y beba»? (Juan 7, 37). ¿Y no es Él la roca a la cual el apóstol se refiere cuando dice: «Y todos bebieron la misma bebida espiritual, pues bebían de la roca espiritual que los seguía; y la roca era Cristo»? (1 Corintios 10, 4). ¿No es Él quien se dirige a los judíos por boca del profeta Jeremías: «A Mí me dejaron, Manantial de aguas vivas, para hacerse cisternas, cisternas agrietadas, que el agua no retienen»? (Jeremías 2, 13). Entonces, me parece que nuestro Señor desde la Cruz, como desde un trono elevado, mira al mundo entero, repleto de gente sedienta y exhausta, y por lo reseca que está, tiene piedad de la sequía que soporta la humanidad, y grita: «Tengo sed.» [...] La sed que sufro por el deseo de que los hombres empiecen a conocer por la fe que soy el auténtico manantial de agua viva, deberían acercarse a mí y beber para no volver a tener sed.[7]

Santa Catalina de Siena

¡Oh, dulcísima, inestimable caridad! Fueron tu hambre y sed infinitas de nuestra salvación las que te hicieron gritar que tenías sed. Aunque tu agonía te causaba una intensa sed física, era mayor tu sed de nuestra salvación. ¡Nadie te da de beber otra cosa que no sea la amargura de pecado tras pecado! ¡Cuán pocos son los que te ofrecen de beber libremente y con puro afecto amoroso![8]

Allí [en la cruz] ellos [los santos] encontraron en el Cordero muerto tal fuego de amor por nuestra salvación que parecía insaciable. Él grita incluso que tiene sed, como si dijera: «Tengo más celo, sed, deseo de vuestra salvación, de lo que puedo mostraros con este sufrimiento finito.»[9]

Allí [en la cruz] encontramos al Cordero muerto y traspasado por nosotros con tal devastador deseo por el honor del Padre y nuestra salvación, que se antoja incapaz de mostrarnos mediante su solo sufrimiento corporal todo lo que anhela dar. Parece que eso es lo que quiso decir cuando gritó en la cruz: «¡Tengo sed!», como si exclamara: «Tengo una sed tan grande de vuestra salvación que no puedo satisfacerla; ¡dadme de beber!» El amable Jesús estaba pidiendo de beber a aquellos que veía que no compartían la redención comprada con su sangre, pero lo único que le daban a beber era amargura. No sólo en el momento de la crucifixión, sino después e incluso ahora, continuamos viéndole pedir esa bebida y expresándonos que persiste su sed.[10]

Santa Teresa de Lisieux

El testimonio último y más reciente de los doctores de la Iglesia proviene de la santa a la que Madre Teresa consideraba su patrona, de quien tomó su nombre y con quien se sentía espiritualmente identificada.

Un domingo, en la iglesia parroquial de Saint Pierre, mientras santa Teresa miraba un cuadro de Jesús crucificado, su grito de sed penetró en su alma:

[Las palabras de Jesús, «Tengo sed»] encendieron en mí un ardor vivo y desconocido [...]. Quise saciar a mi Amado y me sentí devorada por Su misma sed de almas [...]. Me pareció escuchar a Jesús diciéndome como a la samaritana: «Dame de beber»; y cuanto más le daba de beber, más crecía la sed de mi alma».[11]

Jesús no necesita nuestro trabajo, sino sólo nuestro amor, pues el mismo Dios no tiene miedo de solicitar un poco de agua a la samaritana. Tenía sed [...] pero al decir: «Dame de beber», era el amor de Su pobre criatura lo que el Creador del universo estaba pidiendo. Tenía sed de amor.[12]

Sección segunda: santos y escritores espirituales

A lo largo de la historia cristiana, los testimonios de los santos y escritores espirituales sobre el significado del grito de sed de Jesús han sido más abundantes y variados de lo que cabría imaginar, si bien demasiado copiosos para ser recogidos aquí en su totalidad.

SAN LORENZO JUSTINIANO

Lo que Cristo dijo a la mujer samaritana: «Dame de beber», lo repite a todos nosotros desde la cruz cuando dice: «Tengo sed.»

Estas palabras, «Tengo sed», que Jesús pronunció en la Cruz cuando estaba expirando, no se referían a una sed que proviniera de la sequedad, sino de una sed que surgía del ardor del amor que Jesús nos tenía. Esta sed brota de la fiebre de su amor.

Pues mediante estas palabras nuestro Redentor intentaba declararnos, más que la sed del cuerpo, el deseo que tenía de sufrir por nosotros, mostrándonos su amor, y el inmenso deseo que tenía de ser amado por nosotros, mediante los muchos sufrimientos que soportaba por nosotros [...]. Ésta era su sed: tiene sed de nosotros y desea entregarse a nosotros.[13]

San Basilio de Seleucia

Jesucristo, al decir que tenía sed, nos daría a entender que Él, por el amor que nos tenía, estaba agonizando con el deseo de sufrir por nosotros incluso más de lo que había sufrido: «Oh, ese deseo, mayor que la Pasión.»

San Alfonso María de Ligorio

La Escritura, que tenía que ser cumplida, es el texto de David: «Cuando tenía sed me dieron a beber vinagre» (Salmo 69, 22). Pero, oh Señor, ¿permaneces silencioso sobre los intensos dolores que precipitan tu muerte y te quejas de sed? ¡Ah!, la sed de Jesús era muy diferente de la que nos imaginamos. Su sed es el deseo de ser amado por el alma de aquellos por los que muere. Así pues, Jesús mío, ¿tienes sed de mí [...] y yo no tendré sed de Ti, que eres infinitamente bueno?

Pero, Señor, ¿cómo es que no te quejas de esos muchos dolores que te están arrebatando la vida y sólo lo haces de tu sed? ¡Ah!, ya lo entiendo, Jesús mío; tu sed es una sed de amor; como nos amas, deseas ser amado por nosotros, Pasión y muerte de Jesucristo.[14]

Santa Margarita María Alacoque

Uno de mis mayores sufrimientos fue causado por las palabras que me dirigió el divino Corazón: «Padezco una sed tan terrible de ser amado por los hombres en el santísimo sacramento, que esa sed me consume. Sin embargo, no encuentro a nadie que trate de saciarla según mi deseo, devolviéndome algo de mi amor.»

Sor Consolata Betrone

Ámame [...] tengo sed de tu amor, igual que un hombre reseco está sediento de un manantial de agua fresca.

Di a todas las almas que prefiero un acto de amor [...] a cualquier otro regalo que puedan ofrecerme [...] porque tengo sed de amor.

Sor Josefa Menéndez

Los amo. Nada le falta a mi beatitud celestial, que es infinita, pero ansío almas, tengo sed de ellas.

Me gusta escuchar cómo Me llamas, tengo sed de amor.

No dejes de pensar en las almas, en los pecadores [...]. Oh, cuán sediento estoy de almas.

Sí, dame de beber, porque estoy sediento. Sabes bien que estoy sediento de almas, las almas que amo tanto. Tú puedes darme de beber.

Yo estaba sediento y tú saciaste Mi sed. Seré tu recompensa. Sí, mi único deseo es ser amado. Si las almas llegaran a conocer el exceso de mi amor, no lo rechazarían [...] por eso sigo buscándolas, para hacer que vuelvan a mí [...]. Regresaré esta noche, para que puedas saciar Mi sed devoradora y tomaré descanso en ti.

Ven a saciar mi sed de ser amado por las almas, sobre todo de ser amado por aquellos que he elegido [...]. Contempla este corazón ardiente de anhelo por su amor.

Comparte conmigo las llamas que están consumiendo mi corazón: tengo sed de la salvación de las almas. Si vinieran a Mí... Mi corazón confiere valor divino a tus pequeñas ofrendas, pues lo que quiero es amor. Lo que hiere tanto mi corazón es que a menudo, en vez de amor, sólo encuentro indiferencia. Dame amor y dame almas, une todas tus acciones a mi corazón. Quédate conmigo, que Yo estoy contigo. Yo soy amor y sólo deseo amor. Oh, si las almas llegaran a darse cuenta de cómo las espero en mi misericordia.

Cuando me llamas, estoy muy cerca de ti. Pero cuando Yo llamo a las almas, ellas no me escuchan. Muchas se van. Pero al menos tú me consuelas llamándome y anhelándome. Sacia mi sed con tu deseo de mí.

SAN PÍO DE PIETRELCINA (PADRE PÍO)

Mi corazón siente como si fuera arrastrado por una fuerza superior cada mañana justo antes de unirse con él en el santísimo sacramento. Tengo tal sed y hambre antes de recibirlo, que es un milagro que no muera de ansiedad [...]. Cuando terminó la Misa permanecí con Jesús para darle las gracias. Mi sed y hambre no disminuyen después de haberlo recibido en el sagrado sacramento, sino que aumentan constantemente. Oh, cuán dulce fue la conversación que mantuve con el Paraíso esta mañana. El corazón de Jesús y el mío, si se me perdona la expresión, se fundieron. Ya no había dos corazones latiendo, sino uno solo. Mi corazón desapareció como si fuera una gota en el océano.

SOR MARÍA DE LA TRINIDAD

«¡Oh, qué sed tengo de almas, cuánto ansío que se me entreguen para poder transformarlas, que me entreguen su humanidad para poder obrar en el mundo! ¿Por qué no escuchas mi llamada? ¿No he agotado todos los medios de solicitar tu atención y tu gratitud?»[15]

Porque ésta es la sed espiritual de Cristo, su anhelo de amor, que persiste y siempre lo hará [...] congregarnos en Él para nuestra dicha eterna.

Con todo el poder de su divinidad, sufrió dolores y Pasión, y murió por amor, para hacernos dichosos. Él dijo: «Es una dicha, una bendición y una delicia infinita haber sufrido mi Pasión por vosotros. Nosotros somos su dicha, somos su recompensa, somos su honor, somos su corona.

Porque Él todavía tiene la misma sed y el mismo anhelo que tuvo en la cruz, pues ese deseo, anhelo y sed, según yo lo veo, estaban en Él desde siempre.

Pues tan cierto como que hay en Dios una capacidad de misericordia y compasión, hay una capacidad de sed y anhelo; y el poder de este anhelo en Cristo nos da fuerza para responder a su anhelo, y sin esto ninguna alma llega al cielo.

Y esta capacidad de anhelo y sed proviene de la bondad sempiterna de Dios. Y aunque tenga anhelo y misericordia, son capacidades diferentes, según yo lo veo; y ésta es la característica de la sed espiritual, que persistirá en Él mientras lo necesitemos, y nos atraerá a su dicha.[16]

Madre Catalina Aurelia

La misteriosa sed que el divino Crucificado expresó desde la altura de su cruz ha encontrado eco en mi pobre corazón. He meditado sobre ella; la he saboreado; la he comprendido; y, a mi vez, he gritado en ardiente embeleso: «Tengo sed.» Me faltan palabras para expresar el alcance del ardiente deseo que ha salido a borbotones del corazón de mi Jesús para entrar en el mío [...]. Jesús está sediento de amor; yo ansío corazones que le retornen amor por amor, corazones que se unan en oración, reparación y sufrimiento con el de la sagrada Víctima que sabe a la perfección cómo amar, cómo obedecer y cómo sufrir a fin de procurar la felicidad y salvación de las almas [...]. Ojalá que todos los corazones pudieran escuchar su sed y convertirse así en manantiales de agua viva para saciarlo.[17]

Arzobispo Fulton Sheen

El grito de Cristo desde la cruz, «Tengo sed», no se refiere a una sed física, pues rechazó la bebida que le ofrecieron. Era su alma la que se quemaba y su corazón el que ardía en fuego. Estaba sediento de las almas de los hombres. El Pastor se hallaba solo sin sus ovejas; el Creador ansiaba a sus criaturas.[18]

Catecismo de la Iglesia católica

2560 «Si conocieras el don de Dios» (Juan 4, 10). La maravilla de la oración se revela precisamente allí, junto al pozo donde vamos a buscar nuestra agua: allí Cristo va al encuentro de todo ser humano, es el primero en buscarnos y el que nos pide de beber. Jesús tiene sed, su petición llega desde las profundidades de Dios que nos desea. La oración, sepámoslo o no, es el encuentro de la sed de Dios y de la sed del hombre. Dios tiene sed de que el hombre tenga sed de Él (cf. San Agustín, *De diversis quaestionibus octoginta tribus* 64, 4).

2561 «Tú le habrías rogado a Él, y Él te habría dado agua viva» (Juan 4, 10). Nuestra oración de petición es paradójicamente una respuesta. Respuesta a la queja del Dios vivo: «A mí me dejaron, Manantial de aguas vivas, para hacerse cisternas, cisternas agrietadas» (Jeremías 2, 13), respuesta de fe a la promesa gratuita de salvación (cf. Juan 7, 37-39; Isaías 12, 3; 51, 1), respuesta de amor a la sed del Hijo Único (cf. Juan 19, 28; Zacarías 12, 10; 13, 1).

Papa Benedicto XVI

La sed de Cristo es una puerta de acceso al misterio de Dios.[19]

APÉNDICE 4

MEDITACIÓN: «TENGO SED DE TI»

Las palabras divinas, «Tengo sed», pronunciadas por primera vez en el Calvario, todavía resuenan en todo tiempo y lugar. Dios sigue pronunciándolas en el espacio vacío, el lugar oscuro y solitario que existe en cada corazón humano.

> Jesús tiene sed de nosotros ahora mismo [...]. ¿Le escuchamos decir: «Tengo sed de tu amor»? [...] ¿Le escuchamos realmente? [...] Lo está diciendo ahora mismo.
>
> MADRE TERESA

> Yo estoy a la puerta y llamo.
>
> APOCALIPSIS 3, 20

Es cierto. Yo estoy a la puerta de tu corazón, día y noche. Incluso cuando no escuchas, incluso cuando dudas de que pueda ser yo, estoy ahí. Espero el más pequeño signo de respuesta, incluso el gesto más nimio de invitación que me permita entrar.

Quiero que sepas que siempre que me invitas, vengo. Siempre, sin falta. Vengo silencioso e invisible, pero con poder y amor infinitos, trayendo los muchos dones de mi Padre. Vengo con mi misericordia, con mi deseo de perdonar y sanarte, y con un amor por ti más allá de tu comprensión, un amor tan grande como el que yo he recibido del Padre. «Como el Padre me ama a mí, así os he amado yo» (Juan 15, 9). Vengo anhelando consolarte y darte fortaleza, para levantarte y vendar tus heridas. Te traigo mi luz para disipar tu oscuridad y todas tus dudas. Vengo con mi poder para cargar contigo y con todas tus aflicciones; con mi gracia para tocar tu corazón y transformar tu vida; y te doy mi paz para apaciguar tu alma.

Te conozco de cabo a rabo. Lo sé todo de ti. Tengo contados hasta los cabellos de tu cabeza. Nada de tu vida carece de importancia para mí. Te he seguido a lo largo de los años y siempre te he amado, incluso en tus descarríos. Conozco cada uno de tus problemas; estoy al tanto de tus necesidades, de tus temores y de tus preocupaciones. Escucho todas las oraciones que susurras, siempre. Incluso cuando parece que estoy silencioso, actúo en tu vida para bendecirte y protegerte.

Sigo todo movimiento de tu corazón y todos tus pensamientos. Conozco todo tu dolor, tus luchas y pruebas, tus fracasos y disgustos. Y, sí, conozco todos tus pecados. Pero vuelvo a decirte que te amo, y no por lo que hayas hecho o dejado de hacer. Te amo por ti; te amo por ser quien eres. Te amo por la belleza y dignidad que mi Padre te otorgó, creándote a su imagen y semejanza. Es una dignidad que has olvidado, una belleza que has empañado por el egoísmo y el pecado. Pero te amo como eres, infinita, completamente, sin reservas; y he derramado mi sangre para recuperarte. Si me lo pidieras con fe, mi gracia alcanzaría todo lo que debe cambiar en tu vida y te concedería la fortaleza para liberarte del pecado y de todo lo que te ata y oprime, así como de todo lo que te aparta de mí.

Sé lo que hay en tu corazón. Conozco tu soledad y todo lo que te hiere: los rechazos, los juicios, las humillaciones. Todo eso lo he cargado antes que tú. Y lo hice *por ti*, para que pudieras compartir mi fortaleza y mi victoria. Conozco especialmente tu necesidad de amor, cuánto anhelas ser aceptado y apreciado, amado y valorado. Pero cuán a menudo has sentido sed en vano, buscando ese amor fuera de mí —de mí que soy su Fuente—, esforzándote por llenar el vacío de tu interior con placeres pasajeros y con frecuencia con la vacuidad aún mayor del pecado. ¿Estás sediento de amor? «El que tenga sed, que venga a mí» (Juan 7, 37). Yo saciaré tu deseo de amor más allá de tus sueños. ¿Tienes sed de ser apreciado y valorado? Yo te valoraré más de lo que puedas imaginar, hasta el punto de dejar el cielo por ti y de agonizar en una cruz para hacerme uno contigo.

¿No te das cuenta de que tu sed de amor es sed de mí, de mí que soy el Amor? Yo soy la respuesta a tus deseos más hondos.

Tengo sed de ti... Sí, ése es el único modo de describir mi amor por ti: Tengo sed de amarte y ser amado por ti, tan precioso te considero.

— Ven a mí. Llenaré tu corazón y sanaré tus heridas. Haré de ti una nueva Creación y te daré paz en todas tus pruebas.

— Jamás debes dudar de mi misericordia, mi aceptación de ti, mi deseo de perdonar, mi anhelo de bendecirte y vivir mi vida en ti.

— Si sientes que careces de importancia a los ojos del mundo, no te preocupes. Para mí no hay nadie más importante que tú.

— Ábrete a mí, ven a mí, siente sed de mí, dame tu

vida, y te demostraré lo importante que eres para mi corazón.

¿No te das cuenta de que mi Padre ya tiene un plan perfecto para transformar tu vida, comenzando desde este instante? Confía en mí. Pídeme todos los días que entre y me ocupe de tu vida, y yo lo haré. Te prometo ante mi Padre que está en los cielos que obraré milagros en tu vida. ¿Por qué voy a hacerlo? Porque tengo sed de ti. Todo lo que te pido es que te encomiendes por completo a mí. Yo haré el resto.

Incluso ahora contemplo el lugar que mi Padre ha preparado para ti en mi reino. Recuerda que eres un peregrino en esta vida, de viaje hacia tu hogar. Las cosas de este mundo nunca pueden satisfacerte ni brindarte la paz que buscas. Todo lo que has buscado fuera de mí sólo te ha dejado más vacío, así que no te aferres a las cosas materiales. Sobre todo, no huyas de mí cuando caigas. Ven a mí sin demora. Cuando me entregas tus pecados, me confieres la dicha de ser tu Salvador. No hay nada que yo no pueda perdonar y enmendar. Por tanto, ven ahora y descarga tu alma.

Por mucho que te hayas descarriado, por muy a menudo que me hayas olvidado, por muchas cruces que puedas llevar en esta vida, sólo hay una cosa que quiero que recuerdes siempre, una cosa que jamás cambiará: *tengo sed de ti*, tal como eres. No necesitas cambiar para creer en mi amor, pues creer en mi amor será lo que te cambiará. Me olvidas y, sin embargo, yo te busco cada instante del día, aguardo a la puerta de tu corazón y toco. ¿Te cuesta creerlo? Pues mira la cruz, mira mi corazón que fue traspasado por ti. ¿No has entendido mi cruz? Entonces vuelve a escuchar las palabras que allí pronuncié, pues ellas te dicen claramente por qué soporté todo eso por ti: «Tengo sed» (Juan 19, 28). Sí, tengo sed de ti, como el resto de los versos del salmo que estaba recitando dicen de mí: «Esperé compasión, pero fue en vano» (Salmo 69, 21). Toda tu vida he estado buscando tu amor; nunca he dejado de pretender amarte y ser amado por ti. Has probado muchas otras cosas en tu búsqueda de la felicidad. ¿Por qué no intentas abrir tu corazón a mí, ahora mismo, más de lo que lo has hecho nunca?

Siempre que abras la puerta de tu corazón, siempre que te acerques lo suficiente, me escucharás diciéndote una y otra vez, no sólo con palabras humanas, sino en el espíritu: «No importa lo que hayas hecho, te quiero por ser quien eres. Ven a mí con tu miseria y tus pecados, con tus problemas y necesidades, y con todo tu anhelo de ser amado. Estoy a la puerta de tu corazón y toco. Ábreme, porque tengo sed de ti.»

Jesús es Dios, por lo tanto, Su amor, Su Sed, es infinita. Él, el Creador del universo, pidió el amor de Sus criaturas.

Explicación de la regla original

Él tiene sed de nuestro amor...

Madre Teresa, carta a las Hermanas Misioneras
de la Caridad, 11 de mayo de 1994

Estas palabras: «Tengo sed», ¿resuenan en vuestras almas?»

Madre Teresa, instrucciones a las Hermanas
Misioneras de la Caridad, febrero de 1980

Hoy Jesús había extendido Sus brazos para abrazarte. Hoy el corazón de Jesús se había abierto para recibirte. ¿Estabas allí?

MADRE TERESA, carta a las Hermanas
Misioneras de la Caridad, 8 de abril de 1977,
parafraseando a san Alfonso María de Ligorio

NOTAS

Nota de la traductora. Las citas de las Escrituras utilizadas en este libro se han tomado de la Sagrada Biblia de Nácar-Colunga (Biblioteca de Autores Cristianos) y de la Santa Biblia, traducción dirigida por Evaristo Martín Nieto (Ediciones San Pablo).

Las citas del *Catecismo de la Iglesia católica* y las traducciones de los documentos papales se han tomado de la *website* del Vaticano, www.vatican.va.

Primera parte. Fuego en la noche

Capítulo 1. ¿Por qué Madre Teresa?
1. Publicado en una entrevista con ZENIT News Agency, 21 de diciembre de 2002.

Capítulo 2. Una vida bañada en luz
1. P. Brian Kolodiejchuk, M. C., *Madre Teresa. Ven, sé Mi luz*, Planeta, Barcelona, 2008, p. 60.
2. Ibíd., p. 61.
3. Buena parte del contenido de estos párrafos se ha adaptado de un artículo publicado por Gale Group poco después de la muerte de Madre Teresa. Impreso en *National Catholic Reporter*, 21 de noviembre de 2003.

4. Ibíd.

5. Ibíd.

Capítulo 3. Calcuta: telón de fondo para una epifanía

1. Dominique Lapierre, *The City of Joy*, Grand Central Publishing, Nueva York, 1990, p. 46. Versión castellana: *La ciudad de la alegría*, Seix Barral, Barcelona, 1985.

Capítulo 4. Un mensaje descubierto

1. Carta de Madre Teresa a las Hermanas Misioneras de la Caridad, 31 de julio de 1996.

2. Citado en http://en.wikipedia.org/wiki/Darjeeling_Himalayan_Railway.

3. Carta de Madre Teresa a las Hermanas Misioneras de la Caridad, 24 de abril de 1996.

4. Ibíd.

Capítulo 5. En sus propias palabras

1. Citado en www.americancatholic.org/Messenger/Oct 2003/Feature1.asp#F6.

2. Carta de Madre Teresa a las Hermanas Misioneras de la Caridad, 24 de abril de 1996.

3. Papa Benedicto XVI, meditación del ángelus, 24 de febrero de 2008; las cursivas son mías.

4. P. Brian Kolodiejchuk, *Madre Teresa. Ven, sé Mi luz*.

5. Carta de Madre Teresa a las Hermanas Misioneras de la Caridad, 24 de abril de 1996.

6. Papa Juan Pablo II, 18 de septiembre de 1992.

Segunda parte. Iluminación

1. Carta de Madre Teresa a las Hermanas Misioneras de la Caridad, 24 de abril de 1996.

2. Kolodiejchuk, *Madre Teresa. Ven, sé Mi luz*, p. 105.

Capítulo 6. En la oscuridad, luz

1. Ibíd., p. 128.
2. Instrucciones de Madre Teresa a las Hermanas Misioneras de la Caridad, 22 de junio de 1981.
3. Kolodiejchuk, *Madre Teresa. Ven, sé Mi luz*, p. 15.

Capítulo 7. «Tengo sed», una ventana al corazón de Dios

1. Instrucciones de Madre Teresa a las Hermanas Misioneras de la Caridad, 16 de enero de 1983.
2. Peter G. Van Breemen, *The God Who Won't Let Go*, Ave Maria Press, Notre Dame, 2001.
3. Instrucciones de Madre Teresa a las Hermanas Misioneras de la Caridad, 16 de enero de 1983.
4. Papa Pablo VI, exhortación apostólica *Evangeli nuntiandi*, § 21; las cursivas son mías.
5. Padre Sebastian, M. C., según se cita en amercancatholic.org/Messenger/Sep2004/feature2.asp.
6. San Agustín, *De Trinitate*, VIII, 8, 12: CCL 50, 287.

Capítulo 8. Un legado de luz. Primera parte

1. P. Brian Kolodiejchuk, *Madre Teresa. Ven, sé Mi luz*, p. 105.
2. P. Brian Kolodiejchuk, M. C., «The Soul of Mother Teresa: Hidden Aspects of Her Interior Life», segunda parte, ZENIT News Agency, 2002.
3. Carta de Madre Teresa a las Hermanas Misioneras de la Caridad, 10 de octubre de 1988.
4. P. Brian Kolodiejchuk, *Madre Teresa. Ven, sé Mi luz*, p. 129.
5. Ibíd., p. 130.
6. Ibíd., p. 105.
7. Santa Catalina de Siena, Primera Carta al papa Gregorio XI, 1375.
8. Citado en Brennan Manning, *The Relentless Tenderness of Jesus*, Grand Rapids, MI, Revell, 2004, p. 12.
9. «El apasionado amor de Dios por su pueblo», en la

carta encíclica del papa Benedicto XVI, *Deus caritas est*, § 10.

10. Instrucciones de Madre Teresa a las Hermanas Misioneras de la Caridad, febrero de 1994.

11. Carta de Madre Teresa a las Hermanas Misioneras de la Caridad, 1 de abril de 1988.

12. Kolodiejchuk, *Madre Teresa. Ven, sé Mi luz*, p. 62.

13. Según se cita en http://aboverubiesandpearls.blogspot.com/2008/05/im-little-pencil-in-hand-of-writing-god.html.

14. Algunas de las ideas de este parágrafo están inspiradas en material de Rayner Torkington, *Peter Calvary-Hermit*, Spectrum Publications, Victoria, Australia, 1977.

15. Madre Teresa, *No Greater Love*, New World Library, Novato, CA, 2003, pp. 59 y 60.

16. Papa Benedicto XVI, carta encíclica *Deus caritas est*, § 10.

17. James Burtschaell.

Capítulo 9. Un legado de luz. Segunda parte

1. Instrucciones de Madre Teresa a las Hermanas Misioneras de la Caridad, abril de 1980; e instrucciones de Madre Teresa a las Hermanas Misioneras de la Caridad, febrero de 1994.

2. Madre Teresa, «Carta de Varanasi», 25 de marzo de 1993.

3. Mensaje de Cuaresma de Madre Teresa, 1997.

4. François Varillon, *L'Humilité de Dieu*, Centurion, París, 1974.

5. Ibíd.

6. Ibíd.

7. Literalmente, «Padre con entrañas de ternura».

8. Papa Benedicto XVI, mensaje para la Cuaresma, 2007.

9. Ibíd.

10. Orígenes, *Homélies sur Ezéchiel*, 6, 6.

11. Henri de Lubac, *Histoire et Esprit*, París, 1950, pp. 241-243.

12. San Agustín, *Tratado sobre el Evangelio de san Juan*, CCL 36, 154-156.

13. Papa Benedicto XVI, mensaje para la Cuaresma, 2007.

14. San Juan de la Cruz, *Cántico espiritual*, Espasa Calpe, Madrid, 1991, 1, 6.

15. Instrucciones de Madre Teresa a las Hermanas Misioneras de la Caridad, enero de 1992.

16. Instrucciones de Madre Teresa a las Hermanas Misioneras de la Caridad, 10 de diciembre de 1981.

17. Madre Teresa, *No Greater Love*, p. 93.

18. Ibíd., p. 57.

19. Brennan Manning, *The Wisdom of Tenderness*, Harper Collins, Nueva York, 2002, p. 29.

20. Carta de Madre Teresa a las Hermanas Misioneras de la Caridad, 6 de marzo de 1992.

21. Madre Teresa, *No Greater Love*, p. 24.

22. Manning, *The Relentless Tenderness of Jesus*.

23. Stephen Cottrell.

Capítulo 10. Meditación: entrando en la luz
1. Instrucciones de Madre Teresa a las Hermanas Misioneras de la Caridad, 8 de agosto de 1994.

2. Papa Benedicto XVI, mensaje para la Cuaresma, 2007.

3. Instrucciones de Madre Teresa a las Hermanas Misioneras de la Caridad, febrero de 1994.

4. Explicación de la regla original.

5. Carta de Madre Teresa a las Hermanas Misioneras de la Caridad, 11 de mayo de 1994.

6. Instrucciones de Madre Teresa a las Hermanas Misioneras de la Caridad, febrero de 1980.

7. Extracto de una carta de Madre Teresa a las Hermanas Misioneras de la Caridad, 8 de abril de 1977, parafraseando a san Alfonso María de Ligorio.

Tercera parte. Transformación

1. Instrucciones de Madre Teresa a las Hermanas Misioneras de la Caridad, 21 de mayo de 1986.

Capítulo 11. El poder de cambiar

1. Citado en http:/www.ewtn.com/MotherTeresa/words. htm.
2. P. Brian Kolodiejchuk, *Madre Teresa. Ven, sé Mi luz*, p. 126.
3. Ibíd., p. 127.
4. Ibíd., p. 128.
5. Ibíd., p. 130.
6. Ibíd., p. 130-131.
7. Citado en EWTN.com, http:/www.ewtn.com/motherteresa/words.htm.
8. Eileen Egan, *Such a Vision of the Street*, Doubleday, Nueva York, 1985.
9. Instrucciones de Madre Teresa a las Hermanas Misioneras de la Caridad, 21 de mayo de 1982.

Capítulo 12. La belleza de Dios en nuestro interior

1. P. Brian Kolodiejchuk, *Madre Teresa. Ven, sé Mi luz*, pp. 70-71.
2. Donna G. McMaster, «Mother Teresa's Lasting Influence», en http://www.cuf.org./Laywitness/Lwonline/mj08 mcmaster.asp.

Capítulo 13. El encuentro: buscando su rostro

1. Carta de Madre Teresa, 3 de octubre de 1990.
2. Carta de Madre Teresa a las Hermanas Misioneras de la Caridad, 24 de abril de 1996.
3. Papa Juan Pablo II, meditación del ángelus, 7 de septiembre de 1997.

4. Instrucciones de Madre Teresa a las Hermanas Misioneras de la Caridad, febrero de 1994.

5. Instrucciones de Madre Teresa a las Hermanas Misioneras de la Caridad, 1 de diciembre de 1983.

6. Instrucciones de Madre Teresa a las Hermanas Misioneras de la Caridad, febrero de 1984.

Capítulo 14. El fuego secreto

1. Madre Teresa, *Mother Teresa: In My Own Words*, compilado por José Luis González-Barado, Gramercy Books, Nueva York, 1997, p. 5.

2. Citado en http://aboverbiesandpearls.blogspot.com/2008/05/im-little-pencil-in-hand-of-writing-god.html.

3. Instrucciones de Madre Teresa a las Hermanas Misioneras de la Caridad, 1994.

4. Instrucciones de Madre Teresa a las Hermanas Misioneras de la Caridad, 1 de septiembre de 1990.

5. Carta de Madre Teresa a las Hermanas Misioneras de la Caridad, 6 de agosto de 1970.

6. Carta de Madre Teresa a las Hermanas Misioneras de la Caridad, 24 de abril de 1996.

7. Citado en http://www.centeringprayer.com/fruits/fruits01.htm.

8. San Juan de la Cruz, *Cántico espiritual*, declaración de la canción 1; las cursivas son mías.

9. Torkington, *Peter Calvary-Hermit*, p, 41.

10. Las ideas expresadas en esta sección se inspiran en Torkington, *Peter Calvary-Hermit*.

11. Madre Teresa, *No Greater Love*.

12. Torkington, *Peter Calvary-Hermit*, p. 52.

13. Instrucciones de Madre Teresa a las Hermanas Misioneras de la Caridad, febrero de 1994.

14. Carta de Madre Teresa a las Hermanas Misioneras de la Caridad, 18 de febrero de 1967.

Capítulo 15. Atraídos hacia la luz

1. Discurso de Madre Teresa, oración por la paz, Londres, 7 de julio de 1981.

2. Instrucciones de Madre Teresa a las Hermanas Misioneras de la Caridad, 20 de noviembre de 1979.

3. Carta de Madre Teresa a las Hermanas Misioneras de la Caridad, 18 de febrero de 1967.

4. Hermano Angelo Devananda, *Mother Teresa Contemplative at the Heart of the World*, Servant Publications, Ann Arbor, MI, 1985, p. 59.

5. Carta de Madre Teresa a las Hermanas Misioneras de la Caridad, 27 de diciembre de 1963.

6. Carta de Madre Teresa a las Hermanas Misioneras de la Caridad, 29 de septiembre de 1981.

7. Carta de Madre Teresa a las Hermanas Misioneras de la Caridad, 11 de octubre de 1968.

8. Directorio espiritual de las Hermanas Misioneras de la Caridad.

9. Paul DeBlassie III, *Deep Prayer: Healing for the Hurting Soul*, Crossroad Publishing Company, Nueva York, 1990, p. 1.

10. Instrucciones de Madre Teresa a las Hermanas Misioneras de la Caridad, 19 de junio de 1978.

11. *Catecismo de la Iglesia católica*, § 2561, con esta nota al final del texto: cf. Juan 7, 37-39; 19, 28; Isaías 12, 3; 5, 1; Zacarías 12, 10; 13, 1.

12. *Catecismo de la Iglesia católica*, § 2560.

13. Extracto de una carta de Madre Teresa a las Hermanas Misioneras de la Caridad, 27 de diciembre de 1963, parafraseando al abad Gaston Courtois.

Capítulo 16. Nombrar la oscuridad, elegir la luz

1. Instrucciones de Madre Teresa a las Hermanas Misioneras de la Caridad, 1984.

2. P. Brian Kolodiejchuk, *Madre Teresa. Ven, sé Mi luz.*

3. Papa Juan Pablo II, audiencia general del 30 de noviembre de 1988.

4. Véase san Juan de la Cruz, «Noche oscura del alma», en *Obras completas*, BAC, Madrid, 2005.

5. P. Brian Kolodiejchuk, *Madre Teresa. Ven, sé Mi luz*.

6. San Ignacio de Loyola.

Capítulo 17. Conversión: sed de Dios

1. Instrucciones de Madre Teresa a las Hermanas Misioneras de la Caridad, 20 de febrero de 1989.

2. Sugerido por el reverendo Michael Keating.

3. DeBlassie, *Deep Prayer: Healing for the Hurting Soul*, p. 9.

4. Ibíd., pp. 9 y 10.

5. P. Brian Kolodiejchuk, *Madre Teresa. Ven, sé Mi luz*, p. 71.

6. Instrucciones de Madre Teresa a las Hermanas Misioneras de la Caridad, 16 de abril de 1981.

7. William A. Barry, S. J., *Finding God in All Things*, Ave Maria Press, 1991, Notre Dame, IN, pp. 40-41.

8. Curtis Almquist, S. S. J. E., *God's Desire; Our Desire*.

9. Carta de Madre Teresa a las Hermanas Misioneras de la Caridad, 29 de julio de 1993.

Capítulo 18. Uniendo la sed de Dios y la del hombre

1. Madre Teresa, mensaje a la juventud en Dallas, 23 de mayo de 1992.

2. San Agustín, en *De diversis quaestionibus*, 64, 4; PL 40, 56; y san Gregorio Nacianceno, en *Orationes*, 40, 27; S. C. 358, 260.

3. Papa Benedicto XVI, Audiencia General, 22 de agosto de 2007.

4. Asansol es una ciudad situada a unos 280 kilómetros de Calcuta, donde había un convento de Loreto. Madre Teresa fue asignada allí de enero a julio de 1947.

5. P. Brian Kolodiejchuk, *Madre Teresa. Ven, sé Mi luz*, p. 112.

6. Ibíd., p. 211.

7. Ibíd., p. 239.

8. Ibíd., p. 249.

9. Instrucciones de Madre Teresa a las Hermanas Misioneras de la Caridad, 7 de diciembre de 1982.

10. Santa Teresa de Lisieux, *Story of a Soul: The Autobiography of St. Thérèse of Lisieux*, trad. de John Clarke, ICS Publications, Washington, DC, 1976, p. 99.

11. *Catecismo de la Iglesia católica*, § 2560, con esta nota al final del texto: cf. San Agustín, *De diversis quaestionibus octoginta tribus* 64, 4; PL 40, 56.

12. Isaías 10, 11.

Conclusión. Portadora de luz a nuestra Calcuta

1. Instrucciones de Madre Teresa a las Hermanas Misioneras de la Caridad, 9 de diciembre de 1981.

2. Madre Teresa, noche de oración por la paz, Londres; el texto de esta charla se incluye en las Instrucciones de Madre Teresa a las Hermanas Misioneras de la Caridad, 31 de octubre de 1982.

3. Instrucciones de Madre Teresa a las Hermanas Misioneras de la Caridad, 2 de junio de 1981.

4. San Juan de la Cruz, *Cántico espiritual*, declaración del último verso de la canción 28.

5. Susan Conroy, *Mother Teresa's Lessons of Love & Secrets of Sanctity*, Our Sunday Visitor, Huntington, IN, 2003, p. 158.

6. Ibíd., p. 10.

7. Extractos tomados de http://sanmigmol.blogspot.com/2004/09/love-me-as-you-are.html y *The Book of Catholic Wisdom: 2000 Years of Spiritual Writing*, Teresa De Bertodano, Chicago, Loyola Press, 2001, p. 247.

8. Instrucciones de Madre Teresa a las Hermanas Misioneras de la Caridad, 20 de junio de 1997.

9. Partes de la conclusión pertenecen a una homilía pro-

nunciada por el autor en la casa madre, Calcuta, en el aniversario del «Día de la Inspiración», 10 de septiembre de 1997.

Apéndices

Apéndice 1. «Tengo sed»: la voz de la Escritura

1. Alocución de Madre Teresa ante el Sínodo de Obispos, octubre de 1994 y en el desayuno de oración nacional de Washington D. C.

2. Instrucciones de Madre Teresa a las Hermanas Misioneras de la Caridad, febrero de 1984.

3. Raymond Brown. Véanse ejemplos en los Salmos 42, 63, 143, etc.

4. Gerhard Kittel, *Theological Dictionary of the New Testament*, volumen VI, Wm. B. Eerdmans Publishing Co., Grand Rapids, MI, 1964, p. 226.

5. Ellen G. White, *The Story of Patriarchs and Prophets*, www.whiteestate.org/books/pp/pp.asp, p. 412.

6. Ibíd.

7. Papa Juan Pablo II, carta encíclica *Dives in misericordia*, § 3.

Apéndice 3. La voz de la tradición cristiana: santos y escritores espirituales

1. San Agustín, *De diversis quaestionibus*, 64, 4; PL. 40, 56.

2. Ibíd.

3. San Agustín, *Tratado sobre el Evangelio de san Juan*, CCL 36, pp. 154-156.

4. San Buenaventura, *Breviloquium* 1, 2; *Itinerarium* 6; *De mysterio Trinitatis* I, 2; cf. *DeV* 37, 3.

5. San Bernardo de Claraval, citado en Padres Misioneros de la Caridad, *Charism Statement*, Tijuana, 1990.

6. Santo Tomás de Aquino, *In Jo. Xix*. Lect. 5.

7. San Roberto Belarmino, *Sobre las siete palabras pronunciadas por Cristo en la cruz*, cap. 9.

8. Santa Catalina de Siena, carta 37 al obispo Angelo Ricasoli en Florencia, 1375.

9. Ibíd.

10. Santa Catalina de Siena, carta 66 al abad Giovanni di Gano da Orvieto.

11. Santa Teresa de Lisieux, *Manuscrits autobiographiques*, MA.

12. Ibíd., MB.

13. San Lorenzo Justiniano, De tr. Chr. Ag. C. 19.

14. San Alfonso María de Ligorio, «Pasión y muerte de Jesucristo», p. 213.

15. Sor María de la Trinidad, *Writings of Sr. Mary of Trinity*, núm. 231.

16. Santa Juliana de Norwich, *Showings*, 31.

17. Madre Catalina Aurelia, citado en *The Magnificat*, julio de 1963.

18. Arzobispo Fulton Sheen, *The Greatest Calling*, p. 13.

19. Papa Benedicto XVI, meditación del ángelus, 24 de febrero de 2008.

Agradecimientos para la edición española

Este libro nunca habría visto la luz sin la ayuda de muchos.

Mi más profunda gratitud es, obviamente, para la Madre Teresa por la gran cantidad de amor y luz que me ofreció a lo largo de los años. Que estas páginas, un pequeño intento de pagar lo que recibí de ella generosamente, sean el inicio de mi agradecimiento.

Doy las gracias también a los miembros de su familia religiosa, los Misioneros de la Caridad: a las hermanas, hermanos y padres, activos y contemplativos, así como a los miembros del movimiento Corpus Christi de sacerdotes y al movimiento laico Tengo Sed, que han rezado por este proyecto, lo han apoyado y me han ayudado de incontables maneras en estas décadas en que hemos seguido juntos a la Madre Teresa.

Gracias especialmente al Padre Brian Kolodiejchuk, M.C., superior general de los Padres Misioneros de la Caridad y Postulador de la Causa de Canonización de la Beata Teresa de Calcuta (y mi hermano en la comunidad), por respaldar el proyecto desde su concepción; y a toda mi comunidad de hermanos de Tijuana por proporcionarme generosamente el tiempo para completar el manuscrito.

Gracias a Bridget Leonard mi muy eficiente y creativa

agente literaria, y una sincera devota del mensaje de Madre Teresa. Desde el principio ha ido siempre un paso más allá, aportando ideas y recursos para el manuscrito, incluyendo la traducción al castellano con Planeta. Gracias a José Pedro Manglano y a todo el equipo de Planeta por creer en este libro, pero especialmente a mi eficiente editora, Ana Bustelo, por su profesionalidad, paciencia y entusiasmo.

Una mención especial al padre Pascual Cervera, moderador del Movimiento Corpus Christi (una asociación diocesana de sacerdotes que aspira a vivir el espíritu de Madre Teresa en la «misión» de sus respectivas parroquias), que ha sido un hermano y un amigo desde el principio.

Un agradecimiento muy especial también para Cristina Cruz Parra, que coordinó generosamente la revisión de la traducción al castellano junto con Leticia Galvez, Cristy Kalb, Miriam Tallada, Miriam Padilla y las hermanas contemplativas de las Misioneras de la Caridad de Tijuana. Gracias también al centro Madre Teresa por su ayuda en la búsqueda de las referencias a las citas de Madre Teresa y por la autorización para su uso.

Gracias a los miembros del movimiento Tengo Sed, una nueva asociación laica para quienes desean vivir el mensaje de Madre Teresa y expandirlo de un modo más profundo y comprometido.

Por último, gracias al lector que es para quien es este libro: por haber invertido tu tiempo y haber abierto tu mente y corazón al mensaje compartido en estas páginas. Queda aún mucho por decir, nos esperan muchas riquezas en el mensaje de Dios; que este pequeño esfuerzo sea el principio de una aventura de gracia que te acompañe en esta vida y en la otra.

AGRADECIMIENTOS